Crianças vítimas
de abuso sexual

Dados Internacionais de Catalogação na Publicação (CIP)
(Câmara Brasileira do Livro, SP, Brasil)

Gabel, Marceline.
  Crianças vítimas de abuso sexual / Marceline Gabel ; [tradução Sonia Goldfeder]. – São Paulo: Summus, 1997.

  Título original: Les enfants victimes d'abus sexuels.
  Bibliografia.
  ISBN 978-85-323-0567-1

  1. Crianças - Maus-tratos 2. Crianças - Violência sexual 3. Incesto I. Título.

96.4751   CDD-362-7044

Índice para catálogo sistemático:

1. Crianças : Violência sexual : Patologia social 362.7044

Compre em lugar de fotocopiar.
Cada real que você dá por um livro recompensa seus autores
e os convida a produzir mais sobre o tema;
incentiva seus editores a encomendar, traduzir e publicar
outras obras sobre o assunto;
e paga aos livreiros por estocar e levar até você livros
para a sua informação e o seu entretenimento.
Cada real que você dá pela fotocópia não autorizada de um livro
financia o crime
e ajuda a matar a produção intelectual de seu país.

Crianças vítimas de abuso sexual

Marceline Gabel
(org.)

summus editorial

Do original em língua francesa
LES ENFANTS VICTIMES D'ABUS SEXUELS
Copyright © 1992 by Presses Universitaires de France
108, Boulevard Saint-German, 75006 Paris
Direitos desta tradução adquiridos por Summus Editorial

Tradução: **Sonia Goldfeder/Maria Carlotta Carvalho Gomes**
Revisão técnica: **Fabio Landa**
Material informativo complementar: **CECRIA –
Centro de Referências, Estudo e Ações sobre Crianças e Adolescentes**
Capa: **Raquel Matsushita, inspirada no quadro
Two Children at the Seashore, de Mary Cassat**

Summus Editorial
Departamento editorial:
Rua Itapicuru, 613 – 7º andar
05006-000 – São Paulo – SP
Fone: (11) 3872-3322
Fax: (11) 3872-7476
http://www.summus.com.br
e-mail: summus@summus.com.br

Atendimento ao consumidor:
Summus Editorial
Fone: (11) 3865-9890

Vendas por atacado:
Fone: (11) 3873-8638
Fax: (11) 3873-7085
e-mail: vendas@summus.com.br

Impresso no Brasil

SUMÁRIO

Prefácio.. 7

Algumas observações preliminares.............................. 9

1. Dados Teóricos

Há algo de podre no reino de Édipo 15
Tobie Nathan

2. A Extensão do Problema

Da importância dos abusos sexuais na França 29
Bernard Bouhet, Dominique Pérard e Michel Zorman

3. Os Abusos Sexuais

Os abusos sexuais em crianças pequenas: sedução, culpa, segredo 43
Martine Lamour

As crianças vítimas, conseqüências a curto e médio prazo 62
Michèle Rouyer

Os adolescentes vítimas de abusos sexuais 72
Patrick Alvin

Violências e abusos sexuais em instituições para crianças e adolescentes   82
Stanislaw Tomkiewicz

A palavra da criança: do íntimo ao social 91
Christiane Thouvenin

4. Os que Cometem Abusos Sexuais

Crianças e adolescentes agressores sexuais 103
Laetitia e Jean-Pierre Chartier

Psicopatologia dos autores de delitos sexuais contra crianças 115
Claude Balier

5. As Medidas Adotadas

A perícia psicológica das crianças vítimas de abusos sexuais 121
Jean-Luc Viaux

Nem muito, nem pouco. Exatamente o necessário 132
Albert Crivillé

A complexidade das "tarefas impossíveis" 144
Dominique Agostini

A hospitalização das crianças vítimas de abusos sexuais 155
Mireille Nathanson

Por que a terapia familiar em face do incesto? 164
Dr. Pierre Sabourin

Abordagem sistêmica do tratamento sociojudiciário da criança vítima
de abusos sexuais intrafamiliares 174
Hervé Hamon

6. A Ação Preventiva

Como transformar as práticas profissionais visando a uma ação preventiva 189
Joëlle Rosenfeld

Problemas exemplares para a psiquiatria da criança e do adolescente 202
Phillippe Mazet

Apêndice à edição brasileira 211

PREFÁCIO
M. GABEL

Os maus-tratos infligidos às crianças e as graves negligências de que elas são vítimas vêm, há décadas, atraindo a atenção de um público amplo. Mais odiosas ainda são as violências sexuais a que algumas delas são submetidas durante a infância e a adolescência. Tais fatos permanecem às vezes dissimulados, devido ao silêncio que os cerca: deve-se à reticência das vítimas em queixarem-se e à surdez dos adultos que cuidam dessas crianças.

É muito difícil formar uma idéia exata da amplitude desse problema, por outro motivo não fosse que a atitude das vítimas e daqueles a quem elas ousam — nem sempre — se confessar.

Esses fatores explicam também que esta monografia tente esclarecer esse problema à luz de contribuições que refletem a experiência pessoal de cada um no nível dos fatos observados, das práticas profissionais que respondem a elas e das teorias subjacentes a tais práticas.

Quisemos apenas trazer ao leitor os conhecimentos necessários para o exame desse problema: tratava-se de colocar em evidência fatos que justificavam o estudo aprofundado desse mal, exibindo a gama das atitudes das crianças e adolescentes vítimas de violência e abuso sexual e, a esse respeito, a importância do incesto. Donde o interesse de que se reveste a psicopatologia.

De maneira geral, a maioria das contribuições que se segue inspira-se na psicanálise, cuja teoria refere-se ao complexo de Édipo e, portanto, à proibição dos desejos sexuais da criança pelo pai de sexo oposto.

É, porém, notável que muitos dos autores desta monografia se refiram ao célebre artigo de Ferenczi intitulado "Confusão de Língua". No entanto, o debate teórico sobre a sedução não foi mantido nesta edição, para que ela se prenda à descrição do segredo que cerca a violência sexual, sobretudo a intrafamiliar, a dificuldade em desvendá-la e a freqüência das retratações.

O leitor encontrará aqui, também, os dados necessários sobre as leis e re-

gulamentos que se referem aos crimes que devem ser denunciados. Proteger as vítimas não quer dizer que devamos nos contentar em punir os responsáveis pelo abuso.

Esperamos, em todo caso, que a leitura destes textos dê uma idéia viva e completa da importância desse problema e de sua gravidade a curto, médio e longo prazos.

É difícil formar uma idéia das conseqüências longínquas desses traumatismos, que são incontestavelmente patogênicos, mas cuja avaliação exigiria estudos longitudinais que, na prática, são difíceis de conduzir. Da mesma forma, os estudos retrospectivos nos indivíduos neurotizados são particularmente insatisfatórios.

Agradecemos aos redatores destes textos.

A edição deste volume foi feita com o maior cuidado. Agradeço a Béatrice Lévy e a Aniela Feo pela ajuda preciosa que me deram para isso.

ALGUMAS OBSERVAÇÕES PRELIMINARES
M. GABEL

O título desta monografia, *As crianças vítimas de abuso sexual*, supõe que se definam previamente os três termos que o compõem: criança, vítima e abuso sexual.

Na França, o Código Civil define a *criança* pela sua idade, quinze anos, e os pais, ou seus substitutos, devem proteger o menor em sua segurança, saúde e moralidade. Acima de quinze anos as relações sexuais não são reprimidas, desde que sejam livremente consentidas e aceitas dentro do seio da família. Pode-se, aliás, dissociar a sexualidade precoce de uma maturidade afetiva e psicossocial que não permite a liberdade real na realização dos desejos? Mais do que critérios de idade, gostaríamos — embora com dificuldade — de levar em conta critérios de maturidade física e psicológica; mas sabemos que, com freqüência, existe falta de harmonia entre a evolução da puberdade e a evolução psicoafetiva. No entanto, é a lei quem fixa, pela idade, o limite abaixo do qual existe crime sexual e, portanto, a obrigação de denúncia e de proteção, envolvendo, dessa maneira, o conjunto da corporação profissional.

Ninguém contestará que a criança é *vítima,* ou seja, que ela é sacrificada aos interesses de um outro. Quer-se com isso dizer, porém, que a vítima é sempre portadora de dano? Em matéria de abuso sexual, sabe-se que o traumatismo sofrido pela criança não se pode resumir no ato sexual propriamente dito.

Na criança e no adolescente, quando o abuso sexual é seguido de violência, há seqüelas visíveis: equimoses, lacerações, infecções. Mas as sevícias afetivas são, provavelmente, as mais graves e difíceis de avafiar: sentimento de culpa, angústia, depressão, dificuldades de relacionamento e sexuais na idade adulta etc.

E, no entanto, não há certeza alguma de que os abusos sexuais deixem, em todas as crianças, marcas tão profundas ou indeléveis: talvez sejam mais a vulnerabilidade, a idade da criança, a repetição e o tipo do abuso ou o silêncio em torno da criança que fundamentam a gravidade do traumatismo.

Talvez tenha sido a necessidade de convencer da importância desse problema o que fez com que, na década 1970, as primeiras pesquisas anglo-saxãs se voltassem para os grupos de risco: prostitutas, fugitivas, candidatas ao suicídio, toxicômanas etc., a fim de determinar se havia um vínculo entre os abusos sexuais durante a infância e esses tipos de perturbação. Os estudos mais recentes demonstram que, se o dano sofrido pela vítima é uma realidade, nem por isso é uma evolução linear o que definiria os laços entre a sevícia e as condutas criminosas posteriores.

O terceiro termo do título deste livro é *abuso sexual*.

A expressão *abuso sexual* (do inglês *sexual abuse*) foi oficialmente adotada na França, em vez de *sevícias sexuais*, o termo do Código Penal, *violência sexual*, que exclui os numerosos abusos praticados sem violêcia, ou *exploração sexual*, que carrega a conotação de pornografia ou de prostituição infantil.

Etimologicamente, "abuso sexual" indica a separação, o afastamento do uso ("us") normal. O abuso é, ao mesmo tempo, um uso errado e um uso excessivo.

O que não significa, como dizem os que criticam esse termo, que houvesse um uso permitido, pois abusar é precisamente ultrapassar os limites e, portanto, transgredir.

Abuso contém ainda a noção de poderio: abuso de poder ou de astúcia, abuso de confiança, ou seja, noções em que a intenção e a premeditação estão presentes. Abuso sexual supõe uma disfunção em três níveis:

— o poder exercido pelo grande (forte) sobre o pequeno (fraco);
— a confiança que o pequeno (dependente) tem no grande (protetor);
— o uso delinqüente da sexualidade, ou seja, o atentado ao direito que todo indivíduo tem de propriedade sobre o seu corpo.

No entanto, progressivamente, o termo "abuso sexual" foi sendo abandonado, na França, para falar de "ataques sexuais", isto é, para se referir à incriminação do Código Penal. O caráter delituoso ou criminoso é frisado claramente, bem como a obrigação que todos os cidadãos — e, portanto, todos os profissionais, inclusive os médicos — têm de informá-los. Essa passagem do "abuso sexual" para o "ataque sexual" corresponde ao agravamento recente das penalidades para os responsáveis pelos abusos, bem como a introdução na legislação, em breve, de uma pena com "acompanhamento médico-social".

No entanto, antes mesmo de ser definido, o abuso sexual deve ser claramente situado no quadro dos maus-tratos infligidos à infância. Essa noção, aparecida recentemente, assinala o alargamento de uma definição em que se passou da expressão "criança espancada", na qual se mencionava apenas a integridade corporal, para "'criança maltratada", na qual se acrescentam os sofrimentos morais e psicológicos. Maus-tratos abrange tudo o que uma pessoa faz e concorre para o sofrimento e a alienação de outra. Em 1990, ela abre espaço maior ao abuso sexual e às violências institucionais.

De todos os aspectos dos maus-tratos, o abuso sexual de crianças é talvez um dos mais difíceis de delimitar, pois apóia-se na utilização abusiva da autoridade sobre a criança que o adulto detém. Além disso, ela envolve não só a sexualidade do adulto mas também a da criança, e, por isso, coloca sobre essa última o peso de uma grande culpa.

O abuso sexual praticado contra a criança é uma das formas de maus-tratos que mais se ocultam: a criança tem medo de falar e, quando o faz, o adulto tem medo de ouvi-la. No entanto, convém talvez distinguir os abusos sexuais cometidos por adultos contra crianças dos que as crianças ou os adolescentes cometem entre eles. Da mesma forma, impõe-se a distinção entre os abusos sexuais cometidos dentro da família — e particularmente o incesto — e os que são cometidos fora dela.

Um estudo epidemiológico de grande porte, com alto grau de confiabilidade, acaba de se realizar na Suíça.[1] O interesse quase exclusivo pelo incesto observado nestes últimos anos e a afirmação de que ele consistiria na manifestação essencial dos ataques sexuais contra crianças não pode mais basear-se, hoje, na simples intuição. De fato, esse estudo demonstra que a violência sexual exercida contra crianças dentro de suas famílias representa 25% dos casos, enquanto 66% são exercidas por pessoas conhecidas das crianças, entre as quais as outras crianças, e 10% são por desconhecidos.

No entanto, as *definições* comumente aceitas não distinguem esses três grupos: os que dispõem de ascendência ou autoridade, as pessoas conhecidas e as desconhecidas. Sendo assim, a Organização Mundial da Saúde definiu o abuso sexual da seguinte maneira:

"A exploração sexual de uma criança implica que esta seja vítima de um adulto ou de uma pessoa sensivelmente mais idosa do que ela com a finalidade de satisfação sexual desta. O crime pode assumir diversas formas: ligações telefônicas obscenas, ofensa ao pudor e voyeurismo, imagens pornográficas, relações ou tentativa de relações sexuais, incesto ou prostituição de menores".

O prof. Kempe indica, em sua definição, que se trata de atividades sexuais inadequadas para a idade e o desenvolvimento psicossexual da criança à qual é imposto por coerção, violência ou sedução, ou que transgridem os tabus sociais.

Na França, Michèle Rouyer incluiu nisso os comportamentos que implicam uma proximidade corporal excessiva e erotizada, nas quais o voyeurismo ou o exibicionismo são impostos à criança.

Uma definição é, na verdade, uma classificação e não poderíamos nos abster de enumerar os atos que constituem os abusos sexuais. A aceitação de uma definição suficientemente ampla, desde que ela permita não excluir de saída atos ou atitudes que poderiam parecer menos graves, tem entretanto incidência sobre três campos:

---

1. Daniel SHALPERIN (dir.) (1990). *A contre coeur, à contre corps; regards sue les abus sexuels d'enfants*. Editions Médecine et Hygiène, Genebra.

— o da clínica e o da pesquisa; o que significa que ela implica um melhor conhecimento da amplitude do fenômeno;

— numa perspectiva cínica, há de se levar mais em conta, talvez, a violência física ou psíquica exercida por um adulto sobre uma criança sexualmente imatura num ato de caráter sexual, do que os fatos tal como são classificados de maneira mais ou menos artificial;

— no campo da pesquisa, a utilização mais ou menos restritiva da definição dos abusos sexuais contribui para as variações observadas nas predominâncias evidenciadas pelos estudos epidemiológicos feitos no exterior. Marcela Montes de Oca[2] demonstra toda a prudência que convém observar na revisão crítica que faz dos trabalhos epidemiológicos anglo-saxões.

Foi, no entanto, com base em trabalhos realizados no exterior há vinte anos que o fenômeno dos abusos sexuais foi abordado recentemente na França. Desde 1987, os poderes públicos vêm conduzindo uma campanha que visava sensibilizar ativamente o grande público, informar especificamente os interventores encarregados de proteger a criança, e, finalmente, prevenir a própria criança, informando-a dos riscos que corre. Ao termo de uma preparação cuidadosa e prudente e com base na quádrupla afirmação de que os abusos sexuais "existem, são graves, são proibidos por lei e podem ser prevenidos" é que a campanha nacional foi lançada.

Como os primeiros especialistas franceses consultados em 1992 viam o problema dos abusos sexuais? É o resultado dessa reflexão que este livro pretende transmitir àqueles que têm de tratar crianças que sofreram abusos sexuais. Transmissão feita, sem dúvida alguma, muito mais de perguntas e até mesmo de contradições e complexidade do que de receitas.

Desde aquela data, a literatura francesa sobre esse assunto enriqueceu-se consideravelmente e numerosos trabalhos estão em andamento. É possível dizer, hoje, que o estudo dos trabalhos e a observação das práticas profissionais no exterior foram úteis para a França como uma base de conhecimentos a partir da qual a reflexão pode se organizar e os excessos, serem evitados.

No entanto, a abordagem que uma sociedade faz dos abusos sexuais está necessariamente ligada às mudanças nas relações entre os interesses do Estado, da família e da criança em particular, ao papel atribuído à criança numa sociedade determinada. Uma perspectiva histórica é incontornável para compreender ao mesmo tempo o interesse atual para esse fenômeno e o risco subjacente de sufocar ou de ridicularizar a palavra da criança.

Assim é que o efeito das campanhas de sensibilização das crianças, nas escolas, provocou um aumento considerável das denúncias, por elas próprias, dos ataques sexuais sofridos: 20% em média a cada ano.

Esse aumento é, sem dúvida alguma, o resultado de crianças com maior

---

2. Marcela Montes de OCA (1990). *Les abus sexuels à l'égard des enfants*. Paris, CTNERHI.

liberdade de expressão e de adultos mais dispostos a ouvi-las. Mas esse aumento sobrecarregou os gabinetes dos magistrados e pôs em situação difícil o conjunto dos profissionais encarregados de proteger as crianças. No entanto, esse aumento das denúncias e dos processos obrigou um número maior de psiquiatras infantis a levar em conta essa realidade, ainda oculta muito freqüentemente por elas.

Um outro fato, mais pontual, acaba de ocorrer em nosso país, abrindo um debate acalorado entre os meios de comunicação, os profissionais e a sociedade civil. Em 1996, o Congresso Mundial sobre a Exploração Sexual de Crianças com Finalidades Comerciais, realizado em Estocolmo, superexplorado pela imprensa que divulgou de todas as formas o drama das crianças violentadas e assassinadas na Bélgica, constituiu um choque para a opinião pública. Jovens adultos apresentaram denúncias contra educadores, sacerdotes, médicos e numerosas redes de pedofilia foram desmanteladas. O termo "pedofilia", de uso genérico e indiferenciado, cria uma verdadeira psicose na população, como se uma epidemia tivesse atingido todas as crianças de nosso país.

Em dez anos, essa passagem da negação para a emoção generalizada demonstra com clareza os riscos, difíceis de controlar, que poderiam, de novo, em reação, devolver ao silêncio.

Basta lembrar que a capa de silêncio e a hipocrisia que deixavam sem proteção as crianças vítimas de abuso sexual seguia-se a um período em que A. Tardieu, professor de medicina legal, publicava trabalhos feitos em 1860 sobre 339 casos de incesto com crianças de menos de onze anos, nos quais ele se preocupava com a força de uma negação que continua a se exercer: negação que se refere, certamente, à sexualidade, mas também ao abuso de poder em relação aos mais fracos.

Esta obra não pretende cobrir o campo dos abusos sexuais feitos contra crianças. A pesquisa deve cobrir as lacunas evidentes necessárias para que se tenha uma real compreensão do fenômeno, mas deve também desenvolver-se rumo às práticas profissionais junto a clientes ainda balbuciantes.

Os autores deste livro oferecem, ao que parece, pontos de vista matizados que afastam toda e qualquer posição extremada ou militante, suscetível de radicalizar o debate que se está realizando neste momento na França.

1

DADOS TEÓRICOS

I

HÁ ALGO DE PODRE NO REINO DE ÉDIPO

Notas etnopsicanalíticas sobre a proibição do incesto
e o funcionamento das estruturas
tradicionais de parentalidade na migração

TOBIE NATHAN

> "*A psicanálise é, a meu ver, incapaz de criar uma* Weltanschauung *(uma concepção de mundo) que lhe seja particular. Não tem necessidade; ela é uma parte da ciência e pode ligar-se à* Weltanschauung *científica. Mas esta não merece esse nome pomposo, pois não leva tudo em consideração, é muito incompleta, não tem a pretensão de constituir um conjunto coerente e sistemático.*"
>
> S. Freud, *Nouvelles conférences sur la psychanalyse* [Novas conferências sobre a psicanálise].

HÁ, REALMENTE, ALGO PODRE NO REINO DE ÉDIPO!

Consultas de etnopsicanálise [Consultation d'ethnopsychanalyse] — *Villetaneuse, Seine — Saint-Denis.* Um abrigo de menores da Assistência Social à Infância nos enviou uma jovem de treze anos, internada na instituição em conseqüência de um drama familiar — como tantos que existem em famílias de migrantes — e que mobilizou o conjunto dos serviços sociais do departamento. Khadidjatou é uma jovem bambara da Costa do Marfim, de pele negra, bem desenvolvida, com bela aparência e movimentos ágeis. Há seis meses ela havia confessado à sua professora que mantinha relações sexuais contínuas com o cunhado, marido da irmã, na casa em que vivia na periferia de Paris. A professora, não sabendo o que fazer, relatou o fato ao serviço social, que, por sua vez, transmitiu-o ao juiz de menores. Passados três dias, o cunhado foi recolhido em prisão preventiva, acusado de *corrupção de menores*. A justiça, porém, dividida entre as leis francesas e os dados antropológicos do problema — dos quais pressentia a importância — adiou sucessivamente o julgamento. Faz mais ou menos dois anos que o cunhado de Khadidjatou está preso. Todas as noites ela tem sonhos terríveis em que é acusada de ter destruído a família da irmã. Ela não consegue mais pensar, não pode mais se concentrar em seus deveres escolares, está profundamente deprimida e começa a desenvolver idéias estranhas. Fatoumata, a irmã, fala muito mal o francês e está muito impregnada de sua cultura de origem. Triste e completamente paralisada, recusa-se visceralmente a incluir-se em uma legislação que não tem nenhum sentido para ela, e que não leva em consideração a palavra dos anciãos. Opõe uma resistência passiva tanto à justiça quanto aos serviços sociais. Não fosse a autoridade do pai, que a intimou a ficar ao lado do marido, ela já teria voltado há muito para seu país. Sonha todos os dias com esse momento, próximo, quando poderá voltar a viver de acordo com a coerência das palavras das mulheres, dentro da lógica das fórmulas dos oráculos. Ela deixará seu julgamento em suspenso enquanto os anciãos não reintegrarem esse evento estranho, que os brancos descrevem como incesto, em uma cadeia de sentido conforme sua lógica cultural. Não está realmente zangada com a jovem irmã, continua a amá-la ternamente e só espera a reunião da família onde serão pronunciadas as palavras restauradoras, onde serão prescritas as modalidades de reconciliação com os ancestrais. Fatoumata tem três filhos. Um de cinco anos de idade, um de três e um de treze meses. É fácil compreender que ela não queira integrá-los de modo nenhum a um processo de socialização na França — ou muito menos que sejam, eles também, recolhidos pela Assistência Social à Infância! Não vimos seu marido, mas é evidente que, como tantos migrantes africanos, ele "quer manter o pé em duas canoas"; vale-se da fuga para solucionar suas contradições e angústias familiares, relacionadas a sua posição de filho caçula, à herança do próprio pai, a seus desejos de poligamia. Ele também só se submete provisoriamente ao que considera a "lei do mais forte", esperando e talvez reclamando, com apelos sintomáticos, a restituição social.

Eis aí um drama banal, mas extremamente caro: a mobilização de um verdadeiro exército de funcionários especializados — educadores, assistentes sociais, psicólogos, psiquiatras —, o internato de Khadidjatou (30 a 60 mil dólares por ano), a perspectiva de *internar* as crianças de Fatoumata e, mais grave ainda no plano humano: a desestruturação provavelmente definitiva de uma família e de seu processo de regulação interna, uma grave depressão de Fatoumata e finalmente a criação de uma patologia em Khadidjatou, de perfil cultural tão nítido que ela se afasta rapidamente da possibilidade de recorrer a processos terapêuticos próprios à sua cultura.

Fatoumata está com seu olhar cada vez mais triste; a filha menor começa a chorar. Abraça-a com força e depois a confia a Khadidjatou. Evocamos então seus irmãos e irmãs. Para nossa grande surpresa, é a caçula que nos conta que muitos de seus irmãos morreram. Ela distingue claramente os filhos de sua mãe, mortos logo depois de nascer, sobretudo um casal de gêmeos e os abortos espontâneos. "Nesse caso", diz, "não são mortos de verdade. Houve cinco mortos e quatro abortos espontâneos. Hoje só quatro filhos estão vivos." No consultório, todos se espantam com os conhecimentos bem precisos de Khadidjatou, que nos explica: esses mortos não foram "naturais". Foram obra da família da segunda mulher de seu pai. Em sua cidade, freqüentemente consultavam os curandeiros. A mãe muitas vezes embrenhava-se na selva para se tratar. Todo mundo temia pela vida de Khadidjatou, que estivera muito doente na infância. Preconizou-se, então, afastá-la dos ataques de feitiçaria da família. Foi assim que a viagem para a França surgiu aos olhos de todo mundo como uma sinal de boa sorte.

A consulta transcorre em francês e no dialeto bambara. Por muito tempo, Khadidjatou monopoliza a conversa para contar histórias estranhas sobre os feitiços dos quais ela e sua mãe teriam sido vítimas. Certo dia, as anciãs conduziram-na à beira de um brejo e lavaram-na de maneira ritual, parecendo invocar um espírito. Ela teve muito medo, pois, algum tempo antes, uma mulher que diziam condenada afogou-se nesse mesmo brejo. Explica-nos também os tratamentos que fazem para os partos difíceis, revela o nome das plantas que podem ser utilizadas em decocção, explica sua preparação, descreve a fabricação de amuletos destinados à proteção contra feitiços. Ficamos espantadíssimos. Nunca uma bambara, muito menos uma mulher — e certamente nunca uma adolescente — revela dessa forma as interpretações tradicionais.[1] Em que lugar Khadidjatou se situa? Curandeira? Informante de antropólogos debutantes?

Antes de responder a essa questão, ainda é preciso avançar nos esclarecimentos antropológicos que tal situação merece.

Os bambaras são estritamente patrilineares e mantêm rigorosamente o direito da primogenitura — ou seja, o filho mais velho herda de seu pai o nome, bens e prestígio. Depois da morte do pai, os caçulas devem comportar-se em relação ao mais velho como antes se comportavam em relação ao próprio pai. Se o filho não é o primogênito, a única maneira de tornar-se patriarca é emigrar e

---

1. Cf. a análise aprofundada do caso de um jovem do Zaire, de oito anos, da etnia *bakongo*, apresentando sem hesitação os elementos de etiologia tradicional *in* M.-Moro e T. Nathan (no prelo).

constituir uma nova linhagem, longe da primeira. Numerosos migrantes africanos estruturam sua migração para a França segundo essa lógica. Todo regresso ao vilarejo implica necessariamente uma submissão à regra do direito da primogenitura. Se, atualmente, os mais velhos já não dispõem de meios de coerção explícita para submeter os caçulas, fica claro que podem recorrer a meios menos visíveis (feitiçaria, apelo a demônios auxiliares e a espíritos protetores) com o objetivo de submeter os caçulas recalcitrantes. Do mesmo modo, tios paternos podem recorrer a tais recursos e constranger um filho mais velho, com veleidades divisionistas muito evidentes, para que volte a se ordenar sob a lei do grupo.[2] Lembremos que o nome da etnia *bam bana* (e não bambara como temos o hábito de afrancesar seu nome) significa "insubmisso" (a Deus) e que certo grau de iniciação solitária e aventureira faz parte do pensamento bambara, assim como de muitas outras etnias africanas.

Como acontece sempre em tais organizações culturais, os casamentos decorrem de um acordo entre famílias. Os casamentos preferenciais por *ego* são: 1) com a filha do irmão do pai (*prima paralela patrilateral*); 2) com a filha do irmão da mãe (*prima cruzada matrilateral*). O primeiro tipo de casamento permite conservar a descendência no clã, pois os filhos terão o mesmo nome da mãe e do pai. Tais casamentos estão, provavelmente, na origem da constituição desses enormes grupos familiares que carregam o mesmo nome. O segundo tipo de casamento permite reforçar uma aliança com a geração precedente e deixa supor uma certa divisão da sociedade em subgrupos permutáveis (por exemplo: os *touré* dão as esposas aos *sissoko*). Os casamentos são extremamente onerosos para o esposo e sua família, que devem pagar um dote a todos os membros importantes da família da esposa. Hoje a concorrência dos mais velhos que foram ganhar dinheiro na cidade praticamente não permite aos mais jovens, que ficaram no vilarejo, encontrar uma esposa de sua idade.

Os bambaras praticam o levirato e o sororato: se um filho mais velho morre, o mais jovem deve casar-se com a viúva em segundas núpcias e continuar a linhagem; da mesma forma, se sua esposa morre, um homem pode exigir que o sogro lhe ceda a irmã da falecida mulher.

Além disso, os bambaras são polígamos, tanto por tradição pré-islâmica quanto por conformidade aos costumes islâmicos. Ainda que a primeira esposa seja designada pelos pais, a segunda provém do respeito à regra do levirato e só a terceira ou quarta mulher, sempre muito mais jovem que o marido, é realmente escolhida por ele. Dessa forma, como na Bíblia, desposa-se primeiro a mais ve-

---

2. Tivemos de tratar muitos desses casos. Por exemplo, um *manding* do Senegal, rompendo com a família, instalou-se na França com suas duas esposas e doze filhos. Aos quarenta anos, já bem-sucedido, começou a desenvolver idéias delirantes. Quando foi passar férias em Casamance, os velhos — sobretudo os tios paternos — fizeram-no compreender que lhe tinham sido enviados espíritos vingativos, a fim de chamá-lo à ordem e coagi-lo a retornar para seu vilarejo e assumir as responsabilidades que lhe cabiam.

lha esperando obter um dia a caçula.[3] Os problemas de ciúme entre as mulheres, causados pela instituição da poligamia, fazem parte das preocupações quotidianas dos bambaras. Cada um tenta remediar o problema à sua maneira. Uma das soluções consiste em pedir à primeira esposa que escolha sua co-esposa ou, então, escolher diretamente um membro de sua família — uma irmã ou prima próxima com a qual se tenha certeza de que terá uma boa relação.

As *culturas "tradicionais"*, sobretudo quando souberam preservar sua coerência, têm grande dificuldade em pensar o incesto biológico e, conseqüentemente, proibi-lo. O incesto é sempre definido de maneira cultural e diz respeito a certo grau de parentesco mais ou menos afastado (prima paralela ou cruzada ou, na pior das hipóteses, co-esposa da mãe). Às vezes, paradoxalmente, só se pensa no incesto no caso das parceiras não-aparentadas. Dessa forma, para os *bété* da Costa do Marfim, o incesto e sua proibição cabem, prioritariamente, à "amiga do vilarejo". De fato, cada rapaz estabelece, quando se aproxima da puberdade, uma espécie de amizade amorosa com uma jovem que não poderá desposar sob nenhum pretexto. Durante uma entrevista psicoterapêutica, perguntamos a um paciente *bété* se eles proibiam as relações sexuais com a mãe ou com a irmã. Ele nos respondeu que esse tipo de incesto não existia entre os seres humanos e que nem as cabras o praticavam.[4] Geralmente, os africanos não compreendem essa paixão dos brancos pelo incesto biológico e se perguntam se essa "crueza" de pensamento não denota certa selvageria...

Lembremo-nos, finalmente, que na maior parte das sociedades tradicionais as crianças praticam uma sexualidade completa (inclusive o coito) a partir de seis ou sete anos, período que aprendemos a denominar no Ocidente — e, aliás, de modo bastante impróprio — *"período de latência"*. Simplesmente esquecemos de que esse período é também o de escolarização intensiva e que no vilarejo, na falta da escola, as crianças exercem suas capacidades intelectuais e sua epistemofilia natural aprofundando e experimentando seus conhecimentos sexuais. Se entendemos por "período de latência" uma *"interrupção"* do desejo sexual, a observação das crianças em uma sociedade

---

3. Labão diz: "Se há uma coisa que não fazemos é dar a caçula antes da mais velha! Acabe a semana desta e lhe entregaremos também a outra..." (Gênese, XXIX, 26).

4. Cf. a análise detalhada desse caso em Nathan (1989). Em uma perspectiva semelhante, J. Pouillon escrevia em 1972: "Uma relação só é incestuosa pela proibição que a atinge; não podemos proscrevê-la como tal sem contradição nos termos: como supõe a regra que a condena, ela aparece forçosamente sempre como uma transgressão, e essa transgressão se encontra em todos os lugares em razão da universalidade do desejo sexual. A freqüência com que é detectada varia, dependendo da amplitude da proibição: relativamente rara nas sociedades populosas e onde o círculo de parceiros proibidos é restrito, mais freqüente nas menos numerosas e que, no entanto, ampliam o campo do proibido. Por essa razão, o pretenso horror universal do incesto é, em geral, ao contrário do que foi afirmado, muito menos acentuado nessas últimas, ultrapassando abusivamente um sentimento que entre nós está ligado à restrição da interdição unicamente aos pais, que são proibidos sempre e em todos os lugares" (1972, p. 125).

19

tradicional deveria nos levar a pensar que o "período de latência" é pura invenção de um século XIX puritano e, artificialmente, estudioso.[5]

Devemos nos perguntar, agora, o que as práticas sexuais de Khadidjatou com o cunhado podiam significar para ela. Levando em consideração os elementos culturais que descrevemos brevemente, é óbvio que ela se viu ocupando o lugar de uma jovem co-esposa, preferida pelo marido e da qual a co-esposa mais velha tinha ciúmes. Como Khadidjatou conhecia a história de sua mãe, ela própria uma jovem co-esposa preferida e invejada, essa situação provocou-lhe um terror intenso, sobretudo porque sua rival era a irmã mais velha, de quem tanto gostava. Do ponto de vista cultural, a queixa aos serviços sociais deveria ser compreendida como uma tentativa de explicitar e tornar pública uma angústia impossível de ser gerida de maneira solitária. A conseqüência "cultural-sintônica" seria obrigar o cunhado a tomar Khadidjatou como segunda esposa oficial, conferindo-lhe assim um estatuto explícito e permitindo-lhe dar continuidade a suas relações de ternura com Fatoumata.

E ainda há mais! Ao nos contar "abertamente" as interpretações de feitiçaria, eliminando sua potencialidade interativa, Khadidjatou coloca-se no pólo de um tipo de triângulo terapêutico[6] que vemos em muitos locais da África — o da *possessão pelos gênios* protetores da matrilinearidade. Aliás, nas perguntas de sua irmã mais velha durante a entrevista ("Mas como ela sabe tudo isso [...] eu nunca ouvi falar dessas coisas [...]"), percebemos bem a resposta implícita: essa jovem está possuída por um espírito protetor; ela deve ser iniciada em uma congregação de mulheres.[7] Assim, existe uma segunda codificação cultural desse grito de socorro de Khadidjatou, que poderia ser traduzido da seguinte maneira: "ocupo um lugar que não deveria ocupar; obriguem-me a me iniciar em uma congregação feminina".

Se é verdade que o grito de alerta de Khadidjatou deveria ter sido primeiro decodificado em termos culturais, a resposta institucional que recebeu a mensagem como "trata-se de uma corrupção de menor semelhante ao incesto" é, naturalmente, incompreensível tanto para ela quanto para sua irmã, exceto por separar, de forma violenta e provavelmente definitiva, uma "personalidade" bambara e uma "personalidade" ocidental hoje irreconciliáveis.

Mas o verdadeiro problema não se encontra aí. Obrigados a considerar tais casos extremamente freqüentes nas consultas de etnopsiquiatria, somos levados a nos perguntar o que torna os serviços sociais tão pouco acessíveis à dimensão cultural das desordens psíquicas e familiares. Vejo aí a conseqüência de uma cegueira teórica à qual nós, psicanalistas, não somos alheios.

---

5. A essa mesma posição, afirmada com igual clareza, é que chegaram muitos antropólogos. Cf. uma discussão dessa questão em G. Devereux (1969, 1985).

6. Para a noção de "triângulo terapêutico", cf. J. Pouillon (1970).

7. A respeito desse tipo de iniciação feminina à possessão, cf. J. Monfouga-Nicolas (1972), E. Corin (1979) etc.

PARA SE DEFENDER DE UMA PSICANÁLISE IDEOLÓGICA

Se existe um fenômeno específico da sociedade moderna, é que a ciência fabrica a ideologia; aliás, trata-se de seu principal subproduto e, como todos os subprodutos da sociedade industrial, estorva muito mais que as próprias riquezas produzidas. A ciência deveria respeitar sua função essencial, que é fabricar pensamento, e não explicar a vida e gerir as relações entre as pessoas. Um único sistema é capaz disso, o cultural, e não chegamos ainda a um grau de conhecimentos que nos permita fabricar uma cultura *ex nihilo* — que seja "esclarecida" ou mesmo psicanalítica. Só uma cultura permite ver o outro, e não "possuí-lo".[8] Apesar de a advertência de Freud ter nos lembrado que a psicanálise não continha nenhuma *Weltanschauung*, os psicanalistas têm trabalhado há duas ou três décadas como se dispusessem, realmente, de um conhecimento que permitisse organizar as relações humanas e, logo, legislar sobre as formas de "tornar-se humano". E, também, de proclamar que cada mãe deve explicar ao seu filho seu desejo sexual pelo marido, a fim de individualizá-lo enquanto "sujeito". Durante esse tempo, eu ouvia uma mãe *peul* de Casamance me contar que, entre os *peulx*, não se explica jamais a sexualidade dos adultos às crianças, pois isso os torna idiotas, interrompendo as descobertas motivadas por sua curiosidade natural. Ouvi que tampouco se proibia essa mãe de aceitar seu filho, à noite, no leito conjugal; ao mesmo tempo, eu lia um texto de Devereux (1969) que dizia que os *mohave* da Califórnia consideravam viva e dotada a criança que conseguia espiar as relações sexuais dos pais. E o que foi que interrompeu a curiosidade transbordante e um tanto anarquista das primeiras descobertas freudianas? O que as metamorfoseou em esfinges rabugentas, guardiãs para a eternidade de relíquias mortuárias? Sejamos francos: hoje, paradoxalmente, são os próprios psicanalistas a impedirem a reelaboração e uma nova reatualização da questão da proibição do incesto, que no entanto se mostram indispensáveis desde que foram feitas inúmeras descobertas antropológicas, etológicas, sociológicas, clínicas! E se eles se permitem uma ignorância dessa magnitude em relação aos avanços de domínios limítrofes a seu campo, é porque, certos de sua clientela[9], só ousam falar entre si e não se dignam a enfrentar a comunidade científica.[10]

---

8. "O conhecimento revela, nomeia e até classifica. A palavra dirige-se a um rosto. O conhecimento se apropria de seu objeto. Ele o possui. A posse nega a independência do ser, sem destruir este ser, ela o nega e mantém. O rosto é inviolável; os olhos sem nenhuma proteção, a parte mais nua do corpo humano, oferecem, no entanto, uma resistência absoluta à posse, resistência absoluta em que se inscreve a tentação do assassinato: a tentação de uma negação absoluta. O outro é o único ser que podemos tentar matar. Esta tentação do assassinato e esta impossibilidade do assassinato constituem a própria visão do rosto. Ver um rosto significa ouvir: 'Não matarás.'" (E. Levinas, 1963, p. 24).

9. Na antiga acepção da palavra.

10. Cf. o desenvolvimento bem argumentado desse ponto de vista em I. Stengers (1988).

Contribuições etológicas

As observações etológicas aprofundadas de uma série de animais, particularmente dos mamíferos, mostraram de forma indiscutível que existiam mecanismos de regulação de tipo interativo ou social que tinham como conseqüência *evitar o incesto.*[11] Talvez se argumente que, no caso, se trata de incesto mãe-filho e o que caracteriza "a humanidade" é o reconhecimento do pai e de sua função na procriação. Ainda hoje, não sabemos se certas espécies de macacos são capazes de "identificar" individualmente seu "pai", mas muitas espécies (babuínos, gibões...) o reconhecem, por assim dizer, "institucionalmente" ao criar condições ecológicas de procriação que excluem *de fato* toda uma série de parcerias e situam um, dois ou três machos como os únicos possíveis "pais"[12] para determinada fêmea.

Já estou ouvindo os risos sarcásticos daqueles que me apresentarão o argumento da linguagem. Vejamos! A mãe é *sentida,* enquanto o pai é *nomeado.* Como os animais não dispõem de uma linguagem articulada e, sobretudo, da intermediação do signo, não podem "nomear seu pai". Mas, também nesse caso, as pesquisas etológicas, notadamente com os antropóides, mostraram-nos que, recentemente, certas espécies de macacos conseguiam dominar e até — ponto crucial da argumentação — transmitir a seus descendentes o domínio de uma linguagem articulada bastante elaborada[13] e, portanto, um embrião de cultura. Isso é suficiente para expor os textos sagrados à prova da luz[14]?

Contribuições antropológicas

Quando os antropólogos falam da *proibição do incesto,* não evocam os mesmos fatos que os psicanalistas. Para eles, trata-se de leis que organizam uma forma de contratar uma *aliança* — um "casamento" — e não regras que gerem o estabelecimento de relações sexuais lícitas.[15] É por isso que os africanos pensam e dizem de bom grado que os brancos, limitando a noção de incesto somente aos parentes biológicos (pai, mãe, irmão, irmã), cometem necessariamente o incesto com seus parentes "culturais" (primos, primas, membros de um mesmo "clã", "confraria" ou "congregação").

---

11. J.-M. Vidal (1985).

12. B. Deputte (1985).

13. E. Linden (1974), A. e B. Gardner (1974), D. Premack (1974) etc.

14. "Dessas inúmeras observações realizadas pelas escolas japonesas, americanas, inglesas e francesas destacam-se duas curiosidades espantosas:
1) Entre os animais não existe incesto;
2) "Os psiquiatras e psicanalistas, apesar do número impressionante de publicações científicas e vulgarizações desde 1936, nos criticam sempre de não tê-los informado!" B. Cyrulnik (1990), p.17.

15. É da negligência dessa distinção que decorre, em grande parte, a não-pertinência antropológica de *Totem e Tabu,* de Freud (1912).

Geralmente, para um menino, mãe e irmã constituem o parceiro proibido de base, poderíamos dizer. Mas nem sempre é o caso para a irmã. Conhecemos muitos exemplos; o mais conhecido é o do Egito antigo, mas parece que nesse caso o casamento com a irmã era submetido a restrições especiais. "[...] em Madagascar, a mãe, a irmã e às vezes também a prima são cônjuges proibidos entre o povo, enquanto que para os grandes chefes e os reis, somente a mãe — mas de qualquer forma, mãe — é *fady,* "proibida". [16] Paradoxalmente — e esse fato não recebeu a merecida atenção [17] — o que é muito próximo se assemelha ao que é muito distante. O casamento com uma estrangeira, com aquela que não faz parte da comunidade dos "humanos", é quase sempre proibido do mesmo modo que o casamento com a própria irmã. "Dessa forma os *eskimo* de Norton Sound, que se autodefinem — mas exclusivamente — como o 'povo excelente', ou mais exatamente 'completo', reservam o epíteto 'ovo de pulga' para qualificar as populações vizinhas". [18] É bem evidente que um humano não fará aliança com um "ovo de pulga". Vemos, conseqüentemente, como as regras de proibição do incesto organizam, duplamente, a identidade do grupo definindo seus limites externos (proibições em relação ao mundo exterior) e o esqueleto de sua estrutura interna (proibições em relação ao interior). Portanto, toda proibição cultural do incesto define, em um mesmo movimento e para todo indivíduo, uma estrutura dicotômica do grupo (os afins e os aliados) e os limites desse grupo (os humanos e os "bárbaros").

Observando-a superficialmente, a proibição do incesto talvez pareça "natural". Poderíamos pensar que se todos os homens, em todas as latitudes, criaram explicitamente uma lei proibindo a união incestuosa, é porque essa lei correspondia — talvez mesmo após certos desvios lógicos — a um tipo de "natureza humana". Mas isso seria precipitar nossa análise, pois uma série de fatos nos obriga a abandonar tal hipótese ou a tornar mais complexo nosso raciocínio: 1) Se a regra de proibição do incesto está presente em todo lugar, [19] o mesmo acontece com suas transgressões. A regra não é o fato! Porém, uma vez instituída, todos os fatos se organizam em relação a ela; 2) A regra de proibição do incesto, repito, não concerne prioritariamente às relações sexuais, mas, sim, às alianças matrimoniais. Surpreendentemente, é entre os animais que encontramos mecanismos, às vezes extremamente sutis, de evitar, aí sim, as relações sexuais incestuosas. [20] Os animais parecem, assim, proibir as relações sexuais incestuosas, enquanto que os homens só proibiriam as alianças culturalmente definidas como incestuosas; 3) Sem dúvida, os homens das sociedades tradi-

---

16. Lévi-Strauss (1949), p. 11.

17. Cf. um desenvolvimento recente em T. Nathan (1990).

18. Lévi-Strauss (1949), p. 54.

19. No que concerne, por exemplo, às regiões camponesas da França, cf. Scherrer (1985) e para uma revisão de trabalhos californianos: Strauss (1985).

20. Para uma revisão bem completa desse problema entre os primatas não-humanos, cf. Deputte (1985).

cionais associam toda forma de infelicidade à transgressão do tabu do incesto. Antes de tirar conclusões precipitadas sobre uma compreensão intuitiva da aparição de taras nas uniões consangüíneas,[21] trata-se simplesmente de saber, em primeiro lugar, qual é a definição de incesto em determinada cultura. O casamento do tio-avô com sua sobrinha-neta não é considerado incestuoso pelos australianos. Trata-se, inclusive, de uma aliança preferencial; a aliança com um primo paralelo pode ser considerada incestuosa e também formalmente proibida como com o irmão, enquanto que com o primo cruzado[22] — que apresenta, no entanto, igual proximidade genética — não só é lícita, como preferencial. 4) Os esquimós vivem isolados há muito tempo. Por conseguinte, são igualmente consangüíneos. Para casar-se com seu parente mais próximo, assim como com a pessoa mais distante, voltam-se para o mesmo plano genético.[23]

Em suma, as sociedades definem o incesto, sem levar em conta as regras genéticas, e nem mesmo qualquer consideração psicológica; além disso, é necessário que a definição cultural do incesto afaste explicitamente os dados biológicos e psicológicos para que seja culturalmente eficaz.

Finalmente, passemos ao último elemento de reflexão, argumentado com vigor por Lévi-Strauss, sobre o qual não me estenderei: as conseqüências — e por conseguinte, provavelmente, a finalidade — da proibição do incesto. Podemos dizer que é a regra que instaura, que obriga a..., que ilustra a *troca generalizada*. Enquanto os psicanalistas pensam que para o funcionamento psíquico[24] tudo começa por um "proibido", os antropólogos, ao contrário, pensam que para o funcionamento cultural tudo começa por uma *doação*. Claro, não uma doação desinteressada, mas — a exemplo do *potlatch*[25] — a que obriga o parceiro a uma doação da mesma natureza e em quantidade no mínimo igual. Se para Freud (1912), coerentemente com sua teoria, o contrato de troca primitiva se inicia por uma *renúncia* às mulheres do grupo — e em seguida por uma proibição —, renúncia esta partilhada por todos os irmãos, para Lévi-Strauss (1949), ao contrário, tudo começa pela *doação* da irmã. "Doando" minha irmã a um estrangeiro, estou certo de que outro estrangeiro, de outra família, será obrigado a me dar a sua; e esta, sem nenhuma dúvida, me será destinada. *Nessa operação, não teria perdido uma mulher, mas ganhado um cunhado.*

---

21. Para uma discussão inteligente e detalhada do problema, cf. Lévi-Strauss (1949), embora sua argumentação deva ser atualizada levando-se em conta, precisamente, novos dados etológicos.

22. O primo paralelo é o filho do irmão do pai ou da irmã da mãe, enquanto o primo cruzado é o filho do irmão da mãe ou da irmã do pai. Numerosas culturas fazem clara distinção entre o primo paralelo e o primo cruzado, empregando termos diferentes para designá-los.

23. Devereux (1970).

24. Do ponto de vista psicológico, o sistema de troca generalizada mais comum é naturalmente a linguagem, mas não é o único; toda uma série de códigos culturais preenchem a mesma função para o aparelho psíquico. Para um melhor desenvolvimento mais aprofundado dessa questão, cf. Nathan (1990).

25. Mauss (1923-1924), Bataille (1967) etc.

A articulação das alianças e das filiações, quase sempre extremamente complexas, é integrada pelo sujeito e constitui-lhe um sistema geral de pensamento: *uma lógica*. Quando fazemos tratamentos psicoterapêuticos em pacientes originários de culturas não-ocidentais, que geralmente compreendem regras de aliança complexas, temos o hábito de traçar num quadro o esquema de filiação do paciente (T. Nathan, 1988). Agindo assim, tornamos concreto um substrato lógico permanente na psique do indivíduo.

Dado, como vimos, que todo sistema de parentesco repousa sobre uma dicotomia de base (humanos/bárbaros, afins, aliados...), ele desenvolve-se paralelamente a um outro sistema dicotômico, neste se apoiando: é a partir daí que se gera a ambivalência fundamental de todo ser humano. Do sistema de parentesco decorre um mundo separado em dois grupos. Há "um grupo 'bom' ao qual, sem discutir, oferecemos hospitalidade, pelo qual nos despojamos dos bens mais preciosos; já o grupo 'ruim' é aquele do qual esperamos e ao qual prometemos, na primeira oportunidade, o sofrimento ou a morte. Com um brigamos, com o outro, trocamos".[26] O aparelho psíquico, para desenvolver sua lógica, ao menos no início, precisa recorrer à divisão do "bom e do mau objeto" (M. Klein, J. Rivière, S. Isaacs etc.). É a única condição para poder funcionar segundo a lógica da troca. Como conseqüência, esses dois sistemas são rigorosamente homotéticos.

Se os antropólogos podem descrever uma mesma realidade a partir de conceitos totalmente diferentes dos utilizados pelos psicanalistas, é porque se trata de noções científicas e não de ditados morais destinados a gerir a vida das pessoas. Os psicanalistas deveriam ter concluído, há muito tempo, que não estavam de nenhuma forma autorizados a enunciar as regras de higiene psíquica[27] e que deveriam exercer sua sagacidade para construir sempre mais reflexões, cada vez mais precisas, cada vez mais verificáveis.

Contribuições clínicas

Existem três séries de dados clínicos bem estabelecidos que deveriam nos fazer revisar e aprimorar nossa teoria psicanalítica da proibição do incesto.

Por muito tempo, os psicanalistas acreditaram que o recém-nascido era um ser autista, uma espécie de mônada leibniziana, que eclodia progressivamente de seu casulo protetor até o acme do complexo de Édipo quando, enfim, aceitando submeter-se às duas proibições edipianas, alçava-se à relação de objeto e, conseqüentemente, à humanidade. Ou pesquisas recentes sobre o desen-

---

26. Lévi-Strauss (1949), p. 71.
27. Embora a expressão encerre certo ranço inquietante, a prática social dos psicanalistas, psiquiatras, psicólogos e assistentes sociais de formação psicanalítica teve quase sempre conseqüências espantosas, sobretudo para as populações migrantes.

volvimento precoce do bebê nos apresentaram uma imagem radicalmente diferente do recém-nascido. Um bebê é ativo desde os primeiros momentos de vida e, a partir daí, estabelece uma relação com seus parceiros[28] — o que entra totalmente em contradição com a construção teórica freudiana, tal como se apresenta nos "dois princípios do curso dos eventos psíquicos".[29] O bebê psicanalítico, esse produtor incansável de fantasmas psicóticos tão caro a M. Klein, deveria ser hoje considerado uma hipótese técnica passageira? Que lugar lhe caberia no novo cenário conceitual? Deveríamos, ainda, dar alguma importância à teoria do desenvolvimento psíquico em forma de lenda mítica? Ao menos, seria preciso questionar-se quanto a isso!

As conseqüências observáveis da transgressão do incesto não têm muito a ver com os espantalhos que os guardiães do templo nos brandem, e, com relação a isso, os mitos os contêm há séculos. As observações clínicas nos mostram claramente que uma menina vítima de incesto não se torna nem autista nem psicótica. Ela muda, ou melhor, para utilizar uma linguagem mitológica: *metamorfoseia-se.*

Plutarco e Ovídio[30] contam que antigamente, na mitologia, uma mulher respondia pelo nome de Kainis. Ela devia ser muito bonita, embora, creio um pouco ambígua. Kainis era tão excitante que provocou a paixão de Posseidon, deus do mar, louco extravagante, atleta que empunhava um tridente. Ele lhe propôs amor eterno — precisamente como um louco extravagante. Ela o recusou. Ele a perseguiu em uma praia de areia fina, agarrou-a e estuprou-a. Depois, cheio de remorso... ou de amor — talvez seja a mesma coisa? — perguntou-lhe o que desejava como compensação pelo estupro. Kainis respondeu que gostaria que ele fizesse com que aquilo nunca mais se repetisse. Então, Posseidon a transformou em homem e daí por diante ela passou a ser Kaineus, revelando-se um bravo guerreiro. Não temos conhecimento de que tenha tido alguma relação amorosa. No entanto, orgulhoso e ímpio, não respeitava os imortais e só divinizava o próprio dardo, que cultuava a todo instante. Acariciava sua lança, adulava-a e levava os homens de seu exército a adorá-la da mesma forma. Era de tal modo impiedoso e presunçoso, que seus próprios guerreiros decidiram matá-lo. Mas Kaineus era invulnerável. Decidiram então enterrá-lo como se ele próprio fosse um dardo. Quando a terra lhe cobriu o corpo e ele morreu asfixiado, dali escapou um pássaro — alguns dizem que era sua alma, enquanto que nós, psicanalistas,[31] interpretamos que se tratava do pênis que Kainis recebeu como reparação pelo estupro sofrido.

---

28. S. Lebovici (1983), D. Stern (1985).

29. "Mas a utilização de uma ficção desse tipo justifica-se quando percebemos que o bebê, com a condição de somarmos a isso os cuidados maternos, está bem perto de realizar um tal sistema psíquico [...] — Um belo exemplo de um sistema psíquico fechado aos estímulos do mundo exterior e que pode satisfazer até as necessidades alimentares de maneira autista (segundo as palavras de Bleuler) é o passarinho fechado com sua provisão de alimentos na casca do ovo, para o qual os cuidados maternos se restringem a fornecer-lhe calor" (S. Freud, 1911, pp. 136-7).

30. Para uma análise psicológica desse mito, cf. Devereux (1982).

31. Devereux (1982).

É em torno da proibição do incesto, como vimos, que se estabelece a autopercepção de sua "humanidade" e que se estrutura a "identidade psíquica" em um vaivém comparativo, inconsciente e de natureza lógica. A conseqüência de uma transgressão, portanto, implica sempre uma perturbação do sentimento de identidade e a noção de metamorfose.

Uma longa e intensiva experiência clínica mostrou-me que o trabalho psicanalítico com os pacientes originários da África negra, do Magreb, das ilhas francófones do oceano Índico, da Ásia do Sudoeste, não pode jamais se desenvolver da mesma maneira que com nossos pacientes ocidentais. O paradoxo reside no fato de que em certas condições, no entanto, é possível obter algo semelhante.[32] O que diferencia um *soninké* da região de Khayes (de onde, geralmente, vêm os lixeiros parisienses) de um nivernês autêntico, da região da Borgonha, parisiense há muitas gerações? A tendência entre meus colegas é considerar que, ao menos do ponto de vista psicológico, nada os diferencia, exceto uma fina camada superficial; pois, para eles, a cultura é simplesmente uma roupa. Afirmar *a priori* a universalidade[33] leva a ignorar uma das dimensões principais do psiquismo humano, que só pode exprimir suas características universais de forma singular, já que ter uma cultura e ser dotado de psiquismo são sinônimos. É por isso que a palavra que designa etnia, na maioria das vezes, significa "ser humano". *Inuit* significa "homem" para os *inuit*, os esquimós; *ianomami* significa "homem" para os ianomamis do Brasil e assim por diante, até o infinito... Não se trata, de forma alguma, de um isolamento do mundo ou de xenofobia primária das sociedades tradicionais; trata-se do reconhecimento, em cada uma dessas culturas, de uma realidade paradoxal: só somos humanos se formos ao mesmo tempo *inuit*, ianomami, guaiaqui, *dwala*. Ou seja: ainda não se encontrou esse hipotético "humano universal" do qual nos fala o pensamento psicanalítico; só existem os bambaras, os *bamiléké*, os *iorubas* e assim por diante. Isso me levou a formular a hipótese de que a proibição do incesto não é estruturante nem por suas implicações psicológicas (não se deve copular com a mãe, a irmã, a prima...) nem por suas implicações culturais (deve-se dar a irmã ao primo, ao vizinho, ao tio-avô...), mas, sim, pelo elo estrutural entre ambas as dimensões. E vamos notar que essa constatação não poderia ter sido feita fora de um trabalho clínico intensivo com pacientes oriundos de outras culturas.

A funcionalidade da cultura na emigração

No decorrer da aculturação que, sei muito bem, é uma necessidade do dinamismo do mundo moderno, seria sábio tentar, antes de tudo, tirar partido dos

---

32. T. Nathan (1986, 1988).

33. Quase sempre, a partir de simples observações de Freud, que falava muito de um "selvagem" teórico mas nunca tinha encontrado, e muito menos cuidado, nem mesmo de um simples estudante africano.

recursos culturais da etnia dominada. E, aliás, comecemos por nós mesmos, os psicanalistas brancos ou, o que é mais grave, os psicanalistas africanos esbranquiçados, nas universidades e nos institutos ocidentais, antes mesmo de terem recebido os rudimentos de uma formação nas técnicas terapêuticas tradicionais às quais seus pacientes sempre recorreram. Vêem a si mesmos como pioneiros ou missionários, acreditando que se instalam em uma terra virgem. Por conseguinte, e todo mundo sabe disso, contribuem ativamente para uma glória passageira e fácil, e atraem algumas pecinhas que desestruturarão os edifícios psicoterapêuticos dos quais estão longe de imaginar a harmoniosa complexidade.

Que demiurgo louco, que alquimista delirante iria imaginar que uma família pudesse abandonar, no intervalo de alguns anos, um sistema que sustentou sua homeostase psíquica por gerações? Isso sei por experiência: é impossível. Sei a que extremos podem levar essas pressões exercidas sobre uma família para que abandone seu sistema cultural. Deve-se permitir que as famílias mantenham, pelo tempo que for necessário, suas lógicas culturais; e isso não por razões morais, mas pelo custo social que sempre acarreta uma ruptura a partir da segunda geração. A sociedade que acolhe essa família, no final, sairá ganhando, poupando às segundas gerações de recaírem na delinqüência, na toxicomania ou, ainda, na ideologia — todas as três, simulações de cultura mais acessíveis, embora simplificadas e rasteiras. É evidente que com isso perderemos alguns cidadãos, mas ganharemos filhos que ingressarão na nova cultura por amor e, assim, tudo farão tudo para enriquecê-la.

No plano individual, os mecanismos de desgaste dos sistemas culturais na França são a medicina e a escola. Pegar um *soninké* de três anos nascido na França, embalado, alimentado no seio, massageado da maneira *soninké*, e mergulhá-lo brutalmente no universo da escola, esperando que "se adapte", é uma atitude que demonstra total incompreensão do funcionamento psíquico. Nessa idade, é impossível administrar rapidamente o processo de mediação entre as duas culturas, única forma de não perder a Cultura, com *C* maiúsculo. Confrontar um magrebino com essa engrenagem singular, que se recusa a dar sentido a qualquer sintoma somático, seja ele qual for — refiro-me, logicamente, à nossa medicina —, leva-o diretamente à neurose traumática (K. Biznar, 1988), isto é, uma busca compulsiva do sentido.

Khadidjatou foi vítima dos mesmos fatos que teriam vitimado uma jovem francesa seduzida por seu cunhado; no entanto, ela viveu uma história completamente diferente. Enquanto psicanalista, é essa outra história que me interessa e não a que conforta minha própria teoria e tenta imobilizar o universo na rede de um eterno infinito. Assim, quero concluir minha exposição com um paradoxo: pensar um sujeito, uma família, um grupo, sim, a partir de uma proibição "universal" do incesto não é outorgar-lhe o estatuto de semelhante, mas, sim, recusar-lhe uma humanidade concreta, pois, pelo menos no estágio atual de nossos conhecimentos, podemos afirmar que uma proibição "universal" tem conseqüências desumanas, porque fundamentalmente não é humana.

2

A EXTENSÃO DO PROBLEMA

DA IMPORTÂNCIA
DOS ABUSOS SEXUAIS NA FRANÇA

BERNARD BOUHET, DOMINIQUE PÉRARD
E MICHEL ZORMAN

INTRODUÇÃO

A infância, concebida como período de educação e formação, é um dado social relativamente novo e contemporâneo do século XX. De fato, a lei francesa que proíbe mais de 65 horas de trabalho por semana às crianças entre os seis e onze anos de idade data somente de 1852, e só em 1897 a escola tornou-se obrigatória até os treze anos (Lei Jules Ferry). É a partir desse momento que a criança não aparece mais como um "pequeno adulto", mas como um ser em um momento específico da vida; daí pode surgir uma psicologia infantil. Após a Segunda Guerra Mundial, uma dinâmica de emancipação sustentada por diversos movimentos sociais dá origem à noção de defesa dos direitos da criança.

Em 1946 as mulheres conquistam o direito ao voto e, durante as décadas de 1950 e 60, a emergência de uma cultura jovem e os movimentos feministas desempenham um papel essencial na liberação dos costumes. Isso leva inicialmente à contracepção e depois ao aborto; em seguida, dentro da lógica de emancipação, o estupro e as mulheres espancadas passarão da esfera privada à pública. O que antes era ocultado, como segredo de família, torna-se objeto de debate institucional e de prevenção.

A situação se repete na década de 1980, no que se refere aos maus-tratos e abusos sexuais com crianças. É normal que um tema tão novo tenha sido pouco estudado na França. Apresentamos aqui os resultados dos três únicos estudos quantitativos franceses sobre o assunto e que permitem precisar algumas de suas características. Um foi realizado a partir de uma amostragem representativa de pessoas entre dezoito e 59 anos, da região de Rhône-Alpes;[1] e os outros dois com populações que cursam os dois primeiros anos da universidade, em Paris e na região parisiense,[2] e em Grenoble.[3] Todos os três são retrospectivos.

As questões referentes aos abusos sexuais foram elaboradas de forma a serem auto-administradas, pois a natureza dos problemas abordados não se prestava à clássica entrevista face a face entre o entrevistado e o pesquisador. Se as pesquisas permitem, de um lado, aceder à dimensão do fenômeno na sociedade francesa, de outro suscitam certo número de problemas metodológicos.

Primeiramente, podemos questionar a validade das declarações fornecidas pelas pessoas interrogadas, pois a qualidade das respostas pode ter sido afetada por falhas de memória, pela reconstrução dos fatos e eventualmente pela negação dos eventos traumáticos.

Durante as sondagens realizadas nos Estados Unidos, os pesquisadores constataram uma influência sobre os resultados, à medida que o levantamento de dados aparece, para os entrevistados, centrado ou não nos abusos sexuais. Nenhuma definição de abusos sexuais pode excluir a enumeração das ações e fatos que os constituem: na realidade, essa definição é fornecida pelos itens presentes nos questionários de cada uma das pesquisas. Assim sendo, estudos realizados em diversos países não os abrangem totalmente, impedindo uma comparação estrita e explicando em parte a variabilidade dos resultados obtidos.

No que concerne à França, cinco questões foram elaboradas pelo grupo de pesquisa sobre abusos sexuais, que trabalhou junto à subdireção Família, Infância e Vida Social do Ministério da Solidariedade, da Saúde e da Proteção Social:

• Antes dos dezoito anos, você foi vítima de um ou mais abusos sexuais?
• Qual era a natureza desse(s) abuso(s)?
• Qual era sua idade quando você sofreu o primeiro abuso?
• Quem foram as pessoas que abusaram de você?
• Depois do fato você conversou a esse respeito com alguém?

---

1. Pesquisa feita pelo Projeto Regional de Observação das Moléstias Sexualmente Transmissíveis (PROMST) em abril/maio de 1989, junto a uma amostragem de 1511 pessoas, representativas da população entre dezoito e 59 anos na região Rhône-Alpes (segundo idade, sexo, categoria socioprofissional e de localização geográfica). Trabalho confiado ao instituto de pesquisa BVA.

2. Pesquisa realizada pelo Centro de Pesquisa sobre a Infância e a Adolescência (CREA) em maio/junho de 1988, junto a uma amostragem representativa de mil estudantes do primeiro e segundo ano da universidade. Trabalho de campo e análise estatística realizada por T. Pailleux, do Instituto Francês de Estudos e Análises (IFEA).

3. Pesquisa realizada pelo Centro Interuniversitário de Medicina Preventiva de Grenoble e pelo CIDSP, em maio de 1989, junto a 720 estudantes cursando o segundo ano do ensino superior, nas três universidades de Grenoble.

ABUSOS DE MENORES

Das pessoas abordadas na região de Rhône-Alpes, 93 delas (6,2% dos 1 511 entrevistados) declaravam ter sido vítimas de um ou vários abusos antes dos dezoito anos. Notamos uma divisão de duas mulheres para um homem.[4] Se observarmos a população feminina (772 mulheres), sessenta das entrevistadas informam um abuso, o que representa 7,8% do total de mulheres. Na população masculina (739 indivíduos), 33 declaram um abuso, ou seja, 4,6% do conjunto dos homens.

Tais resultados (mais de 6% das pessoas entrevistadas e quase 8% das mulheres) evidenciam que se trata de uma realidade social significativa, o que justifica um esforço de prevenção e as análises aqui apresentadas. As duas pesquisas junto a estudantes corroboram esses resultados. Na abordagem realizada com universitários parisienses (1988), 8% das mulheres e 7% dos homens entrevistados afirmam ter sido vítimas de pelo menos um desses eventos: assédio sexual, estupro, incesto. Os números obtidos em Grenoble (1989) são da mesma ordem: quase 9% declaram ter sido vítimas uma ou várias vezes de abusos sexuais (mais de 11% para as mulheres).

O conjunto de estudos feitos no exterior e na França, a análise das declarações dadas à polícia, as queixas apresentadas à Justiça, bem como as constatações médicas, deixam transparecer que os autores dos abusos são quase exclusivamente homens e que 20% a 30% das crianças vítimas são meninos. Observamos, por outro lado, que mais de 95% dos homens sustentam ter práticas exclusivamente heterossexuais (número obtido das perguntas sobre comportamento sexual nas mesmas pesquisas). Esse paradoxo, que é aparente, evidencia que os abusos sexuais sofridos por crianças e adolescentes masculinos não são cometidos exclusivamente por homossexuais masculinos, mas também, e freqüentemente, por homens com práticas heterossexuais que passam ao ato da pederastia.

Embora os bloqueios e tabus relativos aos abusos sexuais tenham diminuído, tudo leva a crer que as porcentagens observadas ainda sejam inferiores à realidade do fenômeno. O número ínfimo de pessoas que se recusaram a responder as perguntas, nas três pesquisas, aponta para uma diminuição da autocensura. Essa evolução, provavelmente, é produto de campanhas de prevenção, do trabalho de sensibilização e de sua transformação em tema da mídia. Estamos diante de um processo dinâmico, no qual a observação mede tanto o nível de um fenômeno quanto a informação sobre a emergência pública desse mesmo fenômeno.

Observamos, por meio dos resultados da pesquisa realizada em Rhône-

---

4. Lembremos que a margem de erro é maior se o número de respostas é pequeno. Nesse caso, em que os números são pequenos, seria conveniente considerar as percentagens indicadas no texto como indicativos, fornecendo uma ordem de grandeza.

Alpes, que o problema dos abusos atinge da mesma maneira todas as camadas da sociedade, uma constatação que converge com todas as pesquisas feitas no exterior. Assim sendo, não observamos diferenças significativas quanto aos critérios de localização geográfica ou quanto à profissão dos entrevistados.

No entanto, existe um "efeito diploma": os mais jovens e os que têm mais diplomas, nessa amostragem de entrevistados, declaram mais os abusos sexuais.

Nível inferior ao colegial: 50 entre 995 pessoas (5,2%);
Nível igual ou superior ao colegial: 43 entre 556 pessoas (7,7%).

Essa observação é reforçada pelos resultados obtidos na pesquisa junto aos estudantes universitários. Eles indicam, provavelmente, que essa parcela da população expõe com mais facilidade os abusos dos quais foi vítima durante a infância ou adolescência.

A prevenção junto a crianças e adolescentes deverá levar em conta esse elemento de desigualdade, que leva à maior ou menor possibilidade ou facilidade de revelar o abuso sofrido. E, ainda, pode ser conseqüência do distanciamento social e cultural entre adultos, educadores e crianças, e dos valores e tabus familiares específicos.

A NATUREZA DO ABUSO

A segunda pergunta da pesquisa Rhône-Alpes permitia aos entrevistados indicar a natureza do abuso sofrido, na seguinte lista que lhes era proposta:

1. Conversas ou telefonemas obscenos;
2. Apresentação forçada de imagens pornográficas;
3. Exibição de órgãos sexuais dos adultos;
4. Contatos sexuais ou masturbação forçada;
5. Participação em cenas pornográficas;
6. Relações sexuais impostas (vaginais, anais ou orais).

Essa lista não é exaustiva, pois aos pesquisadores pareceu inoportuno entrar em detalhes e pedir uma descrição precisa dos abusos sofridos. No entanto, as pessoas entrevistadas podiam fornecer mais pormenores. Para facilitar a análise, as seis categorias mencionadas foram divididas em dois tipos:

- o tipo A corresponde aos atos que agrediram sensorialmente a criança ou o adolescente, e reúne os atos descritos nos itens 1, 2 e 3 (telefonemas obscenos, exibicionismo);
- o tipo B corresponde aos atos que utilizam o corpo e reúne os descritos nos itens 4, 5 e 6 (contatos sexuais ou masturbação forçada, participação em cenas pornográficas, relações sexuais impingidas...).

Natureza do abuso (sobre 130 atos)			
	Homens	Mulheres	Total
Tipo A	16 (39%)	47 (52,8%)	63 (48,5%)
Conversas	1	18	19
Imagens pornográficas	3	4	7
Exibicionismo	12	25	37
Tipo B	25 (61%)	42 (47,2%)	67 (51,5%)
Carícias	18	30	48
Participação pornográfica	2	0	2
Penetrações	5	12	17
Total	41 (100%)	89 (100%)	130 (100%)

Quanto aos 130 casos de abusos declarados, os dois tipos de abuso revelam números semelhantes (63 do tipo A e 67 do tipo B), mas observamos uma disparidade com relação ao sexo; os homens assinalaram mais atos do tipo B (25) que do tipo A (16); em contrapartida, as mulheres declararam os dois tipos de forma muito aproximada (47 para o tipo A e 42 para o tipo B).

Globalmente, convém destacar que houve quase uma paridade entre os dois tipos de abuso, enquanto que a priori poderíamos supor que os atos de tipo A (sem molestação física direta) são muito mais freqüentes. Analisaremos mais adiante essa constatação.

Quanto às pessoas que responderam ao questionário, os resultados nos trazem outras informações:

Natureza do abuso (em 93 indivíduos)			
	Homens (em 739)	Mulheres (em 772)	Total (em 1 511)
Tipo A	10 (1,4%)	20 (2,6%)	30 (2,0%)
Tipo B	23 (3,1%)	40 (5,2%)	63 (4,2%)
Total	33 (4,5%)	60 (7,8%)	93 (6,2%)

Em 93 indivíduos, duas a cada três pessoas declaram ter sido vítimas de um ou muitos abusos do tipo B (agressões sexuais diretas). Essa proporção é idêntica para os homens (23 sobre 33) e para as mulheres (40 sobre 60). Assim sendo, entre as 1 511 pessoas da amostragem, 2% (30) declararam ter sofrido abusos do tipo A, mas 4,2% (63), abusos do tipo B.

A hipótese que formulamos para explicar o pequeno número de abusos do tipo A em relação aos do tipo B é que todos aqueles que foram expostos não o viveram como um abuso (e, portanto, não o exprimiram), mas, sim, como uma situação mais banal de exposição a um fato corriqueiro. Em contrapartida, os que preencheram o item "conversas obscenas" e "exibicionismo" foram aqueles que viveram a situação como um abuso, ficaram perturbados e sofreram. Isso mostra uma boa compreensão das questões por parte dos entrevistados, e a distinção parece clara entre o que é simplesmente exposição e o que é abuso.

Veremos a confirmação dessa hipótese na diferença de resultados sobre a questão relativa ao exibicionismo, nas duas pesquisas entre estudantes. Para a região parisiense a pergunta foi: "Você sofreu na infância um ou vários desses acontecimentos sexuais?

- exibicionismo   sim   não..."

Para Grenoble, fez-se a seguinte pergunta: "Antes dos dezoito anos, você sofreu um ou vários abusos sexuais [...], qual era a natureza desse ou desses abusos?

- exibição de órgãos genitais de adultos   sim   não".

No primeiro caso, em que o uso do termo "acontecimento sexual" remete à exposição, a porcentagem atinge 16% das pessoas entrevistadas (8% para os homens, 22% para as mulheres); no segundo caso, onde a expressão "abuso sexual" vem explicitada, não passa de 4,3%.

Estamos então diante de uma lógica de perturbação relativa.

Isso ressalta o aspecto subjetivo ou pessoal do funcionamento psíquico do indivíduo, em função das diversas situações, dos valores socioculturais, do contexto familiar e de outros elementos.

Essas diferenças nos mostram como é necessário levar em consideração o conjunto dos abusos, sendo que a divisão entre os tipos A e B permanece relativamente arbitrária em matéria de gravidade. De fato, nem sempre há uma relação proporcional entre a gravidade dos abusos e suas conseqüências psicoafetivas, como mostraram os pediatras, os psiquiatras infantis e os psicoterapeutas.

Quando comparamos esses resultados com os estudos anglo-saxões, constatamos que os últimos nos dão porcentagens superiores. Provavelmente há uma convergência de diferentes fatores para explicar tais variações, particularmente a definição de abuso e a formulação das questões.

Pesquisas desse tipo não podem ter a pretensão de registrar a totalidade dos abusos, no mínimo, por causa da dificuldade de as vítimas identificarem e/ou nomearem alguns deles, conforme assinalamos. Além disso, nossas questões e suas limitações excluem a possibilidade de registrar abusos como, por exemplo, o clima incestuoso. De fato, podem ocorrer climas "sexualizados"[5] que provocam no indivíduo um mal-estar que ele mesmo não compreende e não chega a distinguir muito bem. Esse clima é conseqüência de uma dimensão de sedução mais ou menos mascarada e/ou de uma dimensão de violência. Ele existe na família, particularmente entre um dos pais e um filho, mas também fora dela, sobretudo, em certas instituições. Observamos, desde Freud, a importância da sedução pai-filha, mas também da sedução da mãe em relação a seu bebê. É preciso saber que todo bebê, toda criança, luta contra os desejos incestuosos dos pais que, inconscientemente, podem apresentar comportamentos sedutores. Existem cuidados não contabilizados em um trabalho como o nosso, que podem ser compreendidos como abusos sexuais. Por exemplo, a mãe que tem prazer exagerado em brincar com o sexo do bebê quando lhe dá banho, ou aquela tia que faz toques retais no sobrinho quando ele está constipado. Ou, então, a mãe que pede ao filho que lhe lave as costas enquanto toma banho. Diante desses gestos, a criança fica profundamente marcada. R. Dorey mostra o quanto os avatares das primeiras relações de sedução vão influir em sua estrutura psicopatológica. Sobretudo porque esse é um período pontuado pela repressão. Os abusos praticados permanecem no nível inconsciente e, portanto, têm conseqüências marcantes. É aí que começa a prevenção. Não podemos, tampouco, negligenciar certas práticas institucionais. Por que, por exemplo, desnudar todas as crianças durante o exame médico escolar? As duchas coletivas obrigatórias depois do esporte podem causar problemas para algumas crianças. Os exemplos são numerosos e, no entanto, essas experiências não são levadas em conta em pesquisas como as nossas.

O ABUSO, ATO ACIDENTAL OU SITUAÇÃO PROLONGADA

O conhecimento do número de abusos sofridos por uma mesma pessoa permite a tentativa de diferenciar o abuso acidental e único da situação de abusos repetitivos que se prolongam no tempo. Para obter essa informação, foi preciso colocar numerosas perguntas referentes ao número preciso de abusos, sua duração, a unicidade ou multiplicidade do(s) autor(es). Mas também, nesse caso, o excesso de questões poderia "matar" a informação, sem contar as eventuais conseqüências psicológicas para o entrevistado. A deontologia e — igualmente — as escolhas metodológicas (limites da pesquisa quantitativa) levaram-nos a optar por uma pergunta simples que parecia ser o melhor e, provavelmente, o mais confiável indicador na pesquisa Rhône-Alpes:

---

5. Preferimos "sexualizado" a "erótico", reservando o erotismo à dimensão sexual do jogo amoroso.

"Antes dos dezoito anos, você foi vítima de um ou mais abusos sexuais:
não, nunca
sim, uma vez
sim, várias vezes".

Os resultados dividiram-se dessa forma:

Uma vez	62 (27 homens, 35 mulheres)
Várias vezes	31 (6 homens, 25 mulheres)

Assim sendo, em relação ao total de abusos, incluindo os que ocorreram várias vezes

Homens	33	6 (18%)
Mulheres	60	25 (42%)
Total	93	31 (33%)

Nas respostas a essa questão, observamos uma nítida diferença entre homens e mulheres. Um terço dos entrevistados declaram haver sofrido abusos várias vezes (31 pessoas em 93) e são sobretudo mulheres (25, ou seja, mais de 40% dentre elas). O resultado obtido poderia indicar que crianças de sexo feminino vivem mais situações de abuso prolongado que as do sexo masculino. Isso coincide com muitos estudos anglo-saxões que mostram que as meninas sofrem mais abusos sexuais que os meninos no ambiente familiar. Eis aí um problema que precisaria ser analisado mais acuradamente.

Por outro lado, a diferença interindividual e a reorganização no interior da personalidade, em função das situações vividas, da história dos indivíduos e de seu contexto, impedem a interpretação mecanicista entre, de um lado, a natureza dos atos e sua duração e, de outro, as conseqüências psicopatológicas.

A IDADE DO PRIMEIRO ABUSO

Em nossas pesquisas, escolhemos a definição jurídica do menor para "criança", embora conscientes da arbitrariedade dessa escolha. Existe, evidentemente, grande diversidade no plano psicológico, social etc. entre os bebês e os jovens adultos.

A idade do primeiro abuso é uma informação fundamental, e o gráfico que se segue nos fornece a divisão por sexo.

As duas pesquisas realizadas apresentam resultados idênticos (respectivamente, 53% e 57% dos estudantes de Paris e Grenoble entre dez e dezesseis anos de idade).

A metade dos primeiros abusos é perpetrada antes dos doze anos entre os meninos e antes dos onze anos entre as meninas; o número máximo de ocorrências se situa, para ambos os sexos, em torno da puberdade.

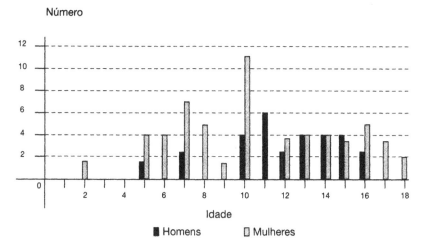

A maior parte das pesquisas realizadas até hoje fornece resultados praticamente idênticos no que diz respeito à idade: a metade dos abusos aconteceu antes dos doze anos. A idade em que ocorreu o abuso e a idade a partir da qual começou uma série de abusos é variável. No entanto, o conjunto dos estudos de prevalência demonstra que a criança está mais "exposta" entre os nove e doze anos de idade.

Entretanto, conforme observa Montes de Oca (1990), é possível que os entrevistados não se lembrem de abusos sofridos em tenra idade. Estudos clínicos parecem sustentar essa hipótese. De fato, nesse tipo de estudo, um quarto dos casos acontece antes dos oito anos de idade. Mian *et al.* constataram que 33% das crianças enviadas aos hospitais por abusos sexuais tinham menos de seis anos de idade.

Assim, é importante que a informação e a prevenção comecem cedo para as crianças e tenham continuidade, com as devidas adaptações, até os dezoito anos de idade.

Se, por um lado, a opinião pública geralmente se mostra mais sensível aos abusos com as crianças, símbolo de inocência e pureza, existe a propensão a minimizar os efeitos do abuso nos adolescentes. Porém já está amplamente provado que o adolescente é muito frágil. De fato, a adolescência significa a entrada para a maturidade e é um período de crise que se caracteriza pela reviravolta na vida pessoal e interpessoal. Leva a uma reorganização das relações com os outros, consigo mesmo e com o próprio corpo. É a idade das primeiras relações sexuais e de todas as dificuldades que lhes são associadas, sobretudo porque o adolescente tem grande fragilidade narcísica. Não se justifica minimizar os efeitos do abuso sexual a ele impingido, especialmente depois que estudos clínicos como os de Pichot e Alvin (1985, 1988) mostraram até que ponto as agressões sexuais em adolescentes não são menos graves. Assim como nas crianças menores, tais agressões podem provocar graves perturbações (fobias, problemas sexuais...), que eventualmente culminam na atuação (fuga, tentativas de suicídio, suicídio...).

OS AUTORES DOS ABUSOS

Nossas pesquisas quanto a pessoas que declararam ter sido vítimas de abusos sexuais não nos fornecem indicações sobre o funcionamento e as motivações dos autores dos abusos.

Para saber quem eram esses autores, uma série de itens foi proposta aos entrevistados (pesquisa Rhône-Alpes):

- seu pai;
- sua mãe;
- o amigo ou cônjuge da mãe ou do pai;
- seu irmão ou sua irmã;
- outra pessoa conhecida;
- outra pessoa desconhecida;
- não quero revelar.

Tampouco nesse caso foi possível alongar essa breve lista. Vale frisar que nenhum dos entrevistados se refugiou no último item.

Entre os responsáveis pelos abusos citados (92), um terço é compreendido por desconhecidos (34, ou seja, 37%). Os dois terços restantes são pessoas conhecidas das vítimas (58, ou seja, 63%), inclusive pertencentes ao círculo familiar (que representa 17%), como mostra o próximo quadro.

Resultados publicados nos Estados Unidos dão porcentagens da ordem de 80 a 90% em relação às pessoas conhecidas das crianças ou aparentadas (Children Service Division, 1987). O relatório Badgley fornece números bastante próximos dos nossos: um em quatro agressores é membro da família ou pessoa de certa confiança; em média, a metade é de pessoas amigas ou conhecidas, e na ordem de um para seis é desconhecida.

Em seu estudo, M. Lynch enumera:

- 74% dos casos aconteceu com um autor conhecido;
- para 43%, trata-se de alguém da família;
- para 31% é um conhecido;
- nos casos intrafamiliares, o pai está implicado em 48%.

Autores de abusos (em 92 autores de abusos citados)

	Homens	Mulheres	Total
Pai	0	4	4
Amigo ou cônjuge da mãe	1	5	6
Irmão ou irmã	1	5	6
Pessoa conhecida	13	29	42
Pessoa desconhecida	16	18	34
Total	31	61	92

Pessoa conhecida (incluindo círculo familiar): 58 (63%)
Pessoa desconhecida: 34 (37%)

O incesto pai-filha é inexplorável em nossos resultados, mas, sem dúvida, é o mais difícil de revelar; é também o que tem conseqüências mais graves sobre o equilíbrio psíquico, do presente e futuro, da criança e do adolescente. O autor do abuso é quase sempre um homem. Foram feitos alguns trabalhos sobre pais incestuosos. Duas tendências parecem sobressair aí. Por um lado, para um terço até um quinto desses pais, a excitação sexual diante de uma criança é maior do que diante de um adulto. Por outro, esses homens têm dificuldades quanto a suas identificações masculinas. E, sobretudo, uma análise das interações precoces (Parker e Parker, 1986) mostra que os pais incestuosos têm menor participação nos cuidados com a filha do que os pais do grupo-testemunha.

Nossas pesquisas não nos permitem precisar melhor o nível de proximidade social e afetiva entre os autores e as vítimas (família extensiva, colaterais e ascendentes, amigos da família, professores, educadores, vizinhos, outras crianças ou adolescentes). Essa informação, no entanto, é importante.

Não dispomos, na pesquisa, de informações sobre a idade dos autores de abusos. De acordo com estudos norte-americanos (Finkelhor e Hotaling, 1983, 1984, 1987), trata-se de homens jovens (na faixa etária de vinte a trinta anos), conhecidos das crianças e que lhes despertam simpatia. A representação estereotipada do sátiro, na opinião pública, está muito distante dos diversos elementos que acabamos de evocar. De fato, em dois terços dos casos há uma aproximação real entre o autor do abuso e sua vítima.

Essa observação é levada em conta na orientação da prevenção. O reforço que é dado — tanto no quadro familiar quanto escolar — ao risco que representam os desconhecidos deve ser redimensionado. De fato, os cuidados também devem dirigir-se à influência mais sutil das pessoas conhecidas, que podem chegar a fazer verdadeiras manipulações (chantagem emocional, uso da autoridade etc.).

Estudos norte-americanos destacam que, no quadro dos programas de prevenção, a noção mais problemática para as crianças é a de que o agressor possa ser uma pessoa conhecida delas (Plummer, 1984; Ray, 1984; Doig e Strang,1985); é também essa noção que mais se atenua, com o tempo, na memória das crianças, da mesma forma que as noções que contradizem as idéias transmitidas.

A REVELAÇÃO DO ABUSO

Entre as pessoas pesquisadas na região de Rhône-Alpes que declararam ter sido vítimas de um ou vários abusos, só 37, ou seja, menos de 40% dos casos, afirmam ter falado com alguém sobre o ocorrido. Esse silêncio, observado por quase dois terços das vítimas, é significativo da situação de não-dito desse domínio e da força do tabu.

Em menos de 10% dos casos houve intervenção médico-social, policial ou judiciária:

Polícia 5
Justiça 3
Médico, psicólogo, assistente social 7

É preciso lembrar que nossas pesquisas são retrospectivas e que se colocou o problema da revelação e da declaração no momento dos fatos. Desde 1988 notamos, na França, um aumento significativo do número de queixas que chegam à Justiça.

Favorecer e incitar à revelação permite:

• levar em consideração a palavra da criança;
• pensar em cuidados sociais, psicológicos e médicos;
• reconhecer e apontar o autor como culpado e responsável.

Tudo isso pode ter o efeito terapêutico de eliminar o sentimento de culpa e reabilitar a vítima. Por outro lado, Deltaglia (1990) assinala que a culpa das crianças que denunciam os abusos, mesmo em casos de incesto, não é tão evidente nem freqüente quanto se afirma. Ela acredita que muitas crianças se sentem aliviadas por falar. O silêncio da criança ou do adolescente é tóxico para eles. Às vezes, a curto prazo — mas normalmente só a longo prazo — podemos avaliar o impacto e as conseqüências afetivas do trauma sofrido.

Deltaglia propõe uma análise muito interessante das 59 pessoas que estudou, e de suas famílias. Mais da metade das crianças não apresenta nenhuma reação observável depois da revelação. Destas, 19% sentem-se bastante aliviadas. Para os 23% de crianças que manifestam sentimentos dolorosos, segundo a autora, é quase impossível separar os efeitos ligados à própria revelação dos efeitos consecutivos aos abusos anteriores.

As avaliações dos programas de prevenção norte-americanos para as crianças entre seis e doze anos mostram que estas aprendem um certo número de noções, mas não permitem dizer se os programas ajudam as crianças a evitar os abusos sexuais. A facilidade da revelação das crianças agredidas é um dos resultados mais significativos dessas pesquisas (Kolko *et al.*, 1987; Beland, 1986). As experiências francesas feitas desde 1987, em dois departamentos-piloto das regiões de Seine-St Denis e do Isère confirmam esse fato, sem no entanto fornecer dados precisos; fica claro hoje que a revelação do abuso permitiu retirar certo número de crianças de situações perturbadoras e traumatizantes. Facilitar a revelação significa contribuir para a resolução de situações quase sempre dramáticas, sobretudo pelos cuidados dispensados à criança e sua família no plano social e psicológico. Isso permite também evitar graves conseqüências sobre a saúde mental da criança. A emergência dessas revelações coloca e vai colocar, em todas as instâncias de nossa sociedade, numerosos problemas que necessitam uma reflexão sobre novas estratégias para que a polícia, a justiça, os advogados, os assistentes sociais, os médicos colaborem na busca de soluções coerentes com os interesses e o futuro da criança em um quadro familiar.

Dessa forma, a revelação do abuso deve ser uma das prioridades dos programas de prevenção, que deve passar sobretudo pela sensibilização e formação dos profissionais de certas áreas (por exemplo, educação, polícia, Justiça etc.) para que tenham mais facilidade de encorajar as revelações, recebê-las e reagir.

CONCLUSÃO

Nossas pesquisas não permitem propor características específicas das circunstâncias e da personalidade das vítimas de abusos sexuais. Após o trabalho de alguns clínicos, podemos adiantar a hipótese de que as crianças pouco vigiadas, deixadas por sua própria conta e/ou que têm carências emocionais e afetivas, são mais vulneráveis e constituem provavelmente o alvo preferido dos autores de abusos, por meio de um complexo jogo de interação entre as necessidades afetivas às vezes sedutoras da criança e as pulsões e desejos do autor do abuso sexual.

Numa primeira etapa, os estudos epidemiológicos sobre maus-tratos e abusos sexuais revelaram um fenômeno social e mediram sua importância por meio de um retrato que, embora descreva certas particularidades, é insuficiente para compreender a dinâmica e a complexidade desse fenômeno. A isso corresponde uma primeira abordagem preventiva, que visa ajudar as crianças a evitar o abuso ou resistir a ele e, também, a revelá-lo.

Numa segunda etapa, e numa perspectiva a longo prazo, surge o problema de uma prevenção primária, na raiz dos fenômenos. Trata-se de intervir nos fatores determinantes que fazem com que os indivíduos se tornem autores de abusos sexuais ou pais que maltratam os filhos. Em particular, os trabalhos sobre maus-tratos referem-se freqüentemente a um fenômeno de reprodução transgeracional. Os abusos sexuais em crianças não podem ser isolados das sevícias e negligências das quais são elas vítimas. Tudo leva a crer que existe, igualmente nesse domínio, uma lógica de reprodução.

Para influir sobre esse quadro e reduzir significativamente semelhantes condutas sociais em relação às crianças — que têm tamanha influência sobre o futuro delas —, são necessárias prevenções diversificadas e diferenciadas. A partir daí, surge uma série de questões, a saber:

Em que momento da vida e em que espaço social é preciso intervir: maternidade, escola...?

Quais estratégias podem permitir que se rompa a lógica da reprodução?

Para tentar responder a essas perguntas, são indispensáveis as pesquisas retrospectivas e sua relação com trabalhos clínicos.

O estudo do fenômeno e a melhoria dos instrumentos de observação, bem como o desenvolvimento de ações de prevenção, devem colocar-se em uma perspectiva coerente, contínua e de longo prazo, condição necessária a uma real defesa dos direitos da criança.

3
OS ABUSOS SEXUAIS

I
OS ABUSOS SEXUAIS
EM CRIANÇAS PEQUENAS:
SEDUÇÃO, CULPA, SEGREDO *

MARTINE LAMOUR

INTRODUÇÃO

Em nossa prática cotidiana intervimos junto a bebês que vivem em situação de "alto risco", geralmente devido a uma psicopatologia familiar (psicose crônica, carência etc.). Trabalhamos em uma unidade de tratamento psiquiátrico para crianças pequenas, oferecendo abordagens terapêuticas diversificadas, em período parcial. Como os pais praticamente nunca pediram que seus filhos fossem tratados, o acesso a esses bebês e os cuidados a eles destinados só são possíveis graças a um trabalho conjunto de nossa equipe e de diferentes profissionais, tanto médicos quanto assistentes sociais que trabalham na comunidade e nos formulam um pedido de tratamento para esses bebês expostos a um duplo perigo:

---

* Intervenção durante as sessões de formação (1989, 1990) dos profissionais indicados pelo Ministério da Solidariedade, da Saúde e da Proteção Social, da Direção da Ação Social, no quadro da campanha de prevenção de abusos sexuais.

- risco psicológico, em razão da exposição da criança à patologia parental;
- risco "vital" em razão da inadequação dos cuidados que lhe são dispensados, de negligência e inclusive maus-tratos.

Quando abordamos essas situações, ficamos impressionados pela intensa motividade que dominou todos os envolvidos: medo de falar das próprias intervenções e de sua implicação, associado a um sentimento de impotência e mesmo de incompetência; angústia crescente em face das representações do risco que a criança correu; percepções contraditórias que geram conflitos entre os envolvidos.

É por meio do jogo de nossas frágeis identificações, tanto em relação aos pais quanto às crianças, que somos solicitados. Nossas emoções do tempo em que éramos bebês podem ressurgir, podemos igualmente ser confrontados com nossas próprias imagos* parentais. Acreditamos que esses movimentos de identificação refletem como um espelho as dificuldades da relação mãe-bebê. Centrando-nos em uma compreensão psicodinâmica, pudemos compreender que nossas atitudes e contra-atitudes eram, na maioria, induzidas pelos mecanismos psicopatológicos dessas famílias e pela própria característica da relação pais-bebês (Jardin, Lamour, 1984).

Quando o problema do abuso sexual é inserido no quadro das perturbações interativas, nossos movimentos emocionais são ainda mais violentos; a tentação de agir rápido fica em primeiro plano, o que faz com que a elaboração se torne mais difícil. Por isso é essencial falar, tentar compreender o que acontece, utilizando diferentes pontos de vista.

OS ABUSOS SEXUAIS E A TEORIA PSICANALÍTICA

Neste capítulo e no que se segue, abordaremos brevemente, de forma simplificada, alguns conceitos psicanalíticos necessários à compreensão do funcionamento psíquico da criança, retomando textualmente, a maior parte das vezes, as definições que se referem à obra de Freud citadas por Laplanche e Pontalis no *Vocabulaire de la psychanalyse* [Vocabulário da psicanálise] (1984).

Os abusos sexuais, a questão de sua realidade ou não e seu impacto no desenvolvimento da personalidade ocupam um lugar importante na teoria psicanalítica, lugar ilustrado pela teoria da sedução e sua evolução.

A teoria da sedução

a) Freud

A teoria da sedução, da forma como foi elaborada por Freud no início de sua obra (1895-1897), a partir de seu trabalho clínico com pacientes adultos,

---

* Palavra latina que designa o ideal afetivo e representação que a criança faz de seus pais, ou, ainda, a imagem parental assexuada (N. do T.)

atribuía à lembrança de cenas reais de sedução, em geral de uma criança e de um adulto, um papel determinante na etiologia das psiconeuroses, ou seja, das patologias nas quais os sintomas do adulto são a expressão simbólica de conflitos infantis (neurose de transferência, histeria, obsessão, neurose de angústia e neuroses ditas narcísicas).

As cenas de sedução são definidas como "cenas reais ou fantasmáticas onde o sujeito (geralmente uma criança) sofre passivamente por parte de outro (em geral um adulto) assédios ou manobras sexuais [...] Dizer que a cena de sedução é vivida passivamente não significa apenas que o sujeito tem um comportamento passivo, mas também que é vítima sem que a situação possa produzir nele uma resposta, sem que provoque representações sexuais"(Laplanche e Pontalis, 1984, pp. 436-7).

Esquematicamente essa teoria supõe que o trauma se produza em dois períodos separados pela puberdade:

- o primeiro período é o da sedução propriamente dita. É o acontecimento sexual do ponto de vista do adulto, mas "pré-sexual" para a criança. Não há, nesse momento, repressão no inconsciente para a criança;
- o segundo período é um novo acontecimento, nem sempre de natureza sexual, que faz ressurgir, por associação, a lembrança da cena de sedução anterior. A lembrança provoca um afluxo de excitação e por isso é reprimida; é essa própria repressão que, para Freud, está na origem das psiconeuroses.

Freud foi levado a abandonar a teoria da sedução em 1897. Sua atitude é considerada como um passo decisivo na importância que viriam a alcançar as noções de fantasma inconsciente, de realidade psíquica e de sexualidade infantil na teoria psicanalítica. Freud escreve em *Contribution a l'historie du mouvement psychanalytique* [Contribuição à história do movimento psicanalítico] em 1914:

Se é verdade que as histéricas relacionam seus sintomas a traumas fictícios, o fato novo é que elas fantasiam tais cenas; é portanto necessário levar em consideração, ao lado da realidade prática, a realidade psíquica. Logo descobrimos que esses fantasmas inconscientes serviam para dissimular a atividade auto-erótica nos primeiros anos da infância, para enfeitá-los e elevá-los a um patamar superior. Ora, por trás desses fantasmas aparecia, em toda sua grandeza, a vida sexual da criança (Freud, 1914, citado por Laplanche e Pontalis).

No entanto, ainda que Freud tenha abandonado a teoria da sedução como peça central nas psiconeuroses, nunca deixou de "sustentar a existência, a freqüência e a realidade das cenas de sedução vividas pelas crianças" (Laplanche e Pontalis, 1984, p. 438).

b) Ferenczi e a retomada da teoria da sedução (1933)

Sandor Ferenczi: "A confusão de línguas entre os adultos e as crianças; a linguagem da ternura e da paixão" renova a importância da teoria da sedução e do trauma, em razão dos reveses ou de resultados terapêuticos incompletos com seus pacientes adultos: "o fato de não aprofundar suficientemente a origem exterior comporta um perigo: o de recorrer a explicações apressadas que evocam a predisposição e a constituição" (Ferenczi, 1933, p. 125).

Ferenczi, falando da relação de confiança que se estabelece entre analista e paciente, mostra a importância de o analista reconhecer seus erros e poder renunciar a eles para atingir uma relação que "estabelece o contraste entre o presente e um passado insuportável e traumatogênico". Foi dentro desse quadro que Ferenczi pôde confirmar "a importância do trauma e em particular do trauma sexual como fator patogênico" (Ferenczi, 1933):

> Mesmo crianças que pertencem a famílias honradas e de tradições puritanas, com mais freqüência do que ousaríamos supor, são vítimas de violências e estupros. São os próprios pais em busca de um substituto para sua insatisfação, dessa maneira patológica, ou pessoas de confiança — membros da mesma família (tio, tia, avós), preceptores ou empregados domésticos — que abusam da inocência ou da ignorância das crianças. A objeção, alegando que se trata de fantasmas da própria criança, ou seja, mentiras histéricas, perde infelizmente sua força, em conseqüência do número considerável de pacientes em análise que confessam violências que exerceram em crianças (Ferenczi, 1932, p.129).[1]

Sexualidade infantil, sexualidade adulta: definições, problemas

Falar de abusos sexuais de adultos contra crianças nos confronta com uma situação na qual deparamos com dois parceiros com funcionamento assimétrico e características físicas, evidentemente, bem diferentes.

A sexualidade infantil foi uma descoberta da psicanálise. Freud a definiu como "tudo que concerne às atividades da primeira infância em busca de gozos localizados que este ou aquele órgão possa proporcionar" (Freud, 1908). Essa definição ultrapassa a genitalidade. Os comportamentos da criança descritos por Freud podem ser considerados precursores da sexualidade adulta. Ao estabelecer um elo de similitude entre as práticas perversas dos pacientes adultos e os comportamentos da criança, Freud pôde reconhecer a significação sexual desses comportamentos e qualificar a criança de "perversa polimorfa".

A sexualidade adulta diferencia-se da infantil pela primazia da zona genital, pela escolha de um objeto total e a possibilidade de procriar.

Se é essencial reconhecer a existência da sexualidade na criança, a utilização da mesma palavra em relação ao adulto induz a uma confusão, pois suscita, mais ou menos conscientemente, uma representação da sexualidade da criança muito similar à do adulto: um dos adultos é substituído por uma criança no enredo da relação sexual associado ao abuso de um adulto para com uma criança. Isso é ilustrado pela freqüência com que, quando se trata de abusos se-

---

1. A importância da identificação do sujeito seduzido ao sedutor foi observada no capítulo 1.

xuais impingidos a crianças muito pequenas, as primeiras representações do ato sexual que surgem, são as de um coito. Essa visão adultomórfica deixa pouco espaço para a especificidade do funcionamento da criança.

É por isso que, a fim de especificar a diferença de funcionamento entre criança e adulto, pretendemos utilizar um termo diferente para falar da sexualidade da criança, termo que reconheça o aspecto de excitação e prazer a ela ligados. O termo *sensualidade* nos parece o mais adequado, pois sua conotação traz uma carga menor da sexualidade adulta que o termo "erotismo" evoca.

Para sublinhar a diferença entre a sexualidade das crianças e a sexualidade adulta, Ferenczi associou a linguagem da paixão à sexualidade adulta e a linguagem da ternura à sexualidade infantil. Apoiou-se nos trabalhos de Freud, que já havia destacado que a capacidade de amor objetal sucedia a um estado de identificação com o objeto; ele qualifica esse estado de amor objetal passivo como estado da ternura:

> Podem aparecer traços do amor do objeto mas somente enquanto fantasma, de forma lúdica... Desse modo, as crianças brincam com a idéia de tomar o lugar de um dos pais, o do mesmo sexo, para tornarem-se o cônjuge daquele sexo oposto [...]. Se no momento dessa fase de ternura impomos às crianças mais amor ou um amor diferente daquele que ela deseja, isso pode gerar as mesmas conseqüências patogênicas que a privação de amor até aqui invocada (Ferenczi, 1933, p. 131).

SEXUALIDADE INFANTIL E CULPABILIDADE NO QUADRO DA TEORIA PSICANALÍTICA

A sexualidade infantil

a) A curiosidade sexual e as teorias sexuais infantis

Em termos de sexualidade, a necessidade de saber aparece bem cedo na criança, com uma intensidade imprevista e "pode-se até dizer que lá estão os problemas que aguçam sua inteligência" (Lebovici e Soulé, 1970, p. 451). Isso modifica sua relação com o adulto:

> Em suas buscas sexuais, a criança é sempre solitária; para ela, trata-se de um primeiro passo para se orientar no mundo, e se sentirá estranha em relação às pessoas de seu meio que até então desfrutavam sua plena confiança (S. Freud, Trois essais sur la théorie de la sexualité, capítulo acrescentado em 1915, citado por Lebovici e Soulé, 1970, p. 453).

As fantasias que a criança elabora são compromissos entre os fantasmas inconscientes e os elementos da realidade. A criança pode preferir as lendas à realidade para não se confrontar com suas tendências agressivas em relação ao casal parental, dentro de uma concepção sadomasoquista da sexualidade (Mélanie Klein, 1967).

Nesse processo, encontra adultos que dão respostas evasivas ou não oferecem a mesma qualidade de troca que têm para outras questões, ou ainda fornecem versões contraditórias. "A criança tem o sentimento de que não deve transgredir uma proibição e que é preciso dissimular aos pais aquilo que aprende de outra fonte, sob pena de correr um grande perigo" (S. Lebovici e M. Soulé, 1970, p. 454). Logo de início, portanto, vemos que o segredo está associado ao despertar das primeiras curiosidades sexuais e à culpa ("não é bom falar disso").

O papel que os órgãos genitais desempenham é fruto de um conhecimento, e o valor que lhe é conferido depende muito da influência do meio que favorece ou proíbe; ele se modifica por uma fantasmatização infantil precoce (Ajuriaguerra, 1974, p. 417).

Essa fantasmatização precoce se exprime nas teorias sexuais infantis do nascimento, como o nascimento cloacal, e nas teorias da cena primitiva, como o coito sádico.

A informação que ela [a criança] espera ou que lhe damos não é necessariamente assimilada, isso depende do grau de suas convicções, da necessidade que pode ter de mantê-las e de seu medo de não poder suportar uma explicação. Conforme os níveis evolutivos e a organização pessoal da criança e suas relações com os pais, a realidade pode ser transposta, negada, mitificada, sobretudo porque os problemas com que ela se depara não são apenas fisiológicos e funcionais, mas também, como disse Ferenczi, eróticos (Ajuriaguerra, 1974, p. 417).

"A criança tem necessidade, de fato, do reconhecimento do valor erótico dos órgãos genitais" (Ferenczi, 1933, p. 37).

b) O complexo de Édipo, o complexo de castração e o tabu do incesto

Aqui falaremos brevemente dos diferentes aspectos da sexualidade infantil. (Definições extraídas de Laplanche e Pontalis, 1984.)

O complexo de Édipo diz respeito à relação triangular pai-mãe-filho. Em sua forma positiva, é o desejo sexual que a criança sente por um dos pais, o do sexo oposto, associado ao desejo da morte do rival que representa o genitor do mesmo sexo. Seu surgimento se situa entre os três e cinco anos, durante a fase fálica. Seu declínio marca o início da fase de latência, que se caracteriza por uma sublimação das pulsões sexuais nas atividades intelectuais. Não se apresenta da mesma maneira na menina e no menino:

- no menino, é a ameaça de castração pelo pai que determina a renúncia ao objeto incestuoso;
- na menina, é o complexo de castração que dá acesso a Édipo; a renúncia ao pênis só ocorre depois de uma tentativa de compensação: o desejo de ter, como presente, um filho do pai.

O complexo de castração está centrado no fantasma da castração. A menina se ressentirá com a ausência do pênis, encarada como um dano que ela procura negar e compensar. O menino teme a castração como realização de uma ameaça paterna, em resposta às suas atividades sexuais. O tabu do incesto é um dos efeitos do complexo de Édipo, além da instauração da moral. Desse modo, transmite-se uma lei fundamental destinada a regular as relações sociais.

A culpa

Falar da culpa é referir-se a uma instância moral que legifera sobre o que é bem ou mal. Essa instância é primeiramente externa ao sujeito: são os valores morais dos pais e os valores morais da sociedade. Porém, pouco a pouco, a criança vai construindo, internamente, uma instância crítica e punitiva — o "superego". Freud definiu-o como uma instância da personalidade que tem papel de censor, de juiz em relação ao ego do sujeito; a consciência moral aparece como uma das funções do superego, que encarna a lei e proíbe sua transgressão. Ao contrário das visões clássicas, na teoria psicanalítica a consciência moral pode operar igualmente de maneira inconsciente. Na obra de Freud, o superego é herdeiro do complexo de Édipo: quando renuncia à satisfação de seus desejos edipianos, a criança se identifica com seus pais e interioriza os interditos parentais. Durante o desenvolvimento, o superego se enriquecerá com exigências sociais e culturais.

Outros autores, como Mélanie Klein e seus seguidores, levantaram a hipótese de um superego precoce, desde a fase oral do bebê; o superego seria particularmente cruel em razão da intensidade do sadismo infantil nesse período.

O superego tem duas características essenciais:

* mais que identificação com as pessoas, é identificação com a instância parental; de fato, "o superego da criança não se forma à imagem dos pais, mas à imagem do superego destes; ele se preenche com o mesmo conteúdo, torna-se representante da tradição, de todos os juízos de valor que, assim, subsistem por várias gerações" (Freud, citado por Laplanche e Pontalis, p. 473);
* o superego pode estar distante das proibições e dos preceitos realmente enunciados pelos pais e educadores. Pode ser mais severo, pois à sua imagem vem se sobrepor a agressividade própria da criança, que ela projeta nos pais e em seus educadores (Laplanche e Pontalis, 1984).

A atividade do superego manifesta-se no conflito com o ego, sob todas as formas de emoção que dizem respeito à consciência moral, principalmente a culpa.

Se tomarmos o exemplo da masturbação, "a culpa ligada à masturbação não é pura e simplesmente obra do meio e da ação dos pais ou de proibição desajeitada. A culpa neurótica é interior ao próprio sujeito e relacionada à sua história pessoal. Os fantasmas subjacentes provocam o sentimento de culpa" (Reich, citado por Lebovici e Soulé, 1970, p. 474). A culpa, em si, pode ter conseqüências mais graves que a atividade sexual.

A riqueza da vida fantasmática da criança e a importância de sua realidade psíquica levam-nos a afirmar que a criança facilmente encontrará razões para se sentir culpada e o adulto não terá nenhuma dificuldade em reativar a culpa dela. Parece-nos essencial ouvir a criança e permitir que se expresse ao nível de sua culpa, pois o que ela pode dizer e sentir no plano consciente, e também no inconsciente, talvez seja muito diferente de nossas projeções e de nossa lógica de adultos.

Em sua dimensão consciente e inconsciente, a culpa está muito presente na criança em razão dos diferentes mecanismos descritos acima, aos quais devemos acrescentar um mecanismo específico: a identificação com o agressor. Ferenczi descreveu-o, precisamente no quadro das seduções incestuosas, em seu artigo sobre a confusão de línguas (Ferenczi, 1933):

> As seduções incestuosas produzem-se habitualmente desta maneira: um adulto e uma criança se amam; a criança tem fantasmas lúdicos, como o de desempenhar um papel maternal em relação ao adulto. Esse jogo pode ganhar um contorno erótico, mas, não obstante, permanece sempre no nível da ternura. O mesmo não acontece com os adultos que têm predisposições psicopatológicas. Confundem a brincadeira da criança com os desejos de uma pessoa já sexualmente madura e deixam-se envolver em atos sexuais sem pensar nas conseqüências (Ferenczi, 1933, p. 130).

O autor descreve o comportamento e os sentimentos da criança depois do abuso sexual:

> Seu primeiro movimento seria a recusa, o ódio, o nojo, uma resistência violenta: 'não, não, não quero, é forte demais, dói, me deixe'. Isso ou algo parecido seria a reação imediata se não fosse inibida por um medo intenso. As crianças sentem-se física e moralmente indefesas, sua personalidade é ainda muito fraca para que protestem, mesmo em pensamento; a força e a autoridade esmagadora dos adultos as emudecem, e podem até fazê-las perder a consciência. Mas esse medo, quando atinge o ápice, obriga-as a se submeterem automaticamente à vontade do agressor, a adivinhar seu menor desejo, a obedecer esquecendo-se completamente e a identificar-se totalmente com o agressor (Ferenczi, 1936, p. 130).

Ferenczi define assim esse mecanismo:

> Por identificação, digamos por introjeção do agressor, este desaparece enquanto realidade exterior e torna-se intrapsíquico. Mas a mudança significativa, provocada no espírito da criança pela identificação ansiosa com o parceiro adulto, é a introjeção do sentimento de culpa do adulto: o jogo até então anódino aparece agora como um ato que merece punição.
>
> Se a criança se recupera de tal agressão, ela vive uma enorme confusão; na verdade, ela já está dividida, é ao mesmo tempo inocente e culpada, e sua confiança

no testemunho de seus próprios sentidos está abalada. A isso se soma o comportamento grosseiro do adulto, ainda mais irritado e atormentado pelo remorso, o que torna a criança mais profundamente consciente de seu erro e ainda mais envergonhada [...].
A criança que sofreu abuso torna-se um ser que obedece mecanicamente ou que se obstina; mas já não consegue mais dar-se conta das razões dessa atitude [...].
O que importa, do ponto de vista científico, nesta observação, é a hipótese de que a personalidade ainda precariamente desenvolvida reaja ao brusco desprazer, não pela defesa, mas pela identificação ansiosa e pela introjeção daquele que a ameaça ou agride. Só agora compreendo por que meus pacientes se recusam, tão obstinadamente, a seguir meus conselhos de reagir, pelo desprazer, ao dano que lhe foi causado, da forma como eu esperaria, ou seja, pelo ódio ou pela defesa (Ferenczi, 1933, pp. 130-1).

O mecanismo de identificação com o agressor, descrito por Ferenczi, permite que compreendamos melhor a dinâmica psíquica da "síndrome de adaptação da criança vítima de abuso sexual", estudada por Summit (1983, ver adiante).

OS ABUSOS SEXUAIS
NO QUADRO DAS VIOLÊNCIAS INTRAFAMILIARES:
A CONTRIBUIÇÃO DA ABORDAGEM INTERATIVA
PARA SUA COMPREENSÃO

O lugar da sexualidade na relação pais-bebê

Desde o nascimento, a criança é vítima de forças pulsionais, fonte de tensões e de excitações que ela só controla parcialmente. A mãe irá exercer um papel continente, de "anteparo da excitação" para que a criança só receba os estímulos externos que seja capaz de integrar. Em um "banho de afeto" (Lebovici e Stoléru, 1983), as diferentes zonas do corpo do bebê serão investidas enquanto "zonas erógenas", ou seja, como zonas-fontes de prazer, na intimidade das relações mãe-bebê, durante as atividades que pontuam a vida cotidiana do bebê (alimentação, troca de roupa, banho, brincadeiras etc.).
Spitz já havia estudado, em 1964, o jogo genital nos primeiros meses de vida (jogo genital definido como atividade exploratória de suas partes genitais, pela criança ainda pequena), em função da qualidade da relação mãe-bebê. Ele ressalta o jogo genital como um indicador válido da qualidade da relação mãe-bebê: se a mãe e a criança têm uma boa relação, a criança brinca com seus órgãos genitais ao final do primeiro ano de vida; na ausência da relação mãe-bebê, os jogos genitais não ocorrem (Spitz, 1964).
Dessa forma, progressivamente, a criança vai descobrir seu corpo e despertar para a sensualidade nas relações com os adultos, que falarão com ela a

"linguagem da ternura, não da paixão", ajustando-se constantemente a seu nível de desenvolvimento. Caso contrário, a criança se sentirá perturbada:

> De fato, desde o nascimento, a criança deve enfrentar as excitações libidinais dos adultos e sua intensidade pode, sobretudo em certos momentos e em certas condições, surtir o efeito de um traumatismo: toda excitação exterior que não corresponda ao grau de evolução interior do indivíduo e de suas possibilidades de integração física e afetiva é perturbadora (Lebovici e Soulé, 1970, p. 459).

Perturbação das interações precoces em situações de risco de maus-tratos, negligência e abuso sexual

A despeito da atmosfera de urgência e dramatização, quando entramos em contato com famílias cuja criança foi exposta a carências, maus-tratos, abusos sexuais, é essencial dar-se o tempo de olhar, observar, avaliar as relações pais-filhos, tanto do ponto de vista da criança quanto de seus pais. Detectamos então importantes perturbações conseqüentes de interações precoces. No caso de haver maus-tratos e/ou negligência, é sempre no quadro das perturbações relacionais que esses movimentos se inscrevem.

Referindo-nos aos modelos transacionais (Lamour e Lebovici, 1989), podemos compreender as perturbações das relações pais-bebês como conseqüência de uma adaptação problemática mútua. Não haveria bons ou maus pais em absoluto nem "bons" ou "maus" bebês. Os fatores de risco na interação, devido aos pais (por exemplo, por força de sua psicopatologia) e/ou à criança (por exemplo, em razão de prematuridade, malformação, características temperamentais), terão um impacto muito diverso dependendo da família: é o encontro dos dois parceiros que dará sua medida, indicando se favorecem ou, ao contrário, perturbam o ajuste relacional. Quando a adaptação mútua é problemática, os pais e o bebê se envolvem em uma espiral transacional nefasta, no qual predominam os "modelos" (os *patterns*) interativos inadequados. A criança, assim como os pais, desempenha um papel ativo na instauração e manutenção das disfunções interativas. Trabalhos recentes conferem a esses *patterns* interativos o valor de mecanismos de adaptação (seria melhor dizer de "má adaptação"), desenvolvidos por cada um dos parceiros para ajustar melhor as interações e, nos casos mais graves, tentar tornar tolerável o intolerável (Lamour e Kukucka, 1989).

É a interação entre a vida psíquica dos pais e a do bebê (interações fantasmáticas) que orienta as interações comportamentais e lhes dá sentido. Do ponto de vista dos pais, quando os maus-tratos, a negligência e/ou o abuso sexual se inscrevem em uma repetição intrafamiliar, a criança torna presente, sucessivamente, o pai ou a mãe que a maltrata ou lhe impingiu abuso, ou a criança maltratada, vítima de abusos sexuais que o pai ou a mãe foram. Os pais têm poucas chances de separar a criança, em sua realidade, de suas próprias projeções. É como se isso fizesse parte dela, como se ela fosse um outro "eu" dos pais. Estes pais repetem, assim, a forma de relação que conheceram e que lhes permite, a seu modo, construir uma relação afetiva.

Se nos situarmos do ponto de vista da criança, um ser em transformação, sua vida fantasmática, seus desejos edipianos irão encontrar os fantasmas parentais. E esse encontro pode suscitar uma excitação mútua, eventualmente excessiva na criança. Mas ela também aprendeu um modo relacional e uma lei onde o adulto é todo-poderoso; ela sabe ajustar-se às necessidades do adulto. A criança e o adulto podem então ficar prisioneiros de um sistema relacional fechado que se auto-alimenta. O risco é que a criança solicite que outros adultos, com os quais terá uma relação privilegiada, funcionem nesse modo relacional.

A história de Clara ilustra a maneira como a criança requisita que outros adultos reproduzam os modos interativos que caracterizam a relação com seus pais.

Clara viveu com a mãe psicótica até os três primeiros meses de vida. As interações mãe-bebê eram desordenadas. A mãe não conseguia responder às necessidades da criança; ao risco de desorganização que induzia o menor movimento pulsional da criança, ela reagia com uma necessidade intensa de controle. Aos quatro meses, Clara foi recolhida por uma família adotiva de orientação especializada.* Logo se envolveu em uma relação de conflito com a mãe adotiva, marcada, como sua relação com a mãe biológica, pela "passividade" da criança e a necessidade de controle do adulto. Aos sete meses e meio, a passividade de Clara é evidente: ela se deixa levar, "manipular" pela mãe adotiva. Fracos gemidos são seu único protesto, e termina sempre por adaptar-se. É especialmente notável o que ocorre às refeições, pois Clara aceita a contenção física que a mãe adotiva lhe impõe e engole colherada após colherada, sem parar. A partir de uma identificação com Clara, temos impressão de que a criança se submete mas não se engaja ativamente na relação; ela não se manifesta; permanece vigilante e submissa. Os sinais de "queixas surdas" que Clara emite são quase imperceptíveis, e, sem dúvida, é por essa razão que o adulto tem dificuldades em escutá-los, considerá-los e dar-lhes sentido. Isso é importante do ponto de vista do adulto e da criança:

• o adulto tem bem menos facilidade de compreender a criança, de acompanhá-la, de expressar com palavras o que ela sente; se a criança "se abandona" rapidamente, o adulto impõe-se muito mais facilmente. Ele impõe seu ritmo, seus princípios educativos etc. Dessa forma, a mãe adotiva retirou a chupeta de Clara logo que ela chegou à sua casa, ao passo que a menina, quando sob a guarda da mãe biológica, ficava sempre com

---

* Na França, existe a possibilidade de se recolherem menores em *familles d'accueil*, que seriam "famílias hospedeiras". Em troca de remuneração do Estado, essas famílias adotivas, supervisionadas pelo serviço social, encarregam-se das crianças cujos pais, por diversos motivos, não estão capacitados a criá-las. (N. do T.)

a chupeta na boca. Diante dessa criança aparentemente submissa, o adulto tem dificuldade de encontrar suas referências; parece fazer um esforço quase permanente para obter respostas da criança;

• a criança, quando esse modo interativo se instala (criança pouco expressiva, passiva; adulto ativo e até invasivo), gradativamente perde seu sentimento de competência e a capacidade de iniciativa, pois seus sinais não são captados. Ela espera, acomoda-se.

Nesse exemplo fica evidente a precocidade das perturbações relacionais, a força do bebê em reinstaurar os *patterns* interativos já conhecidos e a dificuldade do adulto em introduzir um novo modo de relação. Toda abordagem terapêutica deve levar em conta a natureza desse vínculo para poder fazer evoluir a relação e proteger a criança.

POR QUE O SILÊNCIO, O SEGREDO, A NEGAÇÃO?

Para tentar fornecer os elementos de resposta a essa questão, vamos nos colocar primeiro ao lado da criança, evocando a "síndrome de adaptação" e, a seguir, daremos a palavra aos indivíduos que praticaram abusos.

A síndrome de adaptação da criança vítima de abuso sexual

Em um artigo publicado em 1983 no jornal *Child Abuse and Neglect,* Summit descreveu essa síndrome. Ele baseia-se em quatro anos de pesquisa, com centenas de indivíduos, e limita-se aos casos de abusos sexuais em meninas, pois sua "realidade" é mais bem aceita e, portanto, mais conhecida que os casos envolvendo meninos.

Summit mostra que o momento da descoberta é um trauma para a criança. Os adultos, em geral, não compreendem os comportamentos da criança nesse momento específico. Para eles, trata-se de comportamentos contrários à natureza, opostos a sua expectativa, ou seja, à projeção de sua própria reação enquanto adultos (protestos, recusa, movimento defensivo); é por isso que duvidam da palavra da criança e a acusam de mentir, de ser mitômana. A criança, às vezes muito tempo depois de ter feito a queixa, vai se retratar. Entretanto, uma vasta pesquisa nos Estados Unidos mostrou que os fatos negados, após uma primeira confissão, eram, na maioria, fatos reais. Para Summit, a criança aparece duplamente como vítima: dos abusos sexuais e da incredulidade dos adultos.

As reações descritas por Summit como sendo as mais características da criança vão, de fato, reforçar os adultos em seus preconceitos. Elas são cinco. As duas primeiras, o segredo e o sentimento de impotência, estão ligadas à "vulnerabilidade" da criança. As outras três são conseqüência dos abusos sexuais: a criança cai na armadilha e se adapta; a revelação é tardia e não convence; a criança vai se retratar.

O segredo

De acordo com Summit, a realidade aterrorizante para a criança vítima de abusos sexuais deve-se ao seguinte fato: "isso só acontece quando a criança está sozinha com o adulto e não deve jamais ser partilhado com quem quer que seja" (Summit, 1983). Esse terrível segredo tem de ser preservado pela ameaça, por exemplo, "não diga nada a sua mãe, senão ela vai me odiar"; "se ela souber, vai matar você, vai mandá-la para o colégio interno". As ameaças tornam os efeitos da revelação ainda mais perigosos que o próprio ato. Aqui, devemos frisar que esse argumento pode ser retomado pelo pessoal médico-social para justificar uma não-intervenção.

As pesquisas retrospectivas revelaram que a criança "média" nunca diz nada: ela teme a punição ou a incapacidade dos adultos de protegê-la da violência de seu agressor. Se não consegue falar é porque não tem mais confiança no adulto. Sua palavra está desvalorizada.

A criança vive uma relação de submissão à autoridade do adulto

Ensinamos as crianças a desconfiarem de estranhos, mas, simultaneamente, a serem obedientes e afetuosas com todos os adultos que cuidam delas. A criança não provoca, não parece seduzir o adulto. É fato essencial: o indivíduo que comete o abuso, na maioria dos casos, é alguém conhecido que vai primeiramente estabelecer uma relação de confiança com a criança e certificar-se de que sua vítima não se queixará quando ele for mais longe: "Os adultos que procuram crianças pequenas como parceiros sexuais descobrem rapidamente algo que parece incrível a pessoas menos impulsivas, a saber, que as crianças não têm defesas, não se queixam nem resistem" (Summit, 1983, tradução de C. Thouvenin).

A criança adapta-se a essa situação

Já abordamos, na patologia interativa, a hiperadaptação da criança à patologia dos pais. No caso dos abusos sexuais, nós a vemos cair na armadilha e adaptar-se. "Se a criança não procurou imediatamente ajuda e não foi protegida, sua única opção possível é aceitar a situação e sobreviver, ao preço de uma inversão dos valores morais e alterações psíquicas prejudiciais à sua personalidade." (Summit, 1983.) Ela sobreviverá, seja por meio de uma clivagem — funcionando como se tivesse várias personalidades —, seja pela conversão da experiência no seu oposto: o que era ruim será afirmado como bom; seja pelo mecanismo, que já descrevemos, de identificação com o agressor.

A revelação tardia e não convincente

Summit sublinha, no momento da revelação, a conveniência da presença do advogado especializado em criança, e do psiquiatra e/ou psicólogo como especialistas, com a condição de que eles próprios não incorram na síndrome de adaptação.

A retratação

A citação a seguir está em conformidade com todos os mecanismos descritos anteriormente:

diante do risco de catástrofe que a revelação provoca, a criança optará por retratar-se, sobretudo porque é o que lhe espelham os interventores médico-sociais, que mais temem as conseqüências da revelação que as conseqüências do abuso sexual no funcionamento psíquico da criança e em seu desenvolvimento.

O conhecimento dessa síndrome permite melhor abordagem preventiva e terapêutica dos abusos sexuais. Quanto mais apurada for a formação das pessoas, maior será sua abertura para aceitar a realidade dos fatos, podendo assim assim oferecer à criança uma ajuda mais adequada. Quando as crianças estiverem em terapia, os terapeutas correrão menos risco de tratar o abuso como um fantasma (Summit, 1983, tradução de Ch. Thouvenin).

Os "agressores" falam

Diversos estudos americanos publicados recentemente analisam o discurso dos agressores que perpetraram abusos sexuais (Budin e Johnson, 1989; Conte, Wolf e Smith, 1989 etc.). Trata-se de material precioso, pois as estratégias de prevenção apóiam-se na hipótese de que as crianças sofrem abusos porque lhes faltam informações ou porque não sabem dizer não. Esses estudos visam compreender melhor o processo de "vitimação" da criança.

A pesquisa de Conte, Wolf e Smith (1989) é representativa dessa corrente. Os autores estudam uma amostragem de vinte adultos que abusaram sexualmente de crianças e os interrogam sobre o critério de escolha da vítima, a forma pela qual se engajam e mantêm essas crianças nas situações de abuso sexual. Seus dados referem-se a uma pequena amostragem e devem, portanto, ser interpretados com muita prudência. Os indivíduos são tratados em um centro de terapia especializada em abusos sexuais e passaram por certo "trabalho" psicológico: já reconhecem que seduzir e tocar uma criança é um abuso sexual. Eles responderam a entrevistas com 69 questões. O centro de tratamento comunica às autoridades todo abuso do qual teve conhecimento, e isso é mencionado no "contrato" que o paciente assina no ato da admissão, tendo, como resultado, uma estratégia no sentido de subestimar a freqüência dos abusos. Na amostragem, os abusos incestuosos não são diferenciados dos outros tipos de abusos.

Mostraremos algumas das respostas às questões mais importantes desse questionário:

De quantas vítimas você "abusou" e qual era sua idade?
Resposta: a média é de 7,3, sendo que a vítima mais jovem tinha dezoito meses, com predominância de meninas em relação a meninos. A maior parte dos agressores sexuais interessa-se por crianças da família e crianças ligadas à família.

O que o seduz na aparência da criança?
Certas características físicas tais como: pele suave, cabelos longos; o fato de ser bonita; uma criança aberta, amigável com eles e que tem confiança no adulto.

Dentre várias crianças possíveis, como você faz sua escolha?
As respostas denotam a capacidade de escolher crianças vulneráveis, por exemplo: a mais nova, para que ela não fale; aquela da qual as pessoas zombam; a que parece mais carente; a criança muito amigável com os adultos.

O que o seduz no comportamento da criança?
Obtivemos as mesmas respostas da questão precedente, além de um pormenor: alguém que já foi vítima e que é mais submisso.

Quando você fez sua escolha, pensava na possibilidade de ser apanhado?
A maior parte dos agressores pensa nisso e tem medo. Isso irá influenciar sua estratégia em relação à criança: preferirão crianças que não os denunciem; um deles, por exemplo, revela que por essa razão escolhe crianças de menos de sete anos de idade.

Como você faz para começar os contatos sexuais com a criança?
A maioria descreve um processo de encetar de relacionamento antes de chegar aos contatos sexuais. Por exemplo: conversar com ela, passar um tempo em sua companhia, tocá-la com freqüência, fazer-lhe carinhos. Um deles conta que depois de ter brincado com a criança e ganhar sua confiança, começa a utilizar diferentes modos de contato: primeiro toca as costas da criança, depois a cabeça etc., com o objetivo de testar os limites da vítima. Outro afirma que isola a criança das demais pessoas e faz carícias, de uma maneira lúdica, aproximando-se cada vez mais dos órgãos sexuais.

O que você diz para começar a ter contatos sexuais com a criança?
Podemos discernir duas estratégias: de um lado, falar de sexo e/ou contar piadas de conteúdo sexual; de outro lado, discutir o assunto com a criança, com o objetivo de estabelecer uma relação.

Como você controla a vítima?
Os agressores utilizam, em geral, a autoridade do adulto sobre a criança e a isolam das outras pessoas.

Você ameaça suas vítimas?
A maior parte deles responde "não". De fato, eles mostram que se aproveitam do fato de serem maiores, de sua autoridade de adultos. O agressor pode, assim, sugerir à criança que a revelação do abuso poderia feri-lo, ferir aos dois e às outras pessoas que vivem em torno deles.

Se você tivesse de escrever um livro: "como abusar sexualmente de uma criança", qual seria o conteúdo?
As respostas revelam várias estratégias: tornar-se amigo de uma criança carente de afeto e de cuidados; dessensibilizar progressivamente a criança em relação aos comportamentos sexuais; assustá-la e intimidá-la.

Para os autores, esse estudo demonstra:

* que os agressores sentem-se capazes de identificar as crianças vulneráveis e aproveitar-se dessa vulnerabilidade para abusar sexualmente delas. Certas formas de vulnerabilidade são da própria natureza da infância: ser pequeno, não falar e, portanto, não poder revelar o abuso;
* que a *coerção* é inerente ao abuso sexual. O adulto é, de longe, o mais avantajado no combate entre a criança e o agressor, daí a complexidade da prevenção dos abusos sexuais: não basta ensinar as crianças a dizer não ou a fugir. É preciso, também, ensiná-las a identificar os comportamentos manipuladores e coercitivos dos adultos e mostrar como podem escapar e/ou buscar ajuda;
* que os agressores empenham-se em dessensibilizar as crianças aos contatos sexuais. Essa estratégia parece bastante sofisticada, com uma progressão do contato das regiões não-sexuais (pernas, costas) em direção aos órgãos genitais; tudo isso se dá no quadro de uma relação que progride de tal modo, e tão bem, que a criança pode sentir que deu seu consentimento (não protestou quando o adulto massageou-lhe as costas) ao abuso. É preciso, portanto, ensinar às crianças que elas podem voltar atrás nesse seu consentimento ou que consentir uma coisa não é consentir tudo. Daí a necessidade de mais informação sobre a maneira pela qual a criança percebe se está ou não autorizada a fazer certas coisas e sobre seu nível de responsabilidade nesses atos.

No entanto, é muito difícil ensinar a criança a identificar os fatores de risco dos abusos sexuais em uma relação, pois muitos deles são características normais e mesmo positivas em uma relação, como, por exemplo, interessar-se por uma criança.

Esses trabalhos, e o que dissemos anteriormente, mostram que todas as forças que operam levarão a criança a se calar. Já de início, a criança se sente culpada; ela deve calar sobre seu erro. E isso é tão forte que:

• os abusos intrafamiliares acontecem em segredo. Imposto por violência, ameaças ou mesmo em uma relação sem palavras, o segredo tem por função manter uma coesão familiar e proteger a família do julgamento de seu meio social. A realidade das conseqüências de uma inculpação (prisão, perda do sustentáculo financeiro) fazem com que a revelação seja mais grave que o próprio abuso. As contra-atitudes do corpo médico-social seguirão, na maioria das vezes, no mesmo sentido para reforçar a culpa da criança e seu silêncio;

• a criança opõe pouca resistência ao agressor sexual;

• a criança é presa de um sistema relacional patológico: adapta-se a ele, mesmo se esse sistema tem efeitos nefastos sobre seu funcionamento: Summit (1983) fala das "ilhas de sobrevivência", de estados de dissociação para conciliar bons e maus objetos, como modo de evolução possível das crianças vítimas de abusos sexuais.

Por isso, é essencial sustentar a palavra da criança e reconhecer o quanto ela é frágil em tal situação: o risco maior aí é que ela não fale, e não que falte com a verdade. O risco é que se feche em seu silêncio para grande alívio de todos, que não espere mais nenhuma ajuda, nenhum apoio do adulto, sobretudo porque já passou pela experiência do abuso de poder dos adultos e da ausência de respeito pela sua pessoa.

ALGUMAS REFERÊNCIAS PARA AS INTERVENÇÕES

Algumas referências para as intervenções procedem dos diferentes trabalhos que havíamos abordado:

Intervenções junto à criança

É essencial dar-se tempo para escutar a criança, para pensar e elaborar, tendo como referência a especificidade do funcionamento da criança e seu nível de desenvolvimento e maturidade sexual. Escutar a criança enquanto sujeito, tanto em sua realidade física quanto em sua realidade psíquica. Furniss (1990), nas seis etapas do plano de ação que propõe para as situações de incesto intrafamiliar, sublinha que, para poder fazer o diagnóstico de abuso sexual, é preciso primeiro acreditar no que diz a criança, depois escutá-la a sós, antes que a revelação seja feita à família.

Com freqüência, o abuso sexual acontece no contexto de uma relação afetiva entre o "autor" e sua vítima. É importante reconhecer a existência desse elo.

Ainda que seja patológico e coloque a criança em perigo, não se trata de anulá-lo, ainda que seja necessário mantê-lo a distância. Tentaremos compreender o sentido do abuso sexual para a criança, no quadro de sua relação com o "autor" do abuso. Para a criança, a culpa consciente ou inconsciente não termina com o fim do abuso sexual. A intervenção da lei pode livrá-la somente em parte dessa culpa; pode, igualmente, ajudar a criança a estruturar-se, dando outro significado à proibição do incesto e mostrando que o corpo social assume a responsabilidade de aplicar a lei.

A identificação muito precoce das interações de risco e o tratamento das disfunções interativas oferecem um eixo de prevenção ao nível da patologia relacional na própria fonte dos abusos sexuais.

A intervenção junto ao autor dos abusos

Quando o abuso sexual se situa no quadro de uma relação afetiva que evolui há um certo tempo, a criança e seu agressor encontram-se em um sistema interativo demasiado fechado para que o adulto não seja solicitado a repetir o abuso. É por isso que pode parecer necessário mantê-lo a distância.

A partir do momento em que nos posicionamos em relação ao autor de abusos sexuais e o escutamos, torna-se mais fácil reencontrar nossa capacidade de empatia para com ele se pensarmos na criança que existe dentro dele, se pensarmos que esse agressor também foi criança e pode ter sido maltratado e ter sofrido abusos.

Os intervenientes

Enquanto intervenientes, nas situações onde é evocada a possibilidade de um abuso sexual numa criança, somos dominados por movimentos emocionais muito violentos: "na revelação, a crise inicial é primeiramente uma crise dos profissionais" (Furniss, 1990, p. 567). Ficamos, pouco a pouco, inquietos, fascinados, perplexos, excitados; nossos medos infantis podem ressurgir, bem como nossa culpa. Quando conseguimos aceitar como realidade e representar uma relação sexual entre uma criança e um adulto, podemos então oferecer à criança a possibilidade de falar conosco. Nossos sentimentos variam segundo nossos *movimentos de identificação*. Também nos submetemos a todas as forças internas ou externas que fazem com que a criança se cale, duvide, se sinta culpada, perca a confiança nos outros. Aquilo de que nos ressentimos, podemos compreender como algo suscitado pela patologia relacional que abordamos e não como um aspecto inconfessável, monstruoso, de nosso próprio funcionamento. Somos colocados em uma posição de grande vulnerabilidade, daí a importância de não ficarmos isolados, mas, ao contrário, de empreendermos um trabalho interdisciplinar, com um foro adequado para tratar desses aspectos. Esse espaço permitirá planejar as intervenções: "uma ação imediata e não planificada dos profissionais freqüentemente acaba impedindo que se estabeleça a realidade dos abusos e dá lugar a reações não terapêuticas dos profissionais, sem finalidade nem objetivos claros" (Furniss, 1983, p. 565). Nesse espaço poderemos, por meio de uma elaboração, trabalhar na trajetória que abrange da identificação à compreensão e proteção. Na proteção, situamo-nos também enquanto sujeito social, referência e garantia das leis que estruturam nossa organização social, bem como nossa vida psíquica.

II

AS CRIANÇAS VÍTIMAS, CONSEQÜÊNCIAS A CURTO E MÉDIO PRAZO

MICHÈLE ROUYER

A maioria dos autores concorda em reconhecer que a criança vítima de abuso sexual corre o risco de uma psicopatologia grave, que perturba sua evolução psicológica, afetiva e sexual.

FONTES DE INFORMAÇÃO

As conseqüências dos abusos sexuais foram objeto de inúmeras pesquisas epidemiológicas, a maior parte retrospectiva; citaremos duas, publicadas recentemente pelo jornal *Child Abuse and Neglect*.

Em um estudo canadense de Ontário, envolvendo 125 crianças com menos de seis anos de idade, hospitalizadas por abuso sexual, a proporção de meninas é de 3,3 para cada menino; 60% sofreram violências sexuais no seio da família, dois terços das crianças examinadas manifestavam reações psicossomáticas e desordens no comportamento: pesadelos, medos, angústias; 18% apresentavam anomalias do comportamento sexual: masturbação excessiva, objetos introduzidos na vagina e no ânus, comportamento de sedução, pedido de estimulação sexual, conhecimento da sexualidade adulta inadaptado para sua idade.

Um estudo americano da Universidade de Portland (Arizona) comparou 202 crianças, de menos de sete anos, divididas em três grupos: 1) vítimas de violências sexuais; 2) de violências físicas; 3) de problemas psiquiátricos diversos. Todas passaram por consulta no setor de saúde mental. Os sintomas eram sensivelmente equivalentes nos três grupos, à exceção dos comportamentos sexuais inadequados que foram registrados com significativa freqüência no primeiro grupo e mostraram-se idênticos aos descritos pela equipe de pesquisa canadense.

Na França, V. Courtecuisse e sua equipe especializaram-se no acolhimento de adolescentes vítimas de abusos sexuais. De uma série de trinta adolescentes vítimas de incesto, 22 tentaram uma vez o suicídio; foram constatados estados depressivos, dificuldades acentuadas no desenvolvimento escolar, fugas, anorexia, distúrbios sem substrato orgânico que causavam sérios problemas físicos, toxicomania.

Liliane Deltaglia, psicóloga especializada junto a tribunais, analisou noventa perícias de adultos "autores de abusos" e de crianças vítimas de abuso sexual no âmbito da família, com um parente ou um desconhecido. Esse estudo, bastante completo, visa estudar o contexto familiar que torna a criança mais vulnerável; esforça-se também por cercar os problemas da criança anteriores às sevícias, as circunstâncias da revelação imediata pela criança vítima de um desconhecido, desconhecida para as outras crianças. Na opinião da autora, mais do que o ato sexual imposto à criança, é a violência da situação de dominação que provoca as desordens de comportamento constatadas.

Não há estudos prospectivos sobre as conseqüências que as crianças vítimas de abusos sexuais enfrentarão na idade adulta. Só os testemunhos cada vez mais freqüentes de adultos que sofreram abuso na infância e, sobretudo, de vítimas de incesto, permitem-nos dizer que as reações podem ser tardias e se manifestam em distúrbios da sexualidade e da parentalidade.

O quadro clínico das conseqüências psicológicas a curto e médio prazo, que descreveremos, é resultado da comparação de uma centena de situações de abusos sexuais acompanhados por um grupo de médicos, psicólogos com formação analítica que trabalham como consultores ou terapeutas em consultas de orientação educativa, em serviço de pediatria, em internamento familiar terapêutico, em CMPP,[1] em associação de prevenção, em internato especializado e no exercício liberal da profissão. Na maioria dos casos, os irmãos e a mãe também receberam acompanhamento. Esse trabalho de reflexão analítica não foi registrado na forma de estatística, pois as condições de exame e a duração do acompanhamento diferem de caso para caso: certas crianças foram acolhidas no momento dos fatos, outras, após uma revelação tardia; as psicoterapias rea-

---

1. Centro médico-psicopedagógico.

lizadas após a instrução judiciária não são acompanhadas depois do processo. No entanto, as crianças que estavam internadas tiveram acompanhamento durante muitos anos. Cerca de dois terços das situações referem-se a incestos por ordem de freqüência, pai-filha, pai-filho, irmãos-irmãs, mãe-filhos; um terço refere-se às relações com pessoa conhecida (vizinho, educador, pessoas que tomavam conta delas); mais raramente, os atentados são da autoria de um desconhecido. Essa distribuição reflete a das habituais estatísticas de abusos sexuais com crianças.

FATORES IMPLICADOS

As conseqüências dos abusos sexuais dependem de numerosos fatores que se intricam. Não podemos falar de trauma infligido à criança sem pensar no contexto no qual ele ocorre, isto é, a situação da criança em sua família e, em segundo lugar, o impacto que o abuso terá após a revelação, as reações do círculo dos conhecidos, as decisões sociais, médicas e judiciárias que intervirão no caso. A idade e a maturidade fisiológica e psicológica da vítima determinam conseqüências variáveis, segundo H. Van Gijseghem, professor da Universidade de Montreal: "quanto mais cedo ocorreu o incesto, maior o risco de que as feridas sejam irreversíveis, particularmente ao nível da identidade".

As seqüelas que a criança pré-púbere apresenta dificultam sua evolução psicoafetiva e sexual, afetam as identificações que ela poderia construir e impedem que a adolescência seja um período de requestionamento construtivo.

J. Bigras descreveu adolescentes psicóticos que haviam sofrido relações incestuosas desde seus primeiros anos de vida. O adolescente, vítima de um abuso sexual, reagiria com mais freqüência a passagens geradas pelo ato traumático.

O elo que une a criança e aquele que abusou dela é também fator determinante. Na maior parte dos casos, o incesto tem conseqüências mais graves, pois provoca na criança uma confusão em relação às imagens parentais: o pai deixa de desempenhar um papel protetor e representante da lei; a debilidade da mãe, omissa, torna-se evidente. Os abusos sexuais cometidos pelo irmão mais velho com os outros irmãos, quando houver grande diferença de idade, ou por um adulto investido de papel educativo, trazem conseqüências que os aproximam do incesto.

A natureza do ato imposto à criança é variável: pode tratar-se de contatos físicos, de masturbação recíproca, de voyeurismo, de exibicionismo, de penetração oral, anal ou genital; esses atos vêm sempre associados ou surgem progressivamente.

O exibicionismo praticado por um desconhecido, de forma isolada, é o mais freqüente abuso sexual de que são vítimas as crianças em idade escolar. O grande número de abusos sexuais recenseados por Finkelhor em uma população de estudantes leva em conta, assim como o incesto, esses encontros com um exibicionista; por mais desagradável que possa ser a experiência, ela não terá ressonância na evolução da criança se esta foi advertida preventivamente por seus pais e se pode falar de imediato sobre o ocorrido. As reações violentas se dão em crianças já perturbadas; em certos casos, a intensidade da reação emocional deve permitir entrever a preexistência de outro trauma sexual que foi ocultado dos familiares e que esse segundo evento vem reatualizar.

Em outro registro, é preciso considerar como abuso sexual a participação da criança em fotos ou em filmes pornográficos; esses abusos têm efeito perverso devido ao prazer narcísico que despertam na criança; por outro lado, as gratificações sob forma de dinheiro ou presentes associam a sexualidade, sob sua forma mais degradante, ao interesse imediato.

É difícil estabelecer uma diferença entre um ato isolado e uma relação que dura muitos anos, pois certos atos únicos que permanecem velados e ressurgem na adolescência são particularmente devastadores. Para que a criança possa ter confiança, é preciso que se beneficie de um ambiente suficientemente bom que lhe permita confiar em um adulto, a despeito do que lhe aconteceu; é por isso que, em geral, os abusos sexuais fora da família são denunciados com mais facilidade pela criança.

O conhecimento do contexto onde a criança cresce é, portanto, essencial: sabemos que o incesto é sintoma da disfunção familiar, que existe uma confusão de papéis e de gerações. A criança sofre de carências afetivas, pois ela é uma possessão de seus pais e não um sujeito que tem suas próprias necessidades e desejos; essa condição torna-a mais vulnerável ante o desejo do adulto. Do mesmo modo, certos abusos ocorrem com crianças afetivamente carentes, que respondem à sedução do adulto mesmo que este seja um desconhecido; é o caso das relações pedófilas: a criança é seduzida por aquele que lhe dedica uma atenção que ela não recebe dos pais. O livro de C. Gauthier-Hamon e R. Teboul (1988), *Entre père et fils à propos de la prostitution homosexuelle des garçons* [Entre pai e filho, a propósito da prostituição homossexual dos meninos], é um testemunho disso. Quando o abuso sexual é revelado, é a maneira como a criança está cercada que determina sua reação; além disso, se ela não estiver preparada, as investigações médicas e judiciais às quais deve se submeter podem produzir um novo trauma.

Por fim, as medidas judiciais que são tomadas em relação ao adulto incestuoso provocam quase sempre um rompimento da família, do qual a criança é considerada responsável, agravando sua culpa.

AS REAÇÕES DA VÍTIMA:
REAÇÕES IMEDIATAS, CONSEQÜÊNCIAS, SEQÜELAS

Abordaremos, em primeiro lugar, as reações imediatas da criança: elas são, ao mesmo tempo, sinais clínicos que podem permitir evocar a existência de uma agressão sexual quando a criança não a confiou a ninguém.

Pode tratar-se de um ato isolado que gerou um trauma que responde à definição dada por S. Freud: "o Eu é submergido por uma excitação excessiva que ultrapassa suas defesas, e aparecem o terror e a incompreensão da situação". É o caso das agressões cometidas por um desconhecido ou por um adulto em quem a criança confiava até então; nesse caso, a criança é subitamente confrontada com um comportamento diverso: "É como se ele tivesse ficado louco", diz uma menininha de oito anos. Para S. Ferenczi (1933), é a "linguagem da paixão que amedronta e perturba a criança" (mais que o ato sexual). A criança pode reagir com um estado de estresse que se revela pela agitação ou pelo choque e recuo, uma anestesia afetiva seguida por terror, regressões, manifestações psicossomáticas. A intensidade dos problemas, sem que tenha havido antecedentes, em geral alerta os familiares; mas a criança em estado de choque, às vezes acompanhado de mutismo, só consegue contar o que lhe aconteceu depois de sentir confiança: "Esperei duas horas, segurando-a em meus braços, antes de ela começar a chorar e a falar comigo", conta uma professora, referindo-se a uma criança de oito anos vítima de estupro.

Em certos casos, a agressão vem acompanhada de lesões genitais, agravada por outros danos físicos, tais como tentativas de estrangulamento e ferimentos. Como essas situações dramáticas exigem hospitalização, a intervenção é imediata e o diagnóstico não apresenta dúvidas. Embora as crianças se encontrem em estado de choque, a dor lhes provoca, como nos ensinou S. Freud a propósito de neuroses de guerra, "um superinvestimento narcísico do órgão que foi atingido". Os cuidados e a atenção que recebem ajudam-nas a controlar parcialmente o trauma. No entanto, não dispomos de dados sobre sua evolução, pois essas crianças são em geral muito pequenas, com menos de três anos de idade, e, apesar dos conselhos para que passem por psicoterapia, os pais ou as pessoas que as acolhem acreditam que, graças à sua pouca idade, elas tudo esquecerão.

Em grande parte dos casos, deparamo-nos com crianças que há anos vivem uma relação incestuosa, estabelecida progressivamente desde a mais tenra idade. A criança é envolvida em uma relação muito próxima e erotizada, que termina e culmina em contatos genitais. Às primeiras tentativas de sedução do adulto somam-se ameaças para forçar a criança a submeter-se. O que ela pode aceitar aos quatro ou cinco anos como uma brincadeira secreta, conforme lhe dizia o adulto, torna-se uma relação imposta da qual, pouco a pouco, toma consciência. Produzem-se, então, rupturas traumáticas sucessivas, manifestadas em sintomas que são, ao mesmo tempo, sinais de alerta.

Lucie foi examinada aos cinco anos de idade, por apresentar uma incontinência fecal noturna; aos dez, por distúrbios do sono e baixo rendimento escolar; aos quinze, sua mãe inquieta-se com o aparecimento de rituais de lavagem, de obesidade, e pela interrupção da menstruação. Lucie revela que, à noite, seu padastro vem à sua cama e a obriga a atos orais-genitais; mas é preciso ressaltar que aos cinco anos ela já havia feito perguntas sobre o sexo do padastro e aos dez anos falara à professora sobre carícias que ele lhe fazia.

Os sintomas atingem todas as esferas de atividade. Eles são simbolicamente a concretização, ao nível do corpo e do comportamento, daquilo que a criança sofreu e do que fantasmou. A criança viveu uma experiência de violação de seu corpo e reagiu, independentemente da idade, de forma somática, que também é o modo preferencial da criança pequena.

O corpo é sentido como profanado; há perda de integridade física; sensações novas foram despertadas mas não integradas, a criança exprime a angústia de que algo se quebrou no interior de seu corpo; nos últimos anos, o medo de contrair AIDS é uma obsessão angustiante que se reforça em exames feitos constantemente; o medo de haver engravidado, seja qual for a idade da vítima e a natureza do ato cometido, também é confessado com freqüência: é a expressão invertida e culpada do desejo de a menina vir a ter um filho.

As queixas somáticas são habituais: mal-estar difuso, impressão de alteração física, persistência das sensações que lhe foram impingidas, dores nos ossos.

A enurese e a encoprese são freqüentes, sobretudo nas crianças menores e nas que sofreram penetração anal.

As dores abdominais agudas sem substrato orgânico ocorrem em todas as idades, sobretudo entre os adolescentes. Encontramos crises de falta de ar, desmaios, problemas relacionados à alimentação — como náuseas, vômitos, anorexia ou bulimia —, que assumirão, em seguida, outro significado, a saber, a recusa da feminilidade e a destruição do corpo. Nesse estado, a anorexia e a bulimia podem ser fenômenos de rejeição e de compensação transitórios.

A interrupção da menstruação dá-se mesmo quando não houve penetração vaginal. À repugnância de si mesma podemos acrescentar os rituais de "se lavar", as dermatoses provocadas por lesões conseqüentes do ato de se coçar, que vão até o sangramento, sendo essa uma maneira de se reapropriar do corpo pela excitação, pelo prazer e pelo sofrimento.

As perturbações do sono são constantes e traduzem a angústia de baixar a guarda e ser agredido sem defesa; observa-se a recusa das crianças menores em ir deitar-se, agarrando-se ao adulto não implicado; do mesmo modo, observam-se rituais de averiguação, de prevenção ao colocar em torno da cama objetos que possam fazer barulho caso alguém se aproxime; certas crianças dormem completamente vestidas. O despertar angustiado durante a noite também é muito freqüente e se manifesta sob forma de pesadelos. Em geral, ao menos temporariamente, ocorre o prejuízo das funções intelectuais e criadoras. A criança pára de brincar, desinteressa-se dos estudos, fecha-se em si mesma, torna-se morosa ou inquieta.

As perturbações na criança de cinco a dez anos podem expressar-se por meio de desenhos estereotipados e precisos que demonstram conhecimentos sexuais inadequados para sua idade; neles aparecem, sem nenhuma simbolização, atributos sexuais e cenas de coito, que são bem diferentes daqueles que os pré-adolescentes desenham entre si.

Os abusos sexuais que acontecem durante a adolescência, em geral, provocam sintomas de início mais ativos e intensos, que se originam de tentativas de suicídio e fuga. São possíveis causas de anorexia grave e de dores abdominais agudas. Se o diagnóstico de abuso sexual não foi feito, e se as pessoas não acreditam na criança, os distúrbios são mais discretos. R. C. Summit (1983)[2] descreveu a síndrome de acomodação da criança vítima de abusos sexuais; a criança deve aprender a aceitar a situação e sobreviver a ela, sob risco de que as conseqüências só se manifestem mais tarde na forma de graves problemas de personalidade.

Quando uma criança tem oportunidade de revelar o que lhe aconteceu, recebendo crédito e ajuda, as manifestações mais notórias desaparecem; ela reencontra o interesse pelos outros e pela brincadeira, mas a angústia toma forma de neurose com diversas fobias: medo do escuro, da solidão, agorafobia, afastamento das pessoas do mesmo sexo do agressor, com um componente histérico às vezes exagerado; esses são alguns dos exemplos possíveis. Carole, de dez anos, treme e chora quando tem de sair de casa; expressa seu medo mesclado ao fascínio ante a perspectiva de pegar o metrô: "os homens piscam o olho para ela, ela tem medo de ser tocada".

Os pesadelos são freqüentes, incrivelmente obsessivos e às vezes persistem até a idade adulta; expressam a impotência, o constrangimento sofrido, são monstros que atacam e sufocam, um ser fechado num caixão, o som angustiante de passos, uma luz ameaçadora que se aproxima. Reproduzem-se cada vez que surge uma situação de constrangimento impossível de enfrentar. De fato, os indivíduos sofrem sempre de incapacidade de dizer não, não sabem se proteger, e numa reprodução masoquista do trauma, colocam-se em situações de perigo.[3]

Como indicam pesquisas americanas, as perturbações da sexualidade são os sintomas evocadores dos abusos sexuais. Na criança pequena, a excitação sexual manifesta-se por comportamentos inadaptados de voyeurismo e exibicionismo, bem como pela exploração ou agressão sexual em relação a outras crianças. Punir sem tentar compreender o que está subentendido em comportamentos desse tipo é desconhecer o mal-estar de uma criança que tenta, passando de uma posição passiva a uma posição ativa, elaborar o trauma que sofreu. Essa manifestação é comparável à descrita por Freud (1920) "a respeito do jogo do carretel e do comportamento das crianças que viveram experiências terríveis durante tratamentos médicos: ao mesmo tempo em que passa da experiência à atividade lúdica, a criança inflige a um colega de jogo o desprazer que ela própria sofreu e se vinga, assim, na pessoa desse substituto".

Mas essas atividades da criança que repete a cena traumática identifican-

---

2. Ver análise desse trabalho no capítulo 3.
3. As manifestações de angústia neurótica nem sempre são, evidentemente, conseqüências de abusos sexuais.

do-se com o agressor nem sempre têm caráter lúdico; às vezes constituem uma passagem ao ato, com violência real. O desenho e as brincadeiras com bonecas já são uma maneira mais elaborada de exteriorizar o trauma: nesse caso, é preciso que as pessoas próximas possam tolerar essa forma de expressão e que aquilo que foi feito à criança possa ser comentado, situando claramente as proibições concernentes à possessão do corpo do outro. Paul, de cinco anos, foi rapidamente confiado a uma família adotiva, com apoio do Estado, depois que foi sodomizado por seu padastro; a mãe adotiva não quis mais acolhê-lo depois de tê-lo surpreendido com seu filho de três anos, reproduzindo com um objeto o que ele havia sofrido. Descobrimos, às vezes, reações em cadeia: Cécile, de seis anos, foi denunciado por um vizinho, de dez anos, ao qual ele pediu que se despisse. Nesse momento, tomou-se conhecimento de que tinha sido obrigada a praticar uma felação em um adolescente de catorze anos, ele próprio vítima de um professor. Enfermeiros e professoras de cursos maternais descrevem o mal-estar por que passam diante de crianças que procuram contato erótico e lhes pedem carícias genitais. Essas provocações, muito freqüentes depois de um abuso sexual, farão com que as pessoas achem que a criança é perversa e que mente quando denuncia aquilo que lhe aconteceu.

Entre adolescentes, detectamos a agressão sexual sobre outras crianças, especialmente no caso de meninos que sofreram agressões sexuais na pré-puberdade. Entre as meninas, assistimos sobretudo à repetição do que sofreram; elas provocam essas situações com um comportamento de sedução e são incapazes de pôr termo a isso; as adolescentes contam como viveram os estupros aos quais foram expostas.

Em outros casos, é por uma vertente mais perversa que se exerce a sexualidade: a ninfomania e a prostituição, por exemplo, são formas de se desprezar o parceiro, mas também, inconscientemente, uma maneira de se desprezar e de se destruir; podemos associar a isso a toxicomania e a delinqüência. Ao que parece, tais casos correspondem à evolução dos "adolescentes muito difíceis" descritos por J. Noël (1965); para estes, a relação de incesto tornou-se aconflituosa e não se sentem culpados. Na opinião desses autores, a ausência de sintomas e de culpa indica a gravidade do caso. Semelhantes evoluções dizem respeito também às crianças que os pais deixaram a cargo de adultos ou de pessoas notoriamente pedófilas.

De forma mais corriqueira e também mais neurótica, é às vezes na adolescência que um rapaz vem se consultar por ter medo de se tornar homossexual, ou que uma moça vem se consultar com um médico, dizendo-se frígida; queria ter relações sexuais com um rapaz, mas viu-se invadida por imagens do passado que acabavam por paralisar cada um dos gestos amorosos de seu parceiro; ela fala então desse lapso de corpo morto, de um descompasso entre o desejo que sente no nível mental e a ausência de prazer ou repulsa que experimenta simultaneamente.

Tanto na menina quanto no menino a homossexualidade é uma orientação possível da vida sexual; para a menina, parece ser a procura reparadora de uma ligação com caráter maternal. Por fim, com menos freqüência, trata-se de uma adolescente que engravidou e em quem foi praticado um aborto; ela tem impressão de que essa decisão foi tomada pelos pais e pelos médicos, sem sua participação; esse sentimento é reforçado pelo fato de que, em torno dela, ninguém mais fala sobre o que lhe aconteceu e a angústia se cristaliza no medo de não ter mais filhos; certas jovens resolvem seu conflito vivendo múltiplas aventuras, muitas vezes, sem usar contraceptivos.

Paradoxalmente, é no momento da revelação que se produzem graves descompensações: tentativas de suicídio, fugas, prostituição, toxicomania ou manifestações psicóticas; a criança parecia adaptar-se à situação, a coesão do Eu era mantida pela dominação do parceiro; no momento da revelação, a criança encontra-se só, sem pontos de referência, exposta à confusão.

Essas perturbações também se manifestam no momento em que se rompem elos pedófilos fora da família, quando estes são descobertos ou quando a relação cessa porque a criança cresceu.

Não temos experiência direta de gravidez levada a termo em adolescentes vítimas de estupro intra ou extrafamiliar: seu desfecho é quase sempre o parto de mãe anônima* e a adoção da criança, sem que a mãe tenha um acompanhamento posterior. C. Bonnet (1990), na obra *Geste d'amour* [Gesto de amor], identificou o desprezo pela gravidez nas mulheres que dão à luz de forma anônima; descreve seu sofrimento e sua dificuldade em controlar as pulsões infanticidas; parece, como indica a autora, que grande parte dessas gestações provavelmente se originou a partir de um estupro ou de um incesto.

Em outros casos o bebê é assimilado à fratria como sendo a criança da avó, encerrando a jovem mãe no não-dito, e essa infantilização cria uma situação voluntariamente psicótica.

Moças muito jovens, com filhos concebidos no incesto, acabam por viver em albergues especiais; essas crianças e essas mães que queremos conscientemente tratar como "as outras" são objeto de projeções inconscientes que se expressam por meio de uma peculiar desconfiança, um desejo de separá-las, como se a transgressão que as marca impedisse para sempre essa jovem de ser uma boa mãe. Em um artigo intitulado "Le destin tragique de la bonne consciense" ["O destino trágico da boa consciência"], A. Nakov e G. Poussin (1989) descrevem o dramático caso de uma criança nascida do incesto entre pai e filha, separada brutalmente da mãe biológica e mais tarde da mãe adotiva, que desenvolveu um estado de angústia e de regressão que a levou à morte.

Essas descrições de seqüelas de abusos sexuais, sem dúvida, são incompletas, pois muitos casos escapam à intervenção do psiquiatra e, por razões mais fortes, à do psicanalista; mas não poderíamos deixar de mencionar o incesto

---

* Do francês *accouchement sous X*. É uma alternativa legal, na França, de a mulher dar à luz sem revelar sua identidade. (N. do T.)

70

mãe-filho. É a forma de incesto mais secreta, a que não vemos e que não queremos reconhecer. Para S. Lebovici (1985), o incesto mãe-filho é devastador, pois supõe que o filho supere o horror do sexo da mãe e se mostre ativo no coito; é quase sempre pela psicose do filho que o incesto é revelado.

Acompanhamos quatro casos de incesto, três de mãe-filha e um de mãefilho, sem termos feito imediatamente o diagnóstico, apesar dos estados de agitação e ansiedade dessas crianças. O menino, que acompanhei dos três aos dez anos de idade, apresentava uma patologia ostensiva, resolvia sua angústia por meio de atos impulsivos e destrutivos, provocava os adultos e crianças mais velhas, expondo-se a surras em represália. O pai, incerto quanto à paternidade e particularmente violento, havia sido posto de lado pela mãe; ela vivia uma relação passional com a criança, incapaz de estabelecer proibições ao filho; este compartilhava seu leito e devia acariciá-la; por sua vez, era submetido a carícias, e a mãe se referia a ele como se o menino apresentasse uma sexualidade adulta e a violência dos homens que ela havia conhecido.

As meninas, que tinham dois, quatro e sete anos quando foi descoberta uma relação muito erotizada com a mãe — relação esta baseada em carícias genitais mútuas —, demonstravam uma excitação sexual inadaptada, uma masturbação compulsiva. As duas mais velhas, profundamente tristes, manifestavam uma atenção extremada para com as variações de humor da mãe depressiva, das quais elas eram o único objeto de amor. Davam impressão de estar sempre de acordo com os desejos dos adultos, incapazes de expressar uma opinião pessoal; a menor, agarrada ao corpo da mãe, parecia perdida em um "nirvana", sugerindo um retardamento mental. Alguns pediatras nos falaram igualmente de ambientes incestuosos nos quais evoluem crianças excitáveis e instáveis. A criança, menina ou menino, é mantida em estado de dependência, invadida pela possessividade materna sem que a relação seja mediada por um terceiro; é possível que nunca mais evolua, permanecendo encerrada na psicose, ou que se oriente para a homossexualidade, para a toxicomania.

Parece, à luz dos contatos com adultos que cometeram abusos sexuais, que o menino que viveu o vínculo hedonista com a mãe, sem um corte real, pode guardar para sempre, de modo ativo, o desejo de retornar a essa ligação simbiótica; é isso, sem dúvida, que está subentendido quando certos adultos chegam às vias de fato com uma criança. Adultos pedófilos foram filhos fetichizados de uma mulher que exaltava sua infância e da qual eles não puderam se desligar.

As anomalias das primeiras relações com a mãe ou com ambos os pais surgem como ponto nodal da maior parte dos abusos sexuais e como um domínio ainda a ser explorado.

III

OS ADOLESCENTES VÍTIMAS
DE ABUSOS SEXUAIS

PATRICK ALVIN

Há alguns anos a opinião pública tomou consciência do problema das vítimas de violências, em particular, quando se trata de crianças. No entanto, só muito recentemente ousa-se comentar as violências de caráter sexual. Com relação aos adolescentes, os fatos são igualmente importantes, embora ainda pareçam ter pouco reconhecimento. A adolescência, enquanto tal, continua sendo considerada uma fonte potencial de perigos para a ordem familiar ou social. Os adolescentes, essas crianças com corpo sexuado de adulto, evocam menos ingenuidade e inocência que as crianças. Não só inspiram menos compaixão, mas muitas vezes lhes são emprestadas intenções ou uma maturidade que não possuem, particularmente nas situações em que a sexualidade está em jogo. Ora, basta trabalhar com a medicina dos adolescentes para se confrontar regularmente com situações de adolescentes vítimas. Essas situações encobrem uma gama extremamente variada de episódios de violência de todos os gêneros, vivida por adolescentes "explorados" de uma maneira ou de outra, sexualmente, na maioria dos casos. Nesse campo, encontra-se de tudo: desde meninas assediadas em uma relação sexual "um pouco" forçada por um ou vários parceiros mais velhos até aquelas agredidas ou estupradas por desconhecidos, passando por vítimas de incesto, cujo segredo será desvendado só por ocasião de uma tentativa de suicídio. De maneira geral, a violência que os adolescentes podem sofrer é subestimada. Alguns números, porém, deveriam suscitar reflexão. Por exemplo, os que indicam que a metade das mulheres estupradas é composta de adolescentes. Se existe um tabu em relação às violências sexuais, trata-se sobretudo da interdição de falar do assunto. A primeira etapa *sine qua non* do trabalho com as vítimas de abusos sexuais — crianças ou adolescentes — é fazer com que esses episódios rompam o silêncio ou o segredo que os dissimula. Caso contrário, é como se, em detrimento das vítimas, o problema "não existisse". Mas é preciso que os adultos se declarem prontos a ouvir esse tipo de coisas, pois, definitivamente, só encontraremos a violência — e a violência sexual em particular — se a buscarmos.

VÍTIMA, NINFO OU MITÔMANA?

Nem toda verdade deve ser dita — sobretudo se provém da boca de uma criança —, e os adultos sabem muito bem disso. Já é muito difícil para o adolescente contar, com toda confiança, uma história de agressão sexual — recente ou antiga. Isso ocorre em primeiro lugar por vergonha, mas também por medo de julgamentos e represálias. Para a vítima, nada é pior que abrir-se com alguém que, *a priori*, duvida dela. É por isso que gostaríamos de apontar, antes de tudo, a eterna questão das meninas "fabuladoras", ditas mitômanas, que fazem acusações infundadas de agressão sexual, contra esta ou aquela pessoa, e às vezes até contra o próprio pai. Na nossa experiência, esse problema foi criado artificialmente e não se inscreve na realidade. Esses casos nos pareceram muito raros em comparação com o restante, e não nos suscitaram grandes problemas de identificação. Ao contrário das verdadeiras vítimas, que vivem por muito tempo o medo de desvendar seu segredo ou simplesmente de tornar a falar sobre ele, as mitômanas não param de contar sua história para quem quiser ouvir. Elas nos chocam igualmente pela multiplicidade de fatos em que aparentemente estão envolvidas. No entanto, onde há fumaça há fogo, e uma criança nunca se encontra em tal situação por acaso. Isso merece toda nossa atenção, pois o fato é sempre testemunho de um problema e de um sofrimento que a mera objeção só faz agravar. Não obstante, um ou outro caso de jovens mitômanas não deveria servir de exemplo ou álibi perpetuamente reiterado para justificar a desconfiança sistemática em relação a toda descrição de agressão sexual da parte de um(a) adolescente. Nesse domínio, o filme *Les risques du métier* [Os riscos do ofício], de Jacques Brel, reacendeu uma velha questão. Existem, por fim duas armadilhas das quais gostaríamos de falar. Elas são bem conhecidas por todos que tiveram uma experiência relacionada ao abuso sexual: a falsa acusação — que no entanto remete a um trauma anterior da mesma ordem — e a retratação.

Na maior parte dos casos, a vítima de abuso sexual continua a sofrer as seqüelas muito tempo depois de ter vivido essa violência. Em tal contexto de fragilização, uma jovem pode, com mais facilidade que outra, sentir-se ameaçada e até agredida, quando na realidade não há nenhuma evidência que corrobore seus receios. Nessas condições, poderá fazer acusações graves, de boa-fé, sendo que o verdadeiro problema consistiria numa "patologia seqüelar" diante dos homens em geral ou de um indivíduo em particular.

A *retratação*, após um primeiro relato do abuso sexual, é normalmente interpretada como prova *a posteriori* do caráter infundado ou fabricado da acusação, e vem de certo modo corroborar essa odiosa mentira. A realidade não é tão simples. Durante a crise da revelação, e sobretudo no quadro dos abusos sexuais intrafamiliares, subestima-se a ambivalência e a culpa da criança, da mesma forma como se ignora quase sempre a série de pressões familiares contra as quais é muito difícil lutar. A retratação, na maior parte dos casos, visa, portanto, restabelecer a aparente coesão familiar que precedia a descoberta. Nesse sentido, é um verdadeiro sintoma de adaptação, trágico, pensando bem, que deveria, *a priori*, reforçar as suspeitas de abuso e não o contrário.

AGRESSÕES SEXUAIS E INCESTOS

Geralmente, quando se trata de uma criança, o abuso sexual é considerado em seu conjunto, tomando-se o cuidado em insistir sobre o fato de que os agressores são na maioria dos casos conhecidos das vítimas, um membro do círculo de conhecidos ou, mais precisamente, um parente. Na adolescência, em compensação, parece-nos importante distinguir as agressões sexuais extrafamiliares das situações incestuosas. Pelo que pudemos observar em nossa experiência no hospital Bicêtre, seu contexto e o tipo de solicitação do sistema de tratamento que implicam são totalmente distintos.

As agressões sexuais extrafamiliares encaminham-se ao setor de pronto-socorro, quase sempre após uma queixa imediata. Elas concretizam um momento crítico do trauma, não só repentino, mas normalmente muito recente, que requer um tratamento médico bastante rigoroso. É por isso que desde 1984 implantamos, estando em estreita coordenação com o serviço de emergências e bem informados pelos serviços policiais e judiciários do departamento, um apoio médico especializado no hospital Bicêtre. Ficou claro, na época, que os médicos e enfermeiros estavam muito pouco preparados (e mesmo pouco motivados) para desempenhar esse papel, e que era necessário desenvolver uma real competência nesse domínio. O acolhimento especializado, cujo objetivo era otimizar o acompanhamento posterior das vítimas, restringia-se inicialmente aos adolescentes e depois foi estendido às crianças. Há um ano, o exemplo se disseminou e hoje dispomos de um procedimento comum no conjunto dos serviços de emergência — pediátricos e adultos — do hospital. Mas essas situações de emergência médico-legais são só a ponta do *iceberg*. Muitas histórias de agressões sexuais mais ou menos antigas nos são trazidas paralelamente, durante as entrevistas anamnésicas com adolescentes que, por diversos motivos, se encontram no hospital. Portanto, é útil lembrar que, se adotamos uma ampla definição de abusos sexuais em relação a crianças e adolescentes, os mais freqüentes continuam sendo as cenas de exibicionismo ou atentados ao pudor, que na maioria das vezes não são imediatamente divulgados. Uma "discrição" desse tipo não deveria, porém, torná-los desprezíveis nem considerá-los, *a priori*, como benignos ou isentos de conseqüências dolorosas. As situações incestuosas, de múltiplos tipos, são mais complexas. Os motivos que levam a vítima ao hospital (para uma consulta ou para internação) não têm, na maior parte das vezes, nenhuma ligação aparente com a situação incestuosa. Percebemos que só *a posteriori* uma relação mais ou menos direta quase sempre aparece. Sobretudo porque o motivo da consulta médica, normalmente, não é um incesto atual "ativo", mas suas repercussões ou seqüelas a curto, médio ou já a longo prazo.

As agressões sexuais extrafamiliares: urgência e futuro

Geralmente acompanhada de um membro da família, a jovem vítima pode ser trazida por um policial, que pertença ou não à brigada de menores, munido de uma requisição da delegacia ou do tribunal. Pode ocorrer que certas famílias, muito perturbadas pelo relato da criança, solicitem diretamente um exame médico com o qual esperam "tirar a prova" (descobrir se a virgindade da vítima permanece intacta, por exemplo) ou, ao contrário, anular um "diagnóstico" de estupro, na ilusão de que só essa prova prévia justificaria prestar uma queixa posterior à polícia. É uma linha de raciocínio muito prejudicial, pois pode provocar graves atrasos, até mesmo a supressão pura e simples do caso, e convém que o médico não seja conivente.

As agressões sexuais raramente provocam, nessa idade, uma verdadeira urgência somática, mas a ação médica deve obedecer a dois objetivos urgentes:

• *Médico-legal*: quanto mais rápida for a intervenção, maior será seu valor. As primeiras declarações das vítimas, as primeiras constatações e, claro, os exames preliminares (nas primeiras 48 horas) têm importância capital. No caso de um processo judicial, constituirão uma das peças centrais do dossiê, inclusive nos casos em que uma contraperícia seja posteriormente requerida. Desse modo, *o rigor* e o espírito do sistema são a regra e devem assim permanecer, mesmo se não houve uma queixa policial prévia, pois esta pode ser feita num segundo momento; sua sustentação pela constatação inicial na forma da lei terá um peso considerável. Às vezes, esse primeiro exame é efetuado diretamente por um médico especializado ou por um serviço hospitalar médico-judiciário, mediante um pedido especial. É preciso saber que, na legislação em vigor, o perito solicitado deverá ater-se à sua especialidade. Como se trata de um tipo de exame muito qualificado, limita-se a técnica estrita e deixa a vítima sem auxílio nem acompanhamento, o que gera um grande problema por se estar lidando com menores;

• *Terapêutica e prevenção*: o ideal seria que esse segundo item, igualmente importante, se confundisse com o primeiro. É raro ser necessário reparar eventuais lesões. A intervenção médica visa, no caso, prevenir possíveis conseqüências somáticas — como gravidez ou doenças sexualmente transmissíveis — informar a vítima sobre seu estado e dirimir suas dúvidas e receios, além de preparar as condições que permitam o diagnóstico preliminar ou prevenir possíveis conseqüências psicológicas.

Com base em nossa experiência, é preciso calcular em torno de uma hora, no mínimo, para efetuar em condições satisfatórias o acolhimento, o interrogatório, o exame somático e a redação do atestado. A qualidade do primeiro contato com a vítima é fundamental, e isso vale também para seus familiares. Qualquer *prejulgamento* em relação ao contexto da agressão deve ser afastado; a atitude calma e tranqüilizadora deve permanecer sem alterações, seja a vítima "irrepreensível", seja ela de aparência mais "discutível" (por exemplo, uma adolescente de conduta reconhecidamente desviante, que já teve experiências sexuais e cuja agressão ocorreu durante uma fuga de casa). É preciso estar em condições de falar a sós com a vítima, se possível sem a presença dos pais. Em circunstâncias por definição emocionalmente carregadas, é necessário saber conciliar-se com a impaciência dos acompanhantes (a família e às vezes a polícia) quanto ao "diagnóstico" de virgindade, por exemplo, ou, pior ainda, de "estupro" — ainda que a definição de estupro seja exclusivamente da alçada da justiça e não de um simples diagnóstico clínico. O fato de o presumido autor já estar em prisão preventiva no momento do exame explica a eventual impaciência da polícia, mas não justifica que o médico compactue com essa impaciência.

É importante saber respeitar a freqüente inibição pós-traumática e o compreensível desconforto da vítima. A estupefação, a calma paradoxal e até mesmo o riso injustificado muitas vezes mascaram um estado de choque que deve ser interpretado em sua justa medida. Por outro lado, o medo de escandalizar e o constrangimento que poderíamos sentir ao falar de coisas sexuais a uma criança ou a uma jovem em plena puberdade podem levar a um interrogatório incompleto e malconduzido, além de respostas igualmente constrangidas e imprecisas. Nossa tarefa consiste em agir sem pressa, para ajudar a jovem vítima a ser o mais precisa possível quanto aos fatos e gestos associados à agressão. Isso pode ser mais fácil se, antes, nos dermos ao trabalho de explicar de maneira clara o desenvolvimento e sobretudo o propósito da consulta, em um tom que faça a jovem se sentir digna de crédito. Nessa idade, as vítimas têm dificuldade de comunicar o que lhes aconteceu, devido ao medo e ao sentimento de vergonha, e também porque não ousam falar ou simplesmente lhes faltam palavras para se expressar. Uma importante função do médico consiste em aceitar essa imprecisão, sem julgá-la de forma negativa, e traduzir, em termos clínicos simples para a vítima, os fatos que lhe seriam espontaneamente inomináveis.

Quanto ao caráter intrusivo e desencorajador da mesa e do exame ginecológicos (experiência que, além disso, é inédita para muitas vítimas adolescentes), pode ser consideravelmente minimizado se o médico explicar passo a passo os procedimentos a serem efetuados, mostrar o material e falar a essas jovens sobre sua anatomia, que elas conhecem muito mal (tenham ou não mantido relações sexuais).

Muitas adolescentes não se atrevem a formular espontaneamente seus temores irracionais sobre a integridade de seus órgãos genitais e o medo das doenças transmissíveis (a AIDS, em primeiro lugar) e da gravidez. Esses temas sempre devem ser claramente antecipados, para grande alívio das vítimas, sem que se deixe de relatar em voz alta o exame pélvico e suas conclusões, ressaltando tudo o que é normal.

Os pais devem ser recebidos no final da consulta ou, melhor ainda, na presença da filha, ao término dos trabalhos. Esse encontro permite que expressem as próprias emoções e inquietudes, e cabe ao médico transmitir-lhes segurança e explicar-lhes o processo a ser seguido. Freqüentemente, os pais expressam preocupação ou formulam seus temores com qualidade e intensidade muito diferentes das demonstradas por sua filha. Em particular, o caráter sexual da agressão e todos os fantasmas que isso gera podem provocar-lhes uma emoção sem relação ou desproporcional à comoção psíquica da vítima, em geral preocupada (inicialmente, ao menos) com a própria agressão, com as ameaças e a profunda insegurança dela resultantes. A análise do estado emocional da família, bem como de seu contexto relacional, são importantes nesse momento crítico. Se algumas famílias ou círculo de amigos são capazes de dar apoio eficaz e adaptado às circunstâncias, outras, em contrapartida, não têm as mesmas condições e podem chegar ao extremo de gerar uma crise na relação com essa jovem. Isso pode ser visto quando uma culpa é massivamente projetada sobre a vítima. Nesse caso, uma breve internação é indicada. Diante de uma jovem vítima de agressão sexual, definitivamente, saber o que deve ser feito e o que deve ser evitado é a melhor garantia de um bom acolhimento e de um trabalho eficaz, pelo bem e pelo interesse de todos. Dessa perspectiva, o folheto "Le praticen face aux violences sexuelles" ["O médico em face das violências sexuais] foi distribuído no final de 1987 a todos os médicos pelo Ministério das Questões Sociais. Basta agora que cada um — médicos e equipes hospitalares — reflita sobre o problema e a melhor forma de desenvolver uma competência real nesse domínio, em colaboração com outros tipos de serviços.

Nossa experiência com dezenas de adolescentes, meninos e meninas, que deram entrada no hospital Bicêtre nas 48 horas que se seguiram à agressão, forneceu-nos elementos importantes. Em oito entre dez casos o agressor é desconhecido da vítima. As ameaças verbais e sobretudo as violências físicas geralmente relevantes são narradas em dois terços das situações. Para não falar só das meninas, a maioria nunca teve antes experiência de relações sexuais. A agressão propriamente dita corresponde à definição de estupro em dois terços dos casos e à de atentado ao pudor em menos de um a cada cinco casos. O exame somático evidencia as lesões extragenitais em um terço dos casos e as lesões especificamente genitais ou anais em um entre três casos. Os dois tipos podem evidentmente coexistir. Os exames de esperma têm resultado positivos em um terço das vítimas. Vale sublinhar que esse resultado diz respeito à metade dos adolescentes (rapazes e moças) que não apresentam nenhum traço visível de traumatismo genital ou anal recente, o que reitera a extrema importância dessa coleta de material, cuja indicação não deve implicar nenhuma subjetividade aleatória.

Para encerrar, a questão do acompanhamento médico deve ser examinada com muita atenção. É verdade que certas vítimas tudo farão para "esquecer" — caso isso seja realmente possível —, tentativa esta que explica numerosas recusas de acompanhamento médico ou psicoterapêutico. Para outras, mais tarde, poderá se instalar uma negação mais ou menos massiva, suprema defesa contra um trauma cuja integração se mostra impossível. Sejam quais forem, as reações imediatas são suficientemente numerosas e importantes para que nos esforcemos em acompanhar as vítimas posteriormente. "Esquecer tudo rápido" seria uma prescrição vã e falaciosa. Essas reações descritas por Burgess no que denominou *rape trauma syndrome* [síndrome do trauma do estupro], em 1974, foram em seguida amplamente descritas, principalmente no caso das vítimas adolescentes. Pertencentes à dimensão psicoativa, não são forçosamente proporcionais ao caráter "benigno" ou "grave" da própria agressão sexual. Aliás, as reações ou atitudes próprias do círculo social podem influenciá-las (nos dois sentidos). Essa observação se aplica também às eventualidades do processo judicial em tais circunstâncias.

Sempre observamos, nos adolescentes que tratamos, importantes reações imediatas ou a curto prazo. Elas são dominadas pelo choque, pela inibição e, sobretudo, pelo medo. Essa vivência, porém, não nos é verbalizada espontaneamente, e só nos é confiada quando fazemos perguntas pertinentes. O horror de ter corrido risco de vida é um bom exemplo. No decorrer dos meses, entre as jovens que aceitaram seguir o acompanhamento médico sistematicamente proposto (cerca de dois terços), constatamos com regularidade reações fóbicas persistentes e às vezes muito seletivas, somatizações variadas, passagens depressivas ou regressivas, modificações no estilo de vida ou nos hábitos e, finalmente, dificuldades no campo da sexualidade, marcadas por um sentimento de insegurança fundamental e às vezes agravadas por uma culpa autoimposta. As conseqüências, a longo prazo, nos foram trazidas por adolescentes que nos falaram de antecedentes de agressão sexual. Trata-se de tipos de fobias persistentes, de acessos de angústia circunstanciais (*flash-backs*), de sonhos sobre o mesmo tema, de sintomas recorrentes (voluntariamente qualificados de histéricos), de distúrbios do comportamento alimentar, de problemas de imagem corporal ou de postura reticente quanto ao exame físico (sobretudo os ginecológicos) e, finalmente, como sempre, de problemas de ordem relacional e sexual. Para nós, aliás, todos esses sintomas têm o valor de um pedido, quando os encontramos isoladamente, e orientam nossa anamnese para um antecedente possível de agressão sexual (sem prejulgar seu caráter extra ou intrafamiliar).

As situações incestuosas

Pode ocorrer que uma história incestuosa seja reconhecida logo após uma agressão ser trazida ao conhecimento da família, ou por ocasião da crise suscitada pela revelação de uma situação crônica que continua "ativa". Mas esses casos são minoria. Impõem, no entanto, os mesmos reflexos que os casos já descritos no quadro geral das agressões sexuais, e apresentam evidentemente o problema de assinalá-los e os deveres do médico nesse domínio. Sem entrar na clássica polêmica que tenderia a "opor" os famosos artigos 378, al. 3 (sobre as derrogações da obrigação do segredo médico) e 62, al. 2 (sobre a punição em caso de omissão junto às autoridades administrativas ou judiciais, de sevícias ou privações infligidas a menores das quais se tenha conhecimento) do código penal francês, é preciso observar que nesses dois artigos são mencionados apenas os "menores de quinze anos". É também aos menores de quinze anos que se refere o artigo 45 do código de deontologia, a respeito das sevícias ou privações detectadas pelo médico, obrigando-o a "intervir pelos meios mais adequados para proteger, com prudência e circunspecção, mas sem hesitar, se necessário, em alertar as autoridades competentes se tratar-se de menor de quinze anos". Na prática, diante de uma situação incestuosa ativa descrita por uma adolescente de quinze anos ou mais, é preciso utilizar todos os meios para se obter o acordo da vítima em caso de uma denúncia considerada urgente.

Em nossa experiência, essencialmente em situações incestuosas entre pai (ou equivalente) e filha, a maior parte das meninas não está mais em uma fase incestuosa ativa no momento em que as encontramos: os acontecimentos descritos são antigos em sua biografia, um desmembramento familiar pôs fim à situação ou já foi feita uma queixa à polícia e o autor foi preso. No entanto, escapam dessa constatação habitual os "climas" incestuosos, sem uma verdadeira passagem ao ato e com tendência a perdurar, sem um motivo "legal" para prestação de queixa. Quase todas essas meninas têm problemas de comportamento, patentes na maior parte dos casos, em geral severos, às vezes mais discretos. Quando submetidos à análise, esses comportamentos já são antigos. As histórias são variadas, com acontecimentos que remontam por vezes à infância, ao início ou ao decurso da adolescência. A eles associa-se quase sempre a violência, sob todas as formas. Independentemente de seu nível socioeconômico, o contexto familiar mostra-se muito disfuncional, inclusive em algumas situações nas quais o incesto parece evoluir em uma atmosfera que, embora confusa, poderia ser qualificada como "amorosa". Quanto à mãe, deixa entrever uma atitude de cumplicidade silenciosa na maioria dos casos. Certas meninas já foram objeto de "meias medidas", tais como um afastamento ou separação, sem que no entanto a problemática do incesto tenha sido abordada diretamente pelos diversos profissionais consultados.

A tentativa de suicídio, recurso de que se valem algumas dessas vítimas (recentes ou não), ilustra bem a gravidade de sua vivência. Continuamos a nos chocar com o número de estados depressivos sérios, com a propensão às passagens ao ato e as dificuldades de se seguirem tratamentos. São igualmente freqüentes as manifestações de somatização (nas quais os distúrbios do comportamento alimentar ocupam lugar de destaque), bem como a coexistência de problemas somáticos ou de saúde num sentido amplo. Esse último ponto deve ser ressaltado, pois quando esses problemas médicos ocorrem, oferecem um meio concreto e alternativo dos mais úteis para otimizar o tratamento dessas meninas — por definição sempre problemático. Por exemplo, são raras aquelas que suportaram o princípio de um trabalho psicoterapêutico autêntico, o que, mais uma vez, traduz a importância de seu mal-estar psíquico ou do temor de serem mais uma vez "desnudadas".

Todos esses distúrbios e sintomas parecem consideravelmente acentuados pelo fato de haver um contexto familiar perturbado, confuso e desorganizado. Às vezes, somam-se a isso novos problemas causados pela dispersão da família ao ocorrer uma revelação, pelas pressões para uma retratação e, ainda, por diversos eventos que complicam o processo judicial quando o pai está preso.

De modo geral, persiste o sentimento de que "o mal já está feito" e o sofrimento dessas meninas é conseqüência tanto de sua situação de "delinqüência" moral passiva (com toda a ambivalência e a culpa que possamos imaginar) quanto de uma problemática muito mais ampla, que diz respeito ao conjunto das relações na família e a cada um de seus membros. É por isso que as medidas terapêuticas (que se beneficiam sempre de um "reenquadramento" no tocante à lei) nos parecem muito mais justificadas que simples medidas direcionadas de evicção ou repressão, ou discursos que limitem a questão ao pai "monstruoso".

Um último ponto diz respeito aos climas incestuosos que, mesmo na ausência do ato propriamente dito, apresentam uma atmosfera particularmente nociva. Essas situações respondem por cerca de um terço das 74 situações incestuosas que pudemos identificar em seis anos. As jovens vítimas nos parecem particularmente perturbadas diante de um fato doloroso, do qual acabam falando, geralmente, após uma tentativa de suicídio. A maior parte desses casos data de muito tempo, com solicitações do pai (ou equivalente) de conotação ou caráter sexual evidente, sob forma de sedução, vulgaridade, exibicionismo, controle da vida privada e genital etc. É uma realidade difícil de confiar, e a metade das meninas não falou disso com ninguém anteriormente.

CONCLUSÃO

O sofrimento, o desamparo e o medo em que imergiram essas jovens vítimas de violências sexuais, sob todos os aspectos, exigem nossa atenção. É preciso reconhecer, no entanto, que o tema nos mobiliza muito no plano emocional. Por isso, é preciso abordá-lo com prudência, sangue-frio e o mínimo possível de emoção. Na adolescência, muito mais do que durante a infância, é importante lembrar que a vítima, a partir do momento em que fala, deve assumir uma imagem que lhe será devolvida, apesar das melhores intenções: a de cúmplice obrigatória dos acontecimentos que relata. Trata-se de um problema real, seja essa cumplicidade passiva (omitir-se) ou trágica (ser forçado a fazer algo). Na prática e no cotidiano, parece mais simples implantar um acolhimento competente e específico no âmbito das agressões sexuais extrafamiliares "acidentais" que nas situações de incesto. Mas nos dois domínios, é importante evitar a elaboração de um programa "ideal" em nome de alguma teoria ou ideologia, que correria o risco de ser encarado por essas jovens vítimas (frágeis, é preciso lembrar) como uma violência *suplementar* ou "iatrogênica". É verdade que fechar-se e nada propor é bastante condenável. Mas também o seria não aceitar que uma adolescente que viveu um incesto não saiba bem o que espera nem o que está pronta a receber. Pois, na realidade, o que esses adolescentes nos pedem acima de tudo é que acreditemos neles e em suas certezas, e também em suas contradições. Resta, enfim, dizer que o tema das violências sexuais é apenas parte integrante de outro, bem mais vasto: as violências das quais os adolescentes podem ser vítimas. Podemos esperar que o primeiro, em sua atual dinâmica mobilizadora, contribua para esclarecer melhor o conjunto.

IV
VIOLÊNCIAS E ABUSOS SEXUAIS EM INSTITUIÇÕES PARA CRIANÇAS E ADOLESCENTES

STANISLAW TOMKIEWICZ

INTRODUÇÃO

Consideraremos como violência ou abuso sexual toda utilização do corpo da criança ou do adolescente que tenha por finalidade a satisfação do desejo sexual do transgressor. Essa definição é muito ampla; abarca situações bem diversas, cuja gravidade varia muito, tanto no plano jurídico quanto no moral. Gostaríamos de mensurar essa gravidade não só no momento do escândalo, que é relativo de acordo com os lugares e épocas, mas também segundo sua influência nefasta na evolução psicossexual e no sofrimento imediato da vítima. Reúno esses fatos na mesma reflexão porque todos ocorreram dentro de instituições.

Esse cenário lhes confere, realmente, um significado específico, que os distingue de atos idênticos ou semelhantes cometidos no seio de famílias ou no espaço social. As vítimas, crianças e adolescentes, têm por definição de zero a dezoito anos; acreditamos que a idade, nessa fase da vida, tenha grande influência no caráter mais ou menos grave e moralmente intolerável do ato e no seu impacto físico e psicológico. Veremos, igualmente, que a idade modula a dimensão de atos cujo caráter de abuso deve ser discutido.

Parece-me pertinente a distinção entre violências e abusos, embora nem sempre seja fácil traçá-la:

- "Violência" implica o uso de força física (estupro, sevícias) ou psicológica (ameaças ou abuso de autoridade). Podemos incluir aí atos cometidos contra menores cuja idade ou deficiência mental os tornem incapazes de compreender seu significado.
- O "abuso" implica, ao contrário, ausência de utilização da força. Nesse caso, a satisfação sexual é obtida pela sedução; a lei inclui aí os atos cometidos com certa cumplicidade e mesmo com o consentimento do menor. O caráter repreensível dos atos varia segundo a suscetibilidade da época, do meio social, do juiz, do moralismo. A meu ver, essa questão moral tende a confundir-se com o problema da possibilidade de "consentimento esclarecido" da presumível vítima. Tais abusos, de maior ou menor gravidade, ocorrem com freqüência nas instituições para adolescentes.

Por outro lado, as distinções baseadas na intensidade ou na proximidade do contato sexual parecem pouco pertinentes no contexto institucional. A gravidade da chaga psíquica não lhe é proporcional, seja qual for o aspecto — por vezes quase intolerável — da documentação fotográfica. Mesmo no que diz respeito à confirmação da procedência dos fatos, o exame médico nem sempre supera a avaliação psicológica dos testemunhos.[1]

A especificidade das violências e dos abusos institucionais decorre da personalidade da vítima, do "contraventor" e dos laços que os unem:

- A vítima é uma criança ou um jovem fragilizado em relação a seus pares que vivem em família. Essa fragilidade resulta de seus próprios problemas (por exemplo, uma deficiência), de sua situação social e familiar que provocou a desagregação da família, e do ambiente específico dessa ruptura e da vida em grupo. Os dois primeiros fatores não existem nem na escola nem nas colônias de férias, que têm ligação mais estreita com o espaço social.
- O contraventor pode ser um semelhante, quase sempre tão fragilizado quanto a vítima, ou — com mais freqüência — um profissional que tenha optado por trabalhar com jovens em dificuldade. Penso que essa especificidade é uma das razões do tabu que cerca as violências, ainda

---

1. Além das violências físicas e abusos que implicam um contato direto, é necessário mencionar o exibicionismo — do qual não disponho de dados — e o voyeurismo: este último pode coexistir com a possibilidade de obter dinheiro pela fabricação de fotos pornográficas ou então ser discutido (W. Reich) em certos casos de terapias corporais.

maior que o segredo das violências intrafamiliares. Não é de espantar, portanto, que os autores não fiquem muito tentados a publicar casos que possam denegrir profissionais como eles e as instituições. Poucas publicações americanas abordam esses fatos, cuja existência é conhecida à boca pequena ou, mais raramente, por intermédio da Justiça, que atua com o maior sigilo possível.

• O elo que une o contraventor à vítima é sempre, portanto, uma relação de força e autoridade, como nas violências intrafamiliares (incesto). Mas, aqui, a autoridade surge dissociada das relações de parentesco, e os vínculos afetivos são forçosamente diferentes. No entanto, é difícil afirmar se o silêncio da vítima é mais ou menos freqüente e sólido que nos casos intrafamiliares.

Não encontramos nenhum dado confiável no que se refere à freqüência das violências e dos abusos institucionais. A força do segredo, a discrição e mesmo a ausência de divulgação, bem como o caráter subjetivo de numerosos casos-limite, tornam todos os estudos aleatórios; as estatísticas judiciais ainda são pobres e só mostram a ponta do *iceberg*.

Vamos considerar sucessivamente o valor dos testemunhos, as vítimas e os contraventores, para concluir com algumas observações sobre as reações do meio social.

A PALAVRA DA CRIANÇA

Não temos conhecimento de nenhum caso, nas instituições, de abuso sexual perpetrado contra uma criança ainda pequena: as carícias genitais das babás, com o propósito de acalmar os bebês, fazem parte de um fator cultural e não podem ser assimiladas aos abusos. Salvo quando se trata de deficientes mentais privados de linguagem (cf. veremos adiante), é a palavra da criança ou do adolescente que estabelece o abuso sexual. Mesmo para os pediatras, sua importância é maior e seu valor, equivalente ou superior aos dos estigmas físicos. O depoimento da criança denuncia o abuso e provoca ou não o procedimento de resguardo e eventualmente de punição; é o testemunho da criança e sua crítica que devem confirmar ou anular a veracidade do depoimento, a realidade dos fatos e sua qualidade de abuso ou violência. Obter um depoimento e validar um testemunho ainda são problemas difíceis de resolver.

As crianças dificilmente contam aos adultos as violências das quais foram vítimas. Elas aprenderam que todo discurso sobre a sexualidade é sujo, proibido. Temem que não lhes dêem crédito, que sejam ridicularizadas e até mesmo punidas por calúnia ou cumplicidade. Essas dificuldades, características de todas as crianças, acentuam-se para as crianças que vivem em instituições, fechadas em sua solidão, sem poder confiar em um adulto e fazer-lhe confidências. Nos casos mais graves e manifestos que observamos, esses temores e angústias foram conscientemente intensificados pelas ameaças dos adultos, que prometiam os "piores castigos" em caso de divulgação. Nessas instituições, os adultos são investidos de uma autoridade e poder comparáveis aos da maior parte dos pais incestuosos: às vezes, o terror é tão grande que as crianças não ousam nem mesmo falar entre si e só mais tarde compreendem que não foram as únicas vítimas (Vivet e Tomkiewicz, 1989.)[2]

Uma vez ouvida a queixa da criança, não é fácil averiguar sua veracidade. As regras para criticar o testemunho da criança ou adolescente são as mesmas que no caso das violências e dos abusos intrafamiliares ou cometidos por terceiros: nenhuma delas é infalível e é necessário "muita intuição, paciência, perspicácia para saber distinguir a verdade, a mentira e o exagero, sobretudo porque é preciso conduzir o interrogatório com infinito tato, a fim de não agravar o sofrimento do jovem". O exame médico é útil, pois em nossa sociedade aquilo que é visto é mais importante que aquilo que é "ouvido", e o elemento biológico impõe-se mais que o psicológico. Seu valor é maior nas violências que nos abusos, tanto em relação às crianças quanto aos adolescentes mais velhos, em casos recentes mais que em antigos. Mas deve-se ter em mente que o exame médico nem sempre é infalível e pode constituir um trauma psicológico suplementar.[3]

Os testemunhos de crianças e jovens que estão em instituições correm o risco, *a priori* — mais que os das crianças "normais" —, de anulação e descrédito: seus autores não tardam a ser tachados de mitômanos, perversos ou outros rótulos a partir de diagnósticos relacionados com sua situação social. Por outro lado, a repetição desses testemunhos, quando as crianças tomam a palavra, acaba propiciando que o autor das violências ou abusos caia em contradição. Conheci um caso no qual a polícia exigiu cinco testemunhos independentes de jovens sodomizados para iniciar o cerco ao culpado, diretor da instituição e, vale frisar, um político eleito da região.

Psiquiatras clássicos — conhecidos por sua desconfiança, desprezo e mesmo ódio às crianças — assinalaram casos em que uma verdadeira epidemia de falsos testemunhos colocava em questão a carreira e a honra de um professor ou um educador. Sem negar a existência de tais situações, elas me parecem infinitamente raras se comparadas aos testemunhos verídicos. Constantemente, as queixas e os testemunhos de menores alocados em instituições induzem ao erro, não quanto à existência dos fatos alegados, mas quanto a seu valor e significado:

---

2. P. Vivete e S. Tomkiewicz. "Abus et répression sexuels concernant des enfants et des adolescents placés en institution", *in*: *Les abus à l'égard des mineurs*. Relatório das jornadas de estudos CFE-ES, Vaucresson, 18 de outubro de 1989, pp. 191-9.

3. Penso, por exemplo, no dito "teste de dilatação anal" preconizado por dois autores britânicos, que suscitou discussões bizantinas e, salvo nos casos de encoprese, não parece compatível com o respeito à criança. A. J. Hobbs, "Child Abuse: an increasing rate of diagnosis", *The Lancet*, 10 de dezembro de 1987, pp. 837-41.

- As crianças podem chamar a atenção dos pais, com uma queixa ou um depoimento, para os gestos de ternura de um membro da equipe; muitos pais terão tendência (normalmente em função de seu próprio passado ou vivência) a interpretá-los como "carícias viciosas" ou outros abusos.

- Adolescentes que tiveram relações eróticas ou mesmo um ato sexual completo com um membro da equipe da instituição queixam-se como se se tratasse de um estupro, quando na realidade houve uma sedução que pode até ter sido francamente recíproca. Nesse caso, claro, o adulto ainda é culpado perante a lei, e a posição de detentor de autoridade agrava sua responsabilidade. Além disso, o testemunho distorcido do adolescente priva-o de grande número de circunstâncias atenuantes diante do tribunal e o condena severamente por um ato que beira a fronteira dos abusos. Conheci um educador, acusado de abusos sexuais por muitas meninas, que na verdade tentava (bem ou mal) fazer-lhes um relaxamento...

AS VÍTIMAS

Segundo a idade

Ao contrário do que ocorre com os abusos intrafamiliares, não encontrei na literatura e em minha prática casos referentes a crianças pequenas. Os abusos sexuais nas instituições parecem mais freqüentes quando as crianças são mais velhas; a gravidade do abuso varia, tanto para a Justiça quanto para a moral comum, em sentido inverso. Aos olhos da lei, nenhum "consentimento esclarecido" pode existir antes dos quinze anos de idade, e nem sequer mesmo antes dos dezoito; a sedução de um menor deve acarretar para o sedutor as mesmas conseqüências que um abuso. No entanto, nem sempre foi assim (Grécia, século XVIII). Ainda hoje, as relações sexuais baseadas em consentimento mútuo e com prazer recíproco, por exemplo, entre um educador — ou um aluno-educador que acabou de atingir a maioridade — e uma adolescente já crescida, não podem ser equiparadas, por exemplo, às sodomizações em série de adolescentes, mal saídos da puberdade, por um diretor de idade madura. As conseqüências psicológicas nunca são as mesmas, e a condenação moral dificilmente poderá encerrar igual intensidade. Entretanto, em nome da proteção aos jovens que vivem em instituições, mais indefesos e menos capazes que outros de se opor ao desejo do adulto (sobretudo se ele é membro da equipe que trabalha lá), parece-me justo e prudente manter a proibição mais acirrada nesses casos que no restante do espaço social. Se a lei deve ser a mesma para todos, cada caso particular, nessa faixa etária em que a responsabilidade e a possibilidade de consentimento do menor emergem e se afirmam, deve ser julgado com inteligência e discernimento para que se distinga uma simples falta ao dever profissional do verdadeiro abuso de autoridade.

Segundo as causas do internamento

a) Entre os tetraplégicos e os deficientes mentais privados de linguagem, o abuso sexual é uma exceção. Porém, caso ocorra, a violência física empregada atinge quase sempre o sadismo e a crueldade. O diagnóstico é feito pela constatação de lesões traumáticas da região genito-anal e até mesmo de início de gravidez. A instituição de início procura atribuir essas lesões a um acidente e somente sua repetição induz à identificação, geralmente difícil, do culpado; num desses episódios, ela só foi possível após um exame genético de todos os homens que trabalhavam na instituição. A idade da vítima, neste caso, não constitui fator discriminante.

b) Nas instituições para "desajustados", jovens delinqüentes, inadaptados etc., ou seja, destinadas a crianças e jovens dotados de uma inteligência normal, a forma sem dúvida mais freqüente de violência sexual é a sodomização de meninos entre oito e catorze anos. Nesse caso, o "segredo partilhado", o contraste entre a notoriedade pública dos fatos e o silêncio, as negações, a invalidação dos raros testemunhos das vítimas são infelizmente ocorrências comuns. O diagnóstico diferencial não se baseia nas relações com consentimento mútuo, mas na mitomania perversa das vítimas (da qual não conhecemos nenhum exemplo). A violência utilizada é mais psicológica (abuso de autoridade e ameaças) do que abertamente física.

Os estupros das meninas parecem mais raros e as vítimas são mais velhas. Isso pode ser simples conseqüência do fato de as meninas serem muito menos representadas nessa população e de, tradicionalmente, a equipe encarregada das moças ainda ser composta majoritariamente por mulheres. Foi o caso de uma instituição religiosa, Le Bon Pasteur, onde um só homem, o jardineiro, fazia parte da equipe; foi ele quem estuprou uma jovem, trancada para expiar algum pecadilho ou até para ficar "protegida" em uma câmara de reflexão.

c) Entre os casos de retardamento mental medianos, os abusos e violências por parte dos adultos pareceram-me bem menos freqüentes do que as relações entre jovens, independentemente do sexo, sendo que a violência psicológica e a sedução são de longe mais utilizadas que a força bruta. Contudo, talvez minha impressão se deva à falta de informação e à facilidade de ocultar esses abusos. A esterilização de jovens adolescentes — considerada ilegal —, realizada com mais freqüência do que se imagina, de pleno acordo ou a pedido da família, deve ser considerada abuso ou integraria a problemática da repressão sexual?[4]

---

4. Não tratada neste capítulo.

OS AUTORES (CONTRAVENTORES)

Podemos esquematizar a diferenciação de três tipos:

O diretor — Segundo minha experiência, o diretor tem envolvimento bem maior do que os demais membros da equipe. O número de diretores pedófilos é grande, sobretudo nas instituições para meninos que são desajustados, pequenos delinqüentes ou inadaptados. Os casos são semelhantes: o terror psicológico e as ameaças explicam o longo silêncio das vítimas; a covardia e o oportunismo suscitam o silêncio das equipes implicadas. Os diretores em questão têm personalidade forte, tirânica, e professam em público uma moral estrita e inflexível.

Não encontramos mais, na França, instituições onde a violência sexual é erigida pela direção como meio de manutenção da coesão do grupo: esse modelo, no qual os abusos são cometidos quase cotidianamente pelos mais fortes (diretores, vigilantes, adolescentes mais velhos) contra os mais fracos, existiu em nosso país nas casas de correção de antes de 1936-45, foi corrente entre a juventude hitlerista e provavelmente em outros movimentos totalitários. Tal comportamento persiste, se nos fiarmos na literatura e nos filmes de países menos desenvolvidos que a França no que se refere à humanização das instituições (por exemplo, Estados Unidos, Grã-Bretanha, a ex-URSS, sem contar os países em desenvolvimento). É de temer a volta de tal modelo em caso de vitória de teses de segurança (por exemplo, a volta da prisão para jovens...).

Soubemos recentemente de um caso inverso de, pode-se dizer, colaboração de uma instituição ultraliberal, que respeitava a dignidade das crianças, com um pequeno grupo de pedófilos intelectuais: estes negaram a existência dos abusos, independentemente da idade da vítima, sob pretexto de um pretenso "direito ao prazer e à sexualidade" das crianças. Parece-me evidente que essa posição pseudo-ideológica despreza o sofrimento psicológico das crianças e coloca habilmente em evidência o prazer da criança em vez do prazer do adulto, que é o único que se busca na realidade.[5]

Deparei com mesmo tipo de raciocínio em um caso de utilização de crianças para fotos pornográficas de uma instituição cultural extra-escolar. A satisfação da libido do adulto obtida sem violência, mas em um ambiente que forçava sutilmente crianças entre seis e doze anos de idade ao segredo total, estava intimamente ligada ao interesse financeiro, pois as fotos eram vendidas na Holanda.

Os membros da equipe — Abusos e violências sexuais cometidos pelos funcionários da instituição não se perpetuam por longos anos, na França, como

---

5. Notemos que a Carta dos Direitos da Criança não prevê, com razão, nenhum "direito à sexualidade".

aqueles abusos cometidos pelos diretores; as barreiras que impedem os jovens de prestar queixa ou testemunhar são menos sólidas. Já mencionei os problemas ligados à violência infligida a uma criança tetraplégica e ao abuso-sedução impingido a adolescentes mais velhos. Em minha prática, fiquei a par de diversas tentativas de sedução homossexual em meninos de mais de catorze anos: todas fracassaram. De fato, um educador ou um aluno-educador homossexual é rapidamente identificado nas instituições por esses adolescentes, e os jovens mais cedo ou mais tarde acabam tornando sua vida impossível.

Os outros menores — Até pouco tempo atrás, a possibilidade do estupro, do abuso sexual ou simplesmente as relações sexuais serviam de argumento principal contra a instalação de estabelecimentos mistos para os jovens. A separação de sexos integral, mesmo integrista, levava e ainda leva, naturalmente, à homossexualidade:

- Ela é corrente, quase sempre baseada na sedução com consentimento mútuo, entre moças. Passa quase sempre despercebida e não deveria ser, na minha opinião, assimilada aos abusos sexuais.
- Quanto aos meninos, é preciso distinguir entre a vasta maioria de casos de consentimento recíproco, que compreende desde o simples "jogo de brincar com o pipi" até as relações anais, e uma minoria de atos realmente violentos cometidos pelos meninos maiores, mais fortes e mais velhos, sobre as vítimas mais fracas e mais novas. Essas violências podem se produzir em grupo e provocam um sofrimento psicológico tão intenso quanto os abusos cometidos pelos adultos. A distinção nem sempre é fácil e, ainda nesse caso, uma entrevista prolongada e bem dirigida com as vítimas e os presumidos contraventores é mais pertinente do que um exame médico.
- Não conheço caso de estupro de uma menina por um ou mais meninos que vivem na mesma instituição que ela. É claro que as relações sexuais ou eróticas, mais ou menos clandestinas segundo o ambiente da instituição, são freqüentes, mas, a meu ver, não deveriam ser assimiladas aos abusos. Por outro lado, os estupros "exogâmicos" individuais ou em grupo, se bem que menos freqüentes na França do que na Inglaterra ou nos Estados Unidos, não são fato excepcional. As vítimas são meninas que vivem em outra instituição ou que vêm de fora, mas "que gravitam" em torno do estabelecimento. Penso, embora sem prova científica para me apoiar, que as instituições mistas favorecem as relações sexuais e exercem ação preventiva contra os estupros e os abusos entre jovens.

REAÇÃO DA SOCIEDADE

Vamos distinguir o ponto de vista estritamente legal e o que poderemos chamar de tolerância do meio social.

a) Creio que em nosso país lei e justiça são quase sempre concordantes. De fato, observamos:

• A discriminação das relações entre jovens, salvo, é claro, com o uso manifesto de força; poderíamos afirmar que, se o contraventor é menor, a lei só reconhece a violência e não o abuso.

• A relação de autoridade encarada como uma circunstância agravante, seja qual for o abuso cometido. Essa cláusula permite, com justiça, assimilar à violência física a violência psicológica, muito mais freqüente. Poderíamos dizer que, na verdade, a lei pune com excessiva severidade as relações com consentimento mútuo entre um adulto responsável e um adolescente mais velho. No entanto, a jurisprudência é muito mais indulgente que a lei, e casos como o de Gabrielle Russier[6] continuam sendo uma exceção. Poderíamos também nos perguntar, com uma ponta de paradoxo, se a severidade geral das penas não é uma das causas do silêncio, senão da cumplicidade, que permeia certos abusos nas instituições... O que nos leva ao segundo problema.

b) O meio social parece-me ainda mais preocupado com o escândalo, com o insulto à ordem pública, com a transgressão de um tabu, do que com o sofrimento e as seqüelas psicológicas das jovens vítimas. A atenção dada às seqüelas das violências e dos abusos sexuais é muito recente, mesmo no que concerne ao incesto pai-filha. Não é de surpreender, portanto, que nenhuma pesquisa séria seja feita junto às crianças e adolescentes que já viveram em tais instituições. Aliás, isso seria bem difícil: como distinguir o que provém dos abusos sexuais, no conjunto dos problemas psicológicos graves e complexos que são comuns a todos que viveram, por pouco tempo que fosse, nas instituições destinadas ao seu próprio bem?[7]

Os testemunhos que obtivemos revelam o grande sofrimento, imediato e consecutivo, ligado tanto ao próprio ato quanto ao medo de divulgá-lo, e às vezes a culpa de ter se permitido fazer acusações... Não ouso afirmar que as tendências homossexuais, em alguns casos, deveriam ser consideradas como conseqüência dos abusos. De qualquer forma, a população institucional continua a relegar o fato, e esses sofrimentos eventuais, presentes e futuros, sempre parecem contar menos que a ordem pública e a reputação de um adulto responsável.

---

6. Professora condenada em 1968 por uma relação amorosa e sexual com um de seus alunos menores de idade.

7. Que fique claro que estou me referindo tanto aos problemas preexistentes ao internamento quanto aos problemas iatrogênicos.

V

A PALAVRA DA CRIANÇA:
DO ÍNTIMO AO SOCIAL
Problema do testemunho e da retratação

CHRISTIANE THOUVENIN

A criança que revela as sevícias sexuais que sofreu no círculo familiar corre um grande risco: torna-se testemunha de acusação de alguma coisa terrível e, por isso, não será necessariamente ouvida. Vamos tratar aqui, mais particularmente, de sevícias sexuais intrafamiliares. Para revelá-las, a criança se inscreve em um processo social e judicial, mas denota, igualmente, um trabalho interior; ela fala e, por conseguinte, "coloca em dúvida sua família". Talvez esteja fazendo o que Piera Aulagnier (1976) chama de "descoberta fundamental para sua estruturação: a possibilidade de mentir, isto é, de poder esconder do Outro e dos outros uma parte de seus pensamentos, de pensar o que o outro não sabe que estamos pensando e que não gostaria que pensássemos". Além disso, é preciso que a criança encontre apoio quando precisar se desvencilhar da influência de uma relação incestuosa.

Uma jovem adolescente, Nadia, me dizia: "Eu fazia pequenas tentativas para contar... a uma pessoa, depois a outra. Mas tinha medo, fugia, e ninguém me compreendia".

Nadia foi vítima, dos dez aos quinze anos, de um padrasto que abusou dela e chegou inclusive a prostituí-la. Suas tentativas de relatar o que lhe acontecia, felizmente, acabaram sendo "transformadas" por alguém que lhe deu crédito, quase a despeito dela. Sem isso, Nadia ainda estaria, sem dúvida, sob o jugo daquele que lhe impôs essa relação desastrosa, que ela evocava diante de mim com um sorriso triste, que entremostrava resquícios de terror.

Usando uma metáfora esportiva, podemos dizer que é preciso ter muita resistência e um verdadeiro trabalho de equipe para tratar de abusos sexuais na fase posterior à revelação.

Até os últimos anos, a criança que fazia revelações a esse respeito era suspeita de fabular.

Atualmente, aqueles que conhecem essas situações e costumam trabalhar com crianças inscritas numa população dita "de risco" — embora elas não sejam as únicas vítimas — sabem que são poucos os casos em que as crianças não dizem a verdade.

É sempre grande o embaraço da pessoa escolhida para partilhar esse tipo de confidência, seja qual for sua relação com a criança, mesmo se a confissão é feita por meias-palavras, com desamparo ou até uma atitude de desafio. Essa pessoa não só poderá conhecer o desconforto da dúvida, reação descrita em uma pesquisa sobre as atitudes dos interventores diante de maus-tratos físicos (E. Hadjiisky *et al.*, 1986), mas também terá de posicionar-se diante da obrigação legal de advertir as autoridades. Deverá escutar a vítima, apoiá-la e pensar na proteção da criança ou adolescente que lhe revelou o ocorrido.

O terapeuta não escapa à obrigação de advertir as autoridades quando acreditar que fatos reais lhe foram confiados. É de esperar, obviamente, que a instituição onde trabalhe assuma, em tais circunstâncias, esses procedimentos, sem os quais será difícil continuar a ser terapeuta.

Primeiramente, enfocaremos aquilo que fala a criança quando "trai" o segredo familiar incestuoso. Em seguida, enfocaremos o que acontece com sua palavra quando é retomada pela sociedade.

Não trataremos aqui do aspecto jurídico.

Por outro lado, é preciso dizer, logo de início, que corremos o risco de reunir elementos aparentemente muito díspares: pesquisas norte-americanas, dado o número restrito de pesquisas francesas nesse campo, conforme mostra um recente recenseamento bibliográfico (1990); observações pessoais feitas no quadro de medidas judiciais da AEMO[1] ou de psicoterapias psicanalíticas de crianças. Essa diversidade testemunha, com efeito, uma particularidade: sabemos agora muito bem que esse terreno deve ser abordado de modo interdisciplinar.

A partir desses materiais díspares, iremos seguir o fio do processo que a criança percorre de seu íntimo em direção ao social, sem perder de vista que só retrospectivamente podemos conhecer o que ocorreu antes da revelação.

---

1. Action Éducative en Milieu Ouvert (Ação Educativa em Ambiente Aberto).

DO ÍNTIMO AO SOCIAL:
O QUE A CRIANÇA REVELA, ALÉM DOS FATOS,
QUANDO FALA?

A *revelação* é um momento crucial que pode, por si só, apresentar um risco de trauma suplementar para a criança ou adolescente. Julien Bigras (1986) descreveu os efeitos desestruturantes das angústias que às vezes irrompem nesse momento. Michèle Rouyer e Marie Drouet (1986) assinalam o mesmo.

Não é só a integridade da família que está ameaçada, pois o segredo do incesto pode parecer constitutivo (Furniss, 1984): trata-se de famílias fechadas, isoladas, coniventes, sem que nada seja verbalizado. Esse segredo teve também papel de destaque na vida psíquica da criança vítima, freqüentemente por um período bastante longo. É por isso que a revelação pode significar, para ela, um risco de violação. De qualquer modo, trata-se, além de um segredo, de seu sofrimento e de um trabalho interior do qual a revelação pode ser considerada como a realização.

Essa etapa não será superada de uma só vez, mas eventualmente por "pequenas tentativas", como aconteceu com Nadia e outras crianças. A criança tentará chamar a atenção do adulto por meio de sintomas relativamente discretos, que serão decifrados por um adulto perspicaz, ou então o fará com suas próprias palavras. Sabemos que esse reencontro com a criança não é espontâneo e quanto é necessária uma formação para aqueles que irão tratar profissionalmente de tais situações. O problema é ouvir a criança, adiantando-se só quando for preciso e evitando a superposição das palavras de adulto e seus fantasmas.

Podemos pensar que aquilo que a criança sentiu como sinal de empatia, competência e disponibilidade orientou sua escolha para esta ou aquela pessoa. Mas pode acontecer de ela só encontrar interlocutores cegos e surdos (Thouvenin, 1988).

Freqüentemente ocorre que, mediante uma campanha de esclarecimento na escola, uma criança tome consciência, ainda que de forma obscura, de que uma anomalia foi resguardada pelo segredo em sua família. É assim que o interdito do incesto lhe surgirá, em contraste com a moral familiar. Nessa patologia, são negadas as diferenças no tocante às gerações ou aos sexos; e é pelo fato de surpreender o adulto com seus comportamentos ou propósitos que nivelam as diferenças (atitudes com forte carga sexual, conhecimentos anormais, para sua idade, sobre a sexualidade dos adultos) que a criança poderá chamar a atenção sobre si.

Ao percorrer o caminho do deslocamento e das diferenças, portanto, a criança — se for devidamente ouvida — poderá falar, situando-se numa fronteira que ultrapassa seu sofrimento e o anseio pela proteção da lei e de terceiros.

O SOFRIMENTO

Ele pode não ser físico, mas será sempre psíquico, com efeitos destruidores (Bigras, 1967). Encerra muita vergonha, ligada a uma chaga narcísica (Agostini, 1987), o que o torna difícil de ser exteriorizado. Nem sempre é expresso por uma angústia aparente, pois a criança pode, como mostrou Summit (1983), adaptar-se às sevícias sexuais e a todo ambiente parental nocivo: "trata-se da síndrome de adaptação das crianças vítimas de abusos sexuais", sobre a qual voltaremos a falar. Em uma situação extrema, a criança pode abstrair-se de sua própria infelicidade e de seu sofrimento. O pai ou a mãe, que deveriam exercer papel protetor, agiram como estranhos (como certo número de mães que encontramos). A omissão também pode caracterizar os adultos alheios à família, que em geral preferem ignorar o que se passa.

Um filme canadense com um título sugestivo, *L'enfant dans le mur* [A criança no muro], mostra as defesas psicóticas às quais devia recorrer uma menina obrigada a praticar incesto com o pai durante anos. Mais tarde, tendo crescido e amadurecido, a personagem pôde reencontrar-se consigo mesma graças aos cuidados que recebeu e à peregrinação que fez junto aos familiares e lugares de sua infância.

A paciente de Dominique Agostini (1990) utiliza também a imagem do muro no qual ela "entrou", sobrevivendo "a essa situação limítrofe por meio da petrificação de suas emoções". Retrospectivamente, podemos representar esse sofrimento vivido e fortalecido como uma extrema solidão, uma submissão à lei do silêncio.[2]

UM SEGREDO IMPENSÁVEL

Igualmente, é depois do ocorrido que poderemos compreender qual foi o trajeto da criança que a levou à terrível mas sadia iniciativa de "colocar em xeque" a própria família. A ação transgressiva foi protegida pelo segredo, mas sabemos, pelo testemunho de certas crianças e adolescentes, que nesse meio tempo emergiu o sentimento de que falar é possível e necessário. Por vezes, isso pode ser motivado por um ciúme violento ou um encontro providencial.

O segredo do incesto comportou uma proibição de verbalizar os fatos e pensá-los. Proibição explícita em certos casos, mas na maioria das vezes tácita e ligada ao modo de comunicação, não-verbal, predominante nas famílias que maltratam as crianças. É dessa forma que a criança em busca de ternura é entregue ao adulto, numa "confusão de línguas" (Ferenczi, 1933). Trata-se de uma relação onde a violência passional é exercida por um simulacro de sexualidade genital.

---

2. Conforme p. 150 deste livro.

O trauma grave é acompanhado da impossibilidade de pensar. Um aspecto peculiar nessa conduta incestuosa é que a criança é colocada diante do desejo de assassinato, assassinato de si mesma enquanto criança. O psicanalista americano Shengold (1977) afirma que tais crianças sofrem um "assassinato da alma".

Já Van Gijseghem, psicólogo e especialista de Quebec (1985), descreve as estratégias de defesa acionadas pela criança para não "compreender" o desejo de assassinato ("matar/incestar") presente nas intenções dos pais. "A vítima do incesto distingue-se", diz ele, "da vítima do assassinato pelo fato de poder acionar dispositivos de sobrevivência."

Constatamos, às vezes com surpresa, que certas crianças e adolescentes conseguem manter um rendimento escolar satisfatório. Elas o fazem às custas de clivagens e desestruturação em outros domínios. Outras, a exemplo das crianças vítimas de maus-tratos físicos, podem apresentar distúrbios cognitivos, uma inibição do pensamento relativamente invasiva. Além do efeito da relação de dominação, é preciso detectar aí o do aniquilamento da curiosidade, devido à promiscuidade e à sedução do adulto. Desde Freud (1905) sabemos, de fato, que a curiosidade diante do desconhecido origina-se do que a criança sente diante dos "mistérios da vida". Deliberadamente mantida a distância do quarto dos pais, de enigma em enigma, de teoria em teoria, ela tentará compreender. É disso que dependerá o futuro de sua curiosidade intelectual. Mas certamente não é isso que é resguardado nas crianças das quais nos ocupamos.

Sabemos também o quanto é difícil pensar quando trabalhamos nesse domínio. Pensar, vale dizer, significa estabelecer relações. Essa contaminação revela algo a respeito dos processos em ação.

Ocorre às vezes que os intervenientes, conforme eles próprios confessam, adotam a postura de certas mães que permaneceram alheias ao que se passava com as filhas. "Notei um ou outro sinal", diziam elas. "Como pude duvidar do que estava acontecendo?" Às vezes, equipes conscienciosas certo dia descobrem um incesto perpetrado, sem que se dessem conta antes, numa família que estava sendo há muito tempo "observada". Isso acontece até ao abrigo de uma medida judicial da AEMO ou de uma psicoterapia. Somos forçados a confessar nossa dificuldade em estabelecer relações. É preciso, portanto, certa humildade para se preservar de posições ideológicas ou teóricas que visariam a harmonizar, sem dúvida, um estado desconfortável, mas que constitui quase sempre uma etapa necessária para encarar a realidade de frente. René Kaes (1981) nos convida a adotar essa atitude, assim como G. Devereux, que tão bem evoca o impacto traumático do trabalho de campo (1980).

É preciso paciência e modéstia diante de certas crianças que ocultam sua ignorância e seus fracassos por trás de uma hipermaturidade, de arrogância ou desafio. Por exemplo, uma de minhas pacientes, de sete anos, queria me provar que sabia muito mais coisas do que eu, uma senhora, sobre sexualidade. Até o dia em que veio me confessar... que não sabia ler e que gostaria de aprender a ler. Nosso trabalho permitiu atingir, com sua depressão, um registro no qual a utilização dos símbolos da língua escrita tornava-se então possível.

À PROCURA DE UMA TERCEIRA PESSOA CONFIÁVEL E DA LEI

As pesquisas dos últimos anos mudaram a opinião pública; podemos considerar que, na maioria dos casos, a revelação de um incesto não denota a ação de uma criança ou adolescente mitômano ou sedutor. Esse aspecto clínico já é mais conhecido. Sabemos, também, o risco de ignorância que os intervenientes correm com suas contra-atitudes.

Temos, assim, mais liberdade para compreender o sentido da revelação e da busca de um interlocutor por parte daquele que toma a iniciativa. Podemos considerar que essa atitude em relação a um adulto ou mesmo a um igual vise a aplacar a carência paterna vivida pela vítima do incesto. Uma "terceira pessoa digna de confiança" é então solicitada.

Desse modo, quando uma criança fala de incesto, está falando de uma situação catastrófica a dois, da qual ninguém a protegeu suficientemente, intervindo para proibi-la — algo a que ela provavelmente aspirava.

Depois de Lebovici e Diatkine (1954) e de Widlöcher (1965), M. Ody (1985) faz a síntese da questão fundamental da função paterna e da *triangulação*. Se a triangulação é um processo que se instala precocemente, servindo de anteparo à excitação da criança, em alguns casos pode se dar uma "promoção ou destruição da terceira pessoa". É o que acontece, a exemplo do caso descrito por Winnicott (1969), da mãe que abandonou a filha Cécile, na significativa idade de oito meses, sem nome nem endereço, na casa de uma "babá" temporária. Cécile não "a olhava mais", e só a ela, declarou-nos a mãe à guisa de justificação para seu ato.

A criança é um parceiro ativo na triangulação. Mas há casos, como o de famílias que abrigam o incesto, em que o pai, em vez de desempenhar o papel de terceiro, comporta-se como uma "mãe narcísica", combatendo efetivamente a triangulação. Assim, a criança não encontra o que corresponde ao movimento natural de seu desenvolvimento. Nesse caso, poderá aflorar nela um sinal de alarme; quando for capaz, valendo-se da palavra até então vetada, apelará para um terceiro fora da família. É justamente aí que poderá articular-se a intervenção educativa da sociedade e da lei.

Podemos nos perguntar qual foi a carência materna que pôde favorecer tal desequilíbrio. Carência esta que seria repetitiva: constatamos, com freqüência, que um incesto esconde outro, de filha para mãe, de mãe para avó, subindo na genealogia. Incesto este revelado pela mais jovem, que é "a primeira a falar" permitindo às mais velhas, mudas até então, se expressarem. Foi o caso da mãe que chegou com sua filha para uma primeira entrevista, e praticamente gritou para mim: "Não devemos acreditar nas crianças, elas mentem!".

E, algum tempo depois, essa mãe relatou sua própria história, que havia permanecido em segredo.

Um recente estudo americano (Cole e Woolger, 1984) mostra que, quando se solicita que mulheres que um dia sofreram sevícias sexuais por parte do pai ou padrasto descrevam a atitude de sua mãe, elas utilizam os termos "frieza e distância emocional" (*emotional estrangement*); por seu lado, tendo um modelo materno insuficiente para se identificar, sentem-se obrigadas a ser distantes com os próprios filhos, a conferir-lhes excessiva autonomia cedo demais. Os autores sublinham que isso só faz aumentar a demanda afetiva da criança em relação ao pai.

É evidente que este, se também sofreu carências na infância, terá dificuldade de confrontar-se com essa necessidade de compensação e de desempenhar um papel de terceiro que ele próprio interiorizou mal.

Renata Gaddini (1983) nos mostra como as carências afetivas precoces produzem distorções do desenvolvimento e preparam o caminho para o incesto. Não tendo recebido o amor ao qual tinham direito, de modo a conhecer um verdadeiro nascimento psicológico, e tendo fracassado a fase de separação-individuação, àqueles que conheceram essa carência só resta perpetuá-la, tendendo a encerrar seu objeto de amor em um círculo fechado, sem elaboração mental, no nível de uma sensualidade primitiva. Uma relação incestuosa poderá prosseguir mesmo em um casamento, afirma a autora.

Eis aí por que aquilo que é oferecido à criança na relação incestuosa não passa de um "engodo, um *ersatz*" (Montrelay, 1987), ainda que às vezes a sujeição seja imposta em nome dos direitos do pai.

É dentro dessa ilusão que será de fato negado à criança, como observa Lévi-Strauss (1949), aquilo que é uma vantagem da proibição do incesto: "o direito de procurar fora".

A intervenção social e judicial, quando provocada pela revelação, pode sustentar a triangulação em uma materialização da lei. Vejam um exemplo:

Marie-Lyse, uma paciente de quatro anos e meio, bastante identificada com o pai — que presumidamente havia "abusado" das filhas —, escondia, por trás de uma provocação triunfante, um desamparo aterrorizado que por vezes vinha à tona. Da mesma forma como seu pai agia com a mãe profundamente deprimida, ela se lançava a uma luta desesperada pela possessão do território materno, bem como de meus atributos. Certo dia, disse-me: "É idiota que você seja uma mulher! Você anda de salto alto, mas quando está sem eles, não tem nada!", e me mostrou como seu pai lhe dava tudo em uma relação que sabíamos ser de grande promiscuidade. Ela acabava de voltar de uma hospitalização imposta pelo juiz de menores, para observação; estava relaxada e me fazia todo tipo de críticas em torno de minha ausência, como poderia ter feito em relação à mãe, que a abandonara de forma terrível. Depois, mostrando que alguma coisa tinha lhe dado segurança, opondo-se ao todo-poderoso pai, disse-me: "Papai me tirou do hospital, mas... ele teve de pedir permissão ao doutor!". Observamos evolução similar quando fazemos entrevistas entre mãe e filha no início de uma medida da AEMO, depois da revelação de um incesto.

Como o incesto foi recolocado, por meio da palavra, no campo social, podemos retraçar, em um quadro que oferece uma possibilidade de triangulação, algo do percurso da criança que contou seu segredo. Uma delas nos mostrava a força do segredo em termos dolorosos: "Quando isso acontecia, eu me dizia: estou louca, preciso me tratar, e depois, não, é preciso um soro da verdade para que eu diga a verdade". Essa criança apresentava lesões genitais, estava depauperada e a mãe não se dava conta de nada naquele momento. Ela tomou sua defesa quando as coisas lhe foram ditas por via externa.

Para essa menininha e para outras, foi preciso que o desejo de triangulação fosse muito forte para que, a despeito de tudo, seu segredo fosse revelado. Sobretudo porque o segredo imposto externamente pelo "autor dos abusos" era também imposto internamente por um estado de estupefação física que, sabemos, constitui uma defesa contra angústias terríveis: angústia de vingança materna, de perda total dos objetos amados.

É portanto nesse contexto de sofrimento, de terror, de busca de um terceiro protetor, que uma consciência mais ou menos clara da existência de uma lei social diferente da lei familiar vai permitir que a criança procure falar com alguém. O encontro de um terceiro percebido como alguém confiável poderá, então, em um grande número de casos, fazer com que sua palavra se torne uma *palavra social*, na situação pós-revelatória.

UMA PALAVRA SOCIAL

A palavra da criança torna-se testemunha assim que é trazida por um adulto como uma queixa. Passamos, então, do íntimo ao social. Inicia-se um processo sociojudiciário que apela para intervenções em diferentes níveis: judiciário, educativo, terapêutico. Isso às vezes faz recuar a criança ou o adulto que quer prestar queixa por ela, ao se dar conta das pesadas conseqüências desse procedimento: não se hesita em condenar um autor de abusos, mas aqui se trata de alguém que teve e que talvez ainda tenha uma relação afetiva importante com a criança. Precisamos levar isso em conta, ainda que essa relação tenha sido catastrófica. O modo de colher o testemunho da criança não é óbvio, nem a escolha do modo de intervenção que se seguirá. Uma ponte é oferecida à criança, ao preço, porém, da transformação de sua palavra em um discurso diferente: educativo, médico, psicológico ou jurídico. A criança pode não se encontrar, sentir-se esquecida e querer esquivar-se dizendo: "Tudo isso foi inventado!", deixando assim poucos argumentos a quem quiser lhe prestar assistência e proteção. Pesquisas, sobretudo norte-americanas, concentraram-se nos diversos aspectos do testemunho da criança vítima de abusos sexuais. Suscitaram a elaboração de protocolos de intervenção e a formação de profissionais qualificados para aplicá-los. Se na França levamos mais tempo para receber a amplitude do problema dos abusos sexuais em crianças, e se até o momento não fomos muito favoráveis à adoção de protocolos de intervenção, reconhecemos agora, cada vez mais, que as dificuldades dos profissionais são tantas, que eles têm absoluta necessidade de formação específica e de apoio no decorrer de seu trabalho. É extremamente importante ter em perspectiva o princípio de evitar que os efeitos do tratamento caminhem para uma homeostase familiar ou para uma invasão traumática.

A PALAVRA DA CRIANÇA COMO TESTEMUNHO

Abordaremos aqui certos aspectos psicológicos do testemunho da criança, o que nos levará a considerar o problema da retratação sempre na perspectiva da busca de uma terceira pessoa confiável.

Em 1972, Sutter, a partir de um estudo sobre a mentira —, que traz posições que nem sempre partilhamos —, afirma que em termos médico-legais "o testemunho da criança é utilizável, às vezes a partir dos quatro anos de idade; em certas categorias de fatos, pode até ser superior ao do adulto".

Com o grande aumento de queixas provocado pela sensibilização da opinião pública, e para proteger a criança que é chamada a depor, foi necessário inventariar as pesquisas já feitas e promover outras. A criança da qual se abusou sexualmente é ao mesmo tempo vítima e testemunha; além disso, chamada a repetir sua versão dos fatos e confrontada com o autor, ela está em uma situação que comporta riscos para si própria e para a validade de seu testemunho. No Canadá, Yuille (1986) foi encarregado pelo Ministério da Justiça de preparar um relatório a partir de uma revisão crítica da literatura sobre o tema. Foi assim que pudemos ter uma visão muito interessante das pesquisas realizadas nos Estados Unidos. Yuille conclui que a criança tem a mesma capacidade de testemunhar que um adulto. A qualidade de seu testemunho depende da maneira como é obtido. Eis por que as pessoas encarregadas de fazê-lo devem ter uma formação específica. Foi nesse contexto que, em 1987, foi votada uma modificação da lei a respeito da prova, permitindo utilizar durante todo o processo uma simples gravação do testemunho da criança. Essa gravação pode ser feita em vídeo, porém, sob a condição de que constitua "uma prova isenta de toda dúvida" e cumpra certas exigências quanto à sua validade.

Um manual (Steller, Raskin *et al.*, no prelo), que comporta um protocolo de entrevista, recomendações e um quadro de validação detalhados, ilustra essa preocupação.

O princípio mais importante a respeitar é que é necessário perceber a primeira revelação dos fatos como um momento privilegiado, no qual estaremos mais perto dos fatos se agirmos corretamente. Os resultados de numerosos estudos sobre a memória da criança, evocados por Van Gijseghem (texto inédito), justificam a necessidade de se evitar a multiplicação de interrogatórios, como é de praxe:

- a lembrança diminui progressivamente com o tempo;
- a memória e a lembrança são contaminadas pela informação obtida depois do acontecimento, efeito que pode ser induzido por perguntas sugestivas;
- a criança tem uma percepção do tempo diferente da que tem o adulto. Ela não é seqüencial, mas organizada em torno de detalhes significativos associados a acontecimentos que a tocam de perto;
- a memória de um fato pontual diminui progressivamente em prol de um "enredo". Por ocasião de novos interrogatórios, a criança usará esse enredo para encontrar os elementos de suas respostas, em um processo que vai se intensificar com o tempo. Daí pode resultar, então, uma impressão de inconsistência e de dúvida para quem estiver fazendo a pesquisa.

Muitos outros fatores psicológicos influenciarão a validade do testemunho: relação com o autor dos abusos, culpa, impacto traumático da própria situação de interrogatório. É preciso saber que é mais fácil relatar o que se viu fazer do que relatar algo de que o próprio corpo foi objeto.

Tudo isso não surpreenderá o clínico habituado a conversar com a criança. Mas não estamos em situação de consulta ou terapia. Em um domínio onde as contra-atitudes dos adultos são muito solicitadas, é importante lembrar os conhecimentos que permitirão formalizar um quadro de trabalho com garantias para todos. Foram publicados muitos documentos pedagógicos sobre o assunto, de interesse variável. Entre eles, vale citar um filme do Quebec, *Melanie: un entretien non suggestif* [Melanie: uma entrevista não-sugestiva]. O roteiro trata de uma entrevista fictícia encaminhada com grande delicadeza e respeito pela criança, sem no entanto deixar nada mal-esclarecido. O adulto é situado como se estivesse diante de um enigma, progredindo em sua investigação de modo a evitar todo efeito de sugestão. As palavras das crianças são retomadas e não traduzidas, e seu sentido para a criança é verificado a cada vez. Embora seja preciso enquadrar esse documento na abordagem de "integração sociojudiciária" adotada em Quebec, muitos clínicos afirmaram ter aprendido bastante, confessando assim que esse domínio não lhes é fácil; o mesmo aconteceu com os interventores sociais, na França e fora dela.

Tudo isso parece ser inspirado pela preocupação de autenticação da palavra da criança, base de sustentação que lhe é devida no momento em que sua palavra não lhe pertence mais exclusivamente. Autenticar significa ir além da busca da credibilidade pelo especialista que intervém numa segunda etapa. No entanto, sublinhemos que estes parecem concordar ao dizer (Summit, 1983 ou Liliane Deltaglia, 1990) que os casos de fabulação são raros e que mesmo um testemunho aparentemente duvidoso pode dizer respeito a fatos que, mais tarde, serão reconhecidos como reais.

A RETRATAÇÃO, A SÍNDROME DE ADAPTAÇÃO

Podemos nos perguntar, então, por que a criança ou o adolescente que se diz vítima de sevícias sexuais no seio da família retrata-se de modo tão constante — um fenômeno reconhecido como muito freqüente pelas pessoas autorizadas, mas que escapa, parece-nos, às estatísticas.

É para responder a essa pergunta que Summit fez uma vasta pesquisa nos Estados Unidos e no Canadá, junto às antigas vítimas e profissionais. Para ele, a retratação deve ser considerada como a adaptação extrema à situação de incesto, um retorno à situação anterior e ao silêncio. Foi a partir dessa pesquisa que ele descreveu, em 1983, a "síndrome de adaptação da criança vítima de abusos sexuais". A utilização excessiva dessa noção motivou críticas (Thouvenin, 1989), mas é interessante conhecer as características da situação incestuosa, na forma como Summit as enumera a partir dos testemunhos recolhidos.

- O segredo: a realidade aterrorizante para a criança deve-se ao fato de que a coisa só acontece quando está sozinha com o adulto que abusa dela e isso não deve ser partilhado com ninguém.
- A criança fica sem defesa pelo fato de tratar-se de alguém da família. Pois, se por um lado aprendeu que precisa desconfiar de "estranhos", por outro, disseram-lhe que "na família tudo é permitido". O domínio perverso sobre a criança pode, a partir daí, ser exercido mais facilmente. Podemos imaginar, nessas condições, o quanto é difícil escapar à lei familiar rompendo o segredo.
- A criança cai na armadilha e deve adaptar-se. Trata-se de situações essencialmente repetitivas, impulsionadas pelo constrangimento interno que move o autor dos abusos diante de uma presa fácil. Se a criança não buscou imediatamente ajuda e não foi protegida, só lhe resta aprender a aceitar a situação e encontrar um meio de sobreviver a ela.

Diante dessa breve descrição da "síndrome de adaptação", compreendemos melhor que a revelação de abusos sexuais não é automática: ou será tardia e pouco convincente, ou haverá uma retratação diante dos adultos, que ficarão muito felizes com isso, nos diz Summit. A menos que o adulto não ameace ou reprima a criança que tenha coragem de se exprimir (manifestar) em relação ao perigo que corre.

É preciso lembrar que, assim como acontece em todos os casos de maustratos, dos quais o incesto faz parte, os adultos solicitados correm o risco de ficar fascinados. As cenas evocadas podem induzir a um mal-estar, a um sentimento de estupefação. Quando a criança se retrata, normalmente é porque não encontrou a terceira pessoa que buscava. Guardará, então, silêncio e viverá bastante perturbada durante longos anos. Isso se dá porque houve um encontro fracassado, da mesma forma como fracassou o encontro no seio de sua família quando a criança buscava essa terceira pessoa confiável (já demonstramos isso), e foi enganada.

A retratação talvez seja o resultado de uma oscilação: revelação de um segredo, retorno ao segredo. Existe aí um risco, do mesmo modo como a onda pode voltar e cobrir a praia. E para isso podem concorrer a criança, a família... e os próprios interventores!

Para concluir, frisaremos a absoluta necessidade de considerar com cuidado o testemunho da criança que se diz vítima de sevícias sexuais intrafamiliares e, naturalmente, o testemunho daqueles que sofreram sevícias fora da família e que podem apresentar seqüelas graves se padeceram por um longo período.

Esperamos que a sociedade à qual a criança apelou conceda-lhe uma ponte conveniente, pois essa criança contou seu segredo correndo um grande risco e, sem dúvida, ao preço de um formidável trabalho interior. Se falou, é porque, segundo Winnicott (1971), não tinha perdido totalmente a esperança. Depois dessa etapa, deveríamos reconhecer, juntamente com seu direito reencontrado à intimidade de seu corpo, o direito de dar um encaminhamento ao que lhe aconteceu, pois, livrando-se da repetição, ela poderá encontrar um sentido para sua vida. Que ela conheça, enfim, o que Piera Aulagnier (1976) denominava o direito ao segredo, segredo do pensamento, essencial a todo ser humano.

4
OS QUE COMETEM ABUSOS SEXUAIS

I

CRIANÇAS E ADOLESCENTES AGRESSORES SEXUAIS

LAETITIA E JEAN-PIERRE CHARTIER

> *"Todo aquele que escandalizar um desses pequenos que acredita em mim, deveria ser amarrado a uma canga de burro ao pescoço e precipitá-lo ao fundo do mar."*
>
> Evangelho segundo São Mateus, 18, 6.

Quem reflete sobre os abusos sexuais, sobretudo aqueles cometidos contra crianças, tem dificuldade de imaginar o agressor com as feições de um adolescente ou, pior ainda, de um jovem pré-púbere, em período de latência. A pedofilia e o estupro não são atributos exclusivos dos adultos, nem o sintoma patognomônico de uma síndrome específica. A clínica nos mostra em certas crianças esses comportamentos *a priori* aberrantes, muito antes da maturidade fisiológica e psicológica. Avançando nosso questionamento, não deveríamos mais ficar surpresos com isso, pois os fundamentos da psicanálise repousam na descoberta da sexualidade infantil.

Nosso propósito aqui não é retraçar o histórico das descobertas de Freud nem expor suas teorias. Nos limitaremos a citá-las como um fio condutor que permita destacar o significado latente de atos que, no plano manifesto, melindram a sensibilidade e suscitam a incompreensão, graças à profunda resistência que induzem no interlocutor, no meio social, jurídico e até mesmo terapêutico... A proteção na prisão, que em geral se deve assegurar aos delinqüentes sexuais para resguardá-los contra a vingança dos companheiros de cela, é uma ilustração impressionante disso. Assim, seremos levados a nos interrogar sobre essas condutas peculiares, que assinalam uma falha na organização psíquica dos que as cometem, e a nos perguntar se existem aspectos singulares em seu surgimento, não após a constituição da personalidade, como é regra constatar no adulto, mas *in statu nascendi* na criança ou no adolescente mais próximo das inquietações primitivas dos primeiros anos ou em plena transformação pulsional da puberdade. Qual é o defeito de elaboração que, próximo do defeito fundamental de Balint (1968) — conforme tentaremos demonstrar —, pode tornar inteligíveis essas condutas? E, mais precisamente, que lugar ocupa o trauma na vida daqueles para quem o fato de agir faz as vezes de linguagem, quando o real violento vem ocultar o lugar reservado ao imaginário e ao simbólico?

Primeiramente, deixemos a clínica falar por si mesma, a fim de que possamos apoiar nossas reflexões em exemplos concretos. A história de Gabriel nos guiará até o cerne de uma psicopatia grave, extremamente precoce num garoto de dez anos, agressor sexual de meninas e autor de vários delitos. A de Daniel, convencido de tentativas de estupro e de assassinato, chegará às raias da loucura. Finalmente, Bertrand nos introduzirá no campo da violência com uma investida sexual perversa, levada a termo sob coação.

Gabriel

Nosso primeiro encontro com Gabriel não é daqueles que se esquece facilmente, mesmo se o gabinete de um juiz, que reúne vários serviços médico-sociais antes de receber parentes e jovens que vêm buscar uma nova receita, é um cenário clássico quando se trata de um caso difícil que já colocou em xeque várias medidas. Naquele dia, o número e a qualidade dos interventores convocados, sua ansiedade e a intensidade dramática do relato das vicissitudes implicadas no caso faziam predominar uma atmosfera opressiva pouco habitual, acentuada pela chegada de uma família e de uma criança que tinham o dom de provocar um sentimento de "inquietante estranheza" em seus interlocutores. Em questão de meses, os perigos em que se envolvera esse menino loiro, vestido de branco, de aparência angelical, haviam mobilizado os responsáveis por equipes especializadas. A mãe suspirava, dissimulando certo orgulho secreto, e lamentava os "exageros" e "extravagâncias" do filho mais novo, que já tinha um passado negro.

Caçula entre seis meninos, todos conhecidos no tribunal por suas delinqüências, Gabriel já superava os irmãos de forma gritante. À época de seu ingresso no espaço social, no jardim-de-infância, ele sobressaiu por sua arrogância para com a professora. Essa atitude persistia diante do diretor, que diversas vezes vinha restaurar a ordem por ele perturbada. Mas foi sobretudo a violência de Gabriel, fonte de numerosos incidentes graves, culminando com o "assassinato" selvagem do hamster da classe, que causou horror geral. Finalmente, sérias agressões físicas nos colegas, reiteradas na raiva suscitada pela menor contrariedade, e exibições provocativas determinaram sua expulsão da escola. Gabriel voltou a encontrar calor e intimidade junto à mãe, de quem era o "homenzinho" durante o dia, como ela própria nos confidenciou mais tarde. Só a mãe sabia domar seu "monstro" e tornar dócil aquele que era o terror do bairro, valendo-se alternadamente de afagos e terríveis corretivos.

Com relutância e pesar, a senhora X inscreveu Gabriel na escola primária, quando ele completou seis anos, idade obrigatória para iniciar os estudos. Como nada mais a retivesse em casa durante o dia, retomou sua antiga profissão de caixa. Ela era uma pessoa difícil, às vezes suspeita (mas sempre sem provas) de desviar dinheiro, a despeito do rigor na apresentação das faturas. Sua vida profissional também ficou comprometida pelas incontáveis ausências no trabalho, ligadas às travessuras do filho. Àquela altura Gabriel, de forma bastante natural, reincidia nos antigos comportamentos e multiplicava delitos e agressões.

Logo o externato especializado tomou o lugar da escola pública, sem resultados expressivos. Entrementes, sucediam-se as consultas médico-psicológicas, às quais mãe e filho compareciam docilmente, assim como o próprio pai, quando era convocado.

Não houve nenhuma melhora em sua violência e em sua "curiosidade doentia" a respeito das meninas; após muitas ponderações foi proposta sua transferência para um internato de reeducação de crianças com problemas de adaptação social. No novo estabelecimento, desde os nove anos, Gabriel começou a fugir para se encontrar com a mãe que, nas horas vagas, ensinou-o a dirigir. Pouco depois, ele já estava roubando os carros dos educadores. Essa conduta anti-social suplementar o levou, para observação, à pediatria psiquiátrica. Após várias semanas de hospitalização, foi desaconselhado o retorno ao internato (que, aliás, recusava sua readmissão), em razão de suas "perturbações de personalidade estruturada num modo arcaico [...], com uma intolerância à frustração, responsável por suas graves reações temperamentais e atuações [...]". Como conseqüência, era recomendada uma internação familiar especializada no interior.

Para que o filho saísse do hospital, os pais concordaram a contragosto com a separação. No início, tudo voltou à normalidade: Gabriel parecia estabelecer relações normais com a família que o havia acolhido. Sua inteligência incontestável era um desafio para o professor local, que conseguira despertar seu interesse com um programa escolar elaborado especialmente para ele. Nenhuma atitude violenta ou provocativa foi observada. Mas esse equilíbrio foi rompido meses mais tarde, depois de Gabriel receber permissão para freqüentar seu antigo meio. O menino então retomou o comportamento e voltou a fugir, roubando carros. Num dia de inverno, tomou "emprestado" um carro de motor potente e

105

começou a ziguezaguear perigosamente na estrada escorregadia. Alertados, os policiais ergueram uma barreira para detê-lo. Demonstrando pânico ou desafio, Gabriel acelerou e arremeteu sobre eles, ferindo um dos homens antes de colidir contra uma árvore. Milagrosamente, o garoto saiu incólume do acidente. Nos dias que se seguiram, ele se apoderou de uma máquina agrícola estacionada num galpão e, depois, na escola, começou a agredir os rapazes e a molestar as moças.

A inquietação do diretor devia-se sobretudo ao medo das represálias a Gabriel, sobretudo por parte dos policiais, que falavam abertamente da possibilidade de haver posteriormente conseqüências nefastas enquanto os pais mencionavam tiro de fuzil. O diretor também temia um acidente, sempre possível nesses tipos de condutas e, claro, preocupava-se com as conseqüências sobre os outros alunos. Ao mesmo tempo, julgava Gabriel "recuperável"; não podia se decidir por uma internação e não estava em condições de afirmar se Gabriel era louco ou mau, pois com freqüência o garoto era capaz de se mostrar desarmado, afetuoso e cativante.

Essa duplicidade que, a exemplo de Janus, todo psicopata apresenta é indissociável; do contrário eliminaria a especificidade de tais indivíduos. Gabriel demonstrou-a constantemente na etapa seguinte de sua guarda, conforme atestam as lembranças de sua educadora, quando ela recorda o primeiro encontro que tiveram ou reflete sobre esse garoto que põe em perigo sua vida e as instituições supostamente encarregadas de tratá-lo. Numa ocasião, a educadora levou-o ao cinema. No início da sessão, Gabriel se pôs a bater os pés, choramingando "pipi" como um garoto de dois anos, exigindo ser acompanhado até o banheiro. Depois do filme, ela ficou espantada ao vê-lo precipitar-se como um louco no mar de carros para ser o primeiro a chegar ao ponto do ônibus. Semanas mais tarde, durante uma atividade na piscina, a educadora ficou estupefata com sua desenvoltura de "mergulhador", contrastando com o seu medo de água. Pouco depois, ao descobrirem um roubo, Gabriel primeiramente protestou com vozinha de moleque emburrado " é meu, é meu ", contra todas as evidências. Depois, teve um assomo de raiva e proferiu palavras obscenas.

As visitas dela à casa do menino merecem atenção especial. Gabriel a acolhe com um largo sorriso e a conduz a seu quarto, que ostenta nas paredes pôsteres infantis (Snoopy e Mickey) e fotos de mulheres nuas saídas diretamente de revistas pornográficas, além de uma impressionante quantidade de bichos de pelúcia sobre a cama. O apartamento, aliás, está imaculadamente limpo; é indispensável circular de patins. O fundo da sala de jantar é preenchido com uma imensa gaiola de vidro, onde o senhor X construiu pacientemente, com material de modelagem, um cenário de sonho para seus esquilos: chalés construídos com diminutas toras, alamedas pavimentadas com minúsculos pedaços de madeira envernizada, pequenas pontes sobre falsos rios, rodas de diâmetros diferentes, árvores e tapumes em fundo de grama sintética.

A ruptura com a educadora deu-se de modo violento. Usando uma bomba de gás lacrimogêneo, que ele afirma ser presente do pai, Gabriel logo ataca os jovens na sala de espera. Com grande dificuldade, convencem-no a deixar a bomba na área de serviço antes de saírem para um passeio. Na área de patinação ele se mostra muito calmo; depois, na volta do passeio, tem um acesso de raiva insensata, ameaçando distribuir golpes com um perpianho do qual se apossou e fazendo ofensas obscenas. Na opinião da jovem educadora, naquele dia Gabriel se tornou "humanamente insuportável", pelo medo que passou a lhe inspirar e pela impotência à qual ele a reduziu. Contudo, foram eventos externos que puseram termo à moderação do menino. Paralelamente, Gabriel se entregou a uma impressionante escalada de delinqüência: logo de início, apoderou-se de um trator no heliporto de Issy para tentar subir a bordo de um helicóptero; depois, quis fugir de avião para Casablanca, na noite de São Silvestre, após uma discussão com a mãe, que teve por desfecho um severo corretivo. Mas o fato mais grave foi a agressão que cometeu no jardim-de-infância do qual outrora fora expulso. Encurralou uma menina no pátio, na saída dos banheiros, rasgou-lhe a saia e a calcinha, e deixou-lhe marcas no baixo-ventre e nas coxas. Para vencer sua resistência e abafar seus gritos, ele aspergiu um pouco de gás lacrimogêneo com a bomba. A comoção provocada na cidade foi enorme e levou o prefeito a pedir ao magistrado uma internação de ofício no serviço psiquiátrico (que, diga-se de passagem, não foi concretizada).

À história assim resumida, convém acrescentar as declarações feitas pelos pais de Gabriel. A senhora X orgulhava-se da delinqüência dos filhos, especialmente de Gabriel, "que na sua idade exagera, roubando carros em vez de bicicletas ou ciclomotores". Ela mantém com o menino uma conivência de adulto e se mostra incapaz de fazer respeitar a barreira entre gerações. Com o recente anúncio de uma nova gravidez, a criança reclama uma ultra-sonografia rápida com o seguinte comentário: "Se for uma irmãzinha, você continuará a fazer o enxoval do bebê, e se for um irmãozinho eu lhe darei pontapés na barriga até que ele saia". Essa reflexão pareceu natural para a mãe. Quanto ao senhor X, "maníaco", segundo suas próprias palavras, da ordem e da limpeza, fanático por biscates e pela confecção de miniaturas, ele dá razão aos filhos, acrescentando: "É preciso coragem para se levantar contra uma sociedade podre".

Toda a família vive fora das normas; notadamente, o pai não é defensor da lei. Seria mais correto dizer que essa família se regula por meio de antinormas, pois existem várias proibições domésticas, mas as fundamentais do incesto e do assassinato permanecem letra morta.

Aqui, as exibições e agressões sexuais, tanto verbais quanto físicas, se inscrevem num quadro de psicopatia caracterizada. Patologia daqueles "cuja forma de descarga quase exclusiva para todas as suas tensões psíquicas é a atuação delinqüente" (G. Diatkine, 1985). Nossa prática profissional com esses indivíduos mostrou que sua vida se organiza em torno de um tríptico existencial que chamamos de "3D": Denegação, Desafio, Delito.

Denegação: partimos da significação específica desse conceito em Freud.

A denegação seria um "modo de defesa que consiste numa recusa do sujeito de reconhecer a realidade de uma percepção traumatizante" (Laplanche e Pontalis). Notemos que Freud invoca esse mecanismo, não só na etiologia da perversão fetichista, mas também naquela da psicose. Por extensão, encaramos a denegação como incapacidade estrutural do psicopata de se situar enquanto responsável por suas ações ou de reconhecer a causalidade psíquica dos males que o oprimem. Segue-se uma convicção impartilhável de ser vítima e ter de se vingar. Esse mecanismo também implica o desconhecimento das conseqüências dos seus atos; daí sua insensata temeridade, que alguns denominam de conduta de ordálio.

Por outro lado, o desafio está no cerne de sua conduta, desafio ao outro e a si mesmo, que supostamente demonstra *urbi et orbi* a onipotência do seu autor. O corolário inelutável da denegação e do desafio é o delito. O agir será o meio forçado de restaurar o onipotência narcísica.

Precisemos aqui o que chamamos de agir, referindo-nos ao termo freudiano *Agieren*. Ao contrário dos atos falhos involuntários, numerosas ações são fruto de uma volição deliberada, mas a maioria delas se caracteriza por sua instantaneidade e imprevisibilidade. Esse caráter compulsivo e forçado aproxima-os dos atos sintomáticos dos obsessivos, com a diferença de que os rituais aberrantes têm por função proteger o sujeito do ato proibido. O funcionamento mental do obcecado é, portanto, diametralmente oposto ao do psicopata, que não deseja adiar a realização do ato proibido, mas, sim, proceder a ele imediatamente. Viver cada vez mais de transgressões é uma necessidade imperiosa: essa relação com a atuação aproxima o agir psicopático daquilo que se chama de *acting-out** no campo psicanalítico. Mas, no processo de cura, esse ato transgressor tem valor de mensagem dirigida ao outro, o que não é o caso dos modos de agir psicopáticos, que caracterizamos como:

- de natureza completamente diferente dos atos falhos, são atos sintomáticos cujo valor de mensagem precisamos;
- momentos de báscula, na teoria lacaniana, "fora do simbólico em direção ao real";
- eles seriam a marca de um processo de impotência em metabolizar as tensões por via psíquica, quer ela utilize o sintoma neurótico, quer tome emprestada a alucinação ou o delírio psicótico;
- os signos de uma homeostase mental arcaica, tributária do funcionamento persistente do mecanismo de descarga da tensão interna, pela atividade motora.

---

* "Termo usado em psicanálise para designar ações que geralmente apresentam um caráter impulsivo, rompendo relativamente com os sistemas de motivações habituais do indivíduo, relativamente isolável no decurso das suas atividades, e que toma muitas vezes uma forma auto-agressiva ou hetero-agressiva." *Vocabulário da psicanálise*, J. Laplanche e J. B. Pontalis, PUF, 1967, p. 27. (N. do T.)

Para concluir com esses dados clínicos, ficaríamos tentados a aproximar o funcionamento desses sujeitos ao de um computador, a saber: ambos utilizam uma lógica puramente binária. Para o computador, é zero ou um; para o "inordenável", é agora ou nunca, tudo ou nada, ele ou o outro. Existem marcos históricos capazes de justificar nossos pontos de referência clínicos? Adiantaremos o fato de que o "inordenável" conheceu uma viciação precoce do vínculo com o Outro.

Podem ser adiantados os seguintes elementos :

* *A carência*: com o futuro " inordenável", alguma coisa foi tragicamente perdida no momento do encontro inaugural com o Outro. Seja porque a mãe, deprimida no momento do nascimento da criança, tenha sido um fardo morto que veiculava mensagens contrárias à vida, seja porque o abandono ocasionou o entrave das capacidades de elaboração psíquica.

* *O pacto incestuoso*: a arrogância e a plena certeza de que tudo lhes é de direito são comuns a esses sujeitos, como se estivessem certos de que a lei não lhes diz respeito e de que terão sempre a tranqüilidade de subordinar o princípio de realidade ao princípio do prazer. Para eles, a proibição do incesto e do assassinato permanecem letra morta; a transgressão, antes de tudo, constitui a representação arquetípica do prazer. O pacto incestuoso funcionará ainda melhor quando o pai não pôde desempenhar sua função simbólica: há derrota da metáfora paterna.

* *O encontro com a violência assassina*: em sua primeira infância, o ambiente que cercava o psicopata o submeteu a relações onde o assassinato fazia parte do possível e não do proibido. "O que acontece com os efeitos sobre o originário da violência, dilacerando o meio ambiente psíquico?", pergunta-se Piera Aulagnier (1985). Os contatos precoces com um ódio potencialmente assassino conferem o privilégio de exercitar a agressividade até a morte do outro ou a sua própria. Assim, o comportamento de agressor sexual de Gabriel é compreendido no contexto global dos modos de agir psicopáticos.

Daniel

A leitura do dossiê de Daniel e a apresentação que dele fazem os agentes sociais, que o acompanharam por muitos anos, permitem prognosticar um quadro clínico de psicopatia tão nítido quanto o de Gabriel.

Daniel sempre sobressaiu como criança difícil. Pouco depois do nascimento do filho, quando largou um companheiro violento, a mãe viu-se sozinha e sobrecarregada, e em geral confiava o bebê à avó. Daniel partilhou, assim, da intimidade do leito tanto de uma como de outra e foi, simultaneamente, objeto de adoração e de exasperação das duas mulheres em conflito de longa data, e, em geral, a causa de suas desavenças. Por isso, foi necessário encontrar bem cedo elementos de uma queda catastrófica, e ficamos impressionados com a multiplicidade das curtas internações com amas-de-leite, até o novo casamento da mãe, no seu nono aniversário. Seu ciúme, carregado de periculosidade com a chegada de uma irmãzinha, acarretou-lhe a primeira permanência estável com famílias de acolhimento. A ama-de-leite pôs termo a isso ao cabo de alguns anos, por "causa de certos roubos especiais". Esse episódio haveria de se repetir em sua internação seguinte. Uma anamnese mais bem conduzida revelou que Daniel roubava *lingerie* feminina. Esse sintoma, qualificado pelo juiz como "conseqüência de uma carência afetiva materna", ocasionou seu retorno ao lar com a idade de quinze anos.

Patinho feio, Daniel não soube encontrar seu lugar, nem entre os seus nem na classe, e foi reprovado na SES (seção de educação especializada da Educação Nacional). Essa situação durou alguns meses, até que veio o drama: a agressão perpetrada em sua cidade, numa menina que tinha a mesma idade que sua irmã, cinco anos. Depois de uma noite na casa de detenção, Daniel foi encarcerado sob acusação de flagrante delito de tentativa de estupro e assassinato. O inquérito estabeleceu que Daniel arrastara a menina, que brincava com areia, para o local da lixeira. Incapaz de penetrá-la, ele introduzira fósforos em seu sexo e ânus, ao mesmo tempo em que fazia movimentos de estrangulamento para fazê-la calar-se. A perícia, efetuada na detenção, concluía: "adolescente de personalidade profundamente perturbada, notadamente no que se refere a seus imagos parentais; seria necessário fazer uma psicoterapia e encontrar um lugar de reclusão para evitar a reincidência". De fato, na falta de um espaço para reclusão, Daniel saiu da detenção um ano mais tarde e instaurou um ciclo infernal de roubos violentos e agressões contra mulheres. Na maioria das vezes, tratava-se somente de atentados ao pudor, até que uma nova tentativa de estupro e assassinato, cometida à véspera de um julgamento, contra uma mulher adulta que ele encurralara no elevador, o levou de volta à prisão.

A delinqüência sexual não deixa dúvida alguma, a delinqüência pura e simples também não. E mesmo se seus educadores o julgaram atraente, Daniel é antes descrito como um personagem "ineducável, irremediável e não sujeito a intimidação" ou como uma personalidade anti-social.

Ora, a cada um de nossos encontros, fiquei de início impressionada pela estranheza de seu contato, tanto na postura quanto no olhar. Sua perplexidade diante de questões simples é idêntica quando são abordados seus comportamentos delituosos, o contexto particular no qual surgem "impulsos" que o submergem totalmente, seus sentimentos ambivalentes para com a mãe e a impressão constante de ser teleguiado por seu juiz... e tudo num contexto de discordância. A impressão que permaneceu dessas entrevistas era a de uma falha psicótica, que Daniel tentava desesperadamente ocultar, notadamente no modo de agir.

Entretanto, as ocorrências significativas da história de Daniel têm muitos pontos em comum com a de Gabriel : carência e superestimulação edipiana estão presentes (embora em graus diversos), e a derrota da metáfora paterna é evidente. Detectamos em Gabriel um pacto incestuoso manifesto, muito mais crítico em Daniel.

Em função da sintomatologia, adiantarei que Daniel entra na categoria dos *borderline*, no sentido que os norte-americanos conferem a esse termo. De fato, eles individualizam uma categoria nosográfica no limite da psicopatia e da psicose, o que parece pertinente, tanto no plano sintomático quanto no da constituição do sujeito e da interpretação psicanalítica. O estudo dos autores anglosaxões e, especialmente, os conceitos — adiantados por M. Klein — de fases esquizoparanóides e de identificação projetiva, cuja natureza fortalece essa hipótese, levam-nos de volta ao enigma que esse tipo de patologia representa para o clínico, obrigando-nos a lembrar que na etiopatogenia as condições requeridas jamais são suficientes.

Os agressores sexuais adolescentes são tão diferentes dos adultos que cometem delitos sexuais? Correndo o risco de causar escândalo, podemos aproximá-los das crianças vítimas de violências perversas? O estuprador e o estuprado partilhariam as mesmas problemáticas psicológicas, como querem certos "vitimólogos" contemporâneos? Sem subscrever essa tese, que assimila exageradamente a vítima ao agressor, o analista, cuja função sobretudo não é a de legislar, tem a obrigação de se interrogar sobre a história das crianças e adolescentes que violentam adultos ou menores de idade.

Numa obra recente, Scherrer (1990) lembra certo número de ocorrências significativas presentes, segundo ele, na biografia dos adultos que cometeram delitos sexuais:

- suas mães teriam desempenhado, na realidade, o papel de pai primitivo;
- esses sujeitos, em geral, apresentavam incapacidade de levar relações objetais satisfatórias com o sexo oposto, o que se traduzia por uma problemática de impotência e a atuação de uma relação de força "primitiva" com a mulher.

Por fim, em um considerável número de delitos, aparentemente incompreensíveis, uma pulsão vingativa estaria subentendida. O adulto agressor sexual poria em atos um desejo de vingança recalcado em relação a um irmão, uma irmã ou um colega de jogo que esteve na origem de uma punição ou de uma frustração insuportável.

A clínica confirma essas relações teóricas clássicas. Nossas reflexões metapsicológicas podem esclarecer a gênese das "organizações de expressão psicopática" (H. Flavigny, 1988). A história de Bertrand ilustrará o que hoje surge como as condições necessárias para a eclosão de uma patologia sexual violenta nas crianças e adolescentes.

Bertrand

Bertrand é um adolescente de quinze anos. Foi-nos encaminhado por um terapeuta de um centro de orientação, que lhe prestou acompanhamento até que "a relação, no decorrer das sessões, se tornasse excessivamente sadomasoquista"; isso ocasionou a interrupção da psicoterapia iniciada após uma estada do rapaz num internato da região parisiense. Diga-se de passagem, essa terapeuta teria aconselhado Bertrand a falar de seus problemas de homossexualidade.

O rapaz apresenta hipermaturidade física associada a uma obesidade impressionante. O relato resumido, feito por ocasião de sua estada no internato educativo, permite precisar seu comportamento e sua história familiar. Ele já havia sido hospitalizado em conseqüência de uma tentativa de suicídio por absorção de medicamentos.

Bertrand tinha nove anos e cinco meses à época de sua admissão. Seu comportamento então era descrito como turbulento, tanto no ambiente familiar quanto no escolar, com acessos de raiva, contestação e condutas impulsivas. O caráter invasivo e difuso de suas angústias deixa entrever o diagnóstico de pré-psicose, e uma psicoterapia é aconselhada. O comportamento de Bertrand continua realmente difícil, com exagerada demanda afetiva insatisfeita e manifestações de oposição muito tensa e conflituosa. O pai promove desavenças violentas e freqüentes com a mãe. Além disso, Bertrand está em conflito com o irmão mais velho, de dezessete anos, que interrompe os estudos às escondidas, provocando uma reação violenta do pai e tentativas de suicídio "em cadeia", uma da mãe e a seguir outra do irmão.

O recurso ao suicídio é, portanto, um modo de reação habitual nessa família. O próprio Bertrand teria ameaçado, pela primeira vez, atirar-se da janela da escola. Ele é o mais novo de quatro filhos: duas moças de 23 e 22 anos, que recentemente saíram de casa, e um rapaz de dezessete anos. Bertrand é uma criança que foi desejada; estaria muito apegado à mãe que, desde o princípio, estabeleceu com ele uma relação afetiva muito intensa. Depois de amamentá-lo, ela o conservava junto ao ventre e, em seguida, punha-o para dormir a seu lado. Em vão, o pai procurava romper esse hábito. Mas Bertrand se queixava de medo do escuro e, para dormir, reclamava uma luz ou a presença de alguém.

Quando Bertrand fez três anos, a mãe retomou seu trabalho de costureira fora de casa. O menino então começou a se tornar muito difícil. Bertrand é corpulento, e seu contato é imediato, sem reticências. Fica-se imediatamente impressionado por sua desenvoltura verbal e seu discurso que visa, ao mesmo tempo, seduzir e convencer. Não se tem diante de si um menino de nove anos, mas sim um grande adolescente com perfeito autodomínio. Ele fala sem hesitar de seus medos e pesadelos com vampiros de dentes ensangüentados.

Rapidamente, Bertrand se adapta ao estabelecimento. No grupo, de imediato, ocupa uma posição de destaque e se faz temer por sua violência com os alunos mais novos. Na classe, é sedutor e cordato com o professor, e manipula a palavra e o humor.

Em uma entrevista individual, faz narrações onde exprime fantasmas canibalísticos aterradores. Podemos assinalar pequenas transgressões e certas agressões um pouco perversas contra as outras crianças . É no contexto do fracasso da procura de uma noivinha que ele se fere gravemente na perna, precisando de numerosos pontos de sutura. Bertrand torna-se mais difícil, exercendo agora o papel de pequeno líder dos demais, aos quais dá ordens e instruções. O comportamento na classe chega à violência. Posteriormente, teremos conhecimento de pequenos roubos, dos quais a mãe, de certa forma, é cúmplice, pois aceita os objetos que Bertrand lhe oferece sem nada dizer.

O que mobiliza os adultos sobremaneira, durante sua estada, é seu desejo, sua necessidade de transgredir. Realmente, Bertrand sempre coloca o adulto na posição de cúmplice de suas transgressões, repetindo assim sua relação com a mãe e contra o pai.

São necessários muitos meses de terapia para que Bertrand nos confesse as práticas delituosas que preenchem suas noites. Ele "paquera" crianças, leva-as para um quarto de hotel e as sodomiza, ameaçando-as com um canivete. Às vezes, aperta-lhes o pescoço com um chicote de couro e as obriga a praticar uma felação. Vários meses suplementares de tratamento foram necessários para esclarecer o trauma infantil que, na nossa opinião, está na origem de suas maquinações perversas da adolescência. Um educador da instituição onde esteve internado o estuprara, quando ele tinha dez anos de idade. Assim, dava razão a Ferenczi (1933), para quem a sexualidade da criança de quem se abusou "toma formas perversas". Bertrand corresponde, ponto a ponto, a essa criança descrita no artigo "Confusion de langues" ["Confusão de línguas"]:

- ele viveu uma "progressão traumática. Pensamos nos frutos rapidamente amadurecidos e saborosos quando o bico de um pássaro os danificou";
- identificando-se com o agressor, ele repete ativamente o *trauma* de que foi vítima.

Os estupros perpetrados em crianças podem, assim, ser entendidos como tentativas de ab-reação e de domínio do trauma sexual infantil.

Para concluir, parece-nos, no atual estágio de nossa reflexão, que qualquer que seja o tipo de estrutura mental detectável na criança e no adolescente agressor sexual (psicopatia, *borderline* ou perversão), duas ocorrências desempenham um papel determinante no estabelecimento de tais medidas transgressoras: a existência de uma sedução incestuosa atestada por uma relação particularmente erotizada e sexualizada com os pais do outro sexo; a cumplicidade incestuosa que, de algum modo, prepara o terreno para a perversão futura e, em grande número de casos, a presença de um trauma sexual real sofrido durante a infância, que desempenharia posteriormente o papel de elemento desencadeador.

II

PSICOPATOLOGIA
DOS AUTORES DE DELITOS SEXUAIS
CONTRA CRIANÇAS

CLAUDE BALIER

Evidentemente, não é a mesma organização psicológica que pode esclarecer atos tão variados quanto a sedução incestuosa, a pedofilia, o voyeurismo ou o exibicionismo cometidos contra crianças, além dos estupros de crianças púberes ou muito jovens, às vezes seguidos de assassinato. Entretanto, em vez de nos lançar a uma classificação que identifique categorias particulares, procuraremos a unidade dos movimentos internos no desenvolvimento do psiquismo, que possa explicar tais crimes. Dentre esses, alguns parecem quase compreensíveis numa abordagem psicológica superficial, como é o caso da sedução de uma jovem púbere pelo padrasto, por exemplo; outros são completamente obscuros, como o caso do vizinho, pai de família, conhecido por sua seriedade e gentileza para com todos que o cercam, que, numa noite, imobiliza um menino ingênuo para sodomizá-lo e matá-lo. Então, é claro que se falará de perversão, mas isso não avançará nossa reflexão se entendermos por perversão um desvio de instinto; falaremos, pois, de psicopatia, sempre tendo em mente uma pequena melodia que se reporta à constituição quando se fere esse diagnóstico para explicar o inexplicável. Assim o fazem os autores americanos, representados por O. Kernberg (1989), ainda que tenham emprestado uma coerência à patologia em questão, patologia da personalidade no registro do narcisismo, marcada por defesas de tipo primário, que teremos ocasião de retomar.

Se não há nada a compreender, exceto uma predisposição constitucional, então devemos buscar um meio de realizar uma castração, ao menos química. É o que se pratica em certos países (pouco na França, por serem os resultados tão aleatórios) sem haver a possibilidade de avaliar corretamente a parte psicológica de alguns sucessos obtidos.

Mas, de modo mais geral, intervém somente a sanção, com a ingênua esperança de que servirá de lição e impedirá uma reincidência. Não é este o caso. E como poderia sê-lo, uma vez que, aqui, a sanção dirige-se a pessoas que, precisamente, têm perturbações graves ao nível da instância moral, o superego, e cujas motivações estão profundamente dissimuladas no inconsciente? Os homens de quem tratamos, com freqüência, nos escrevem uma carta antes de virem para a consulta: "Cumpri uma pena de cinco anos, ou dez, e isso foi terrível. Entretanto, três meses após minha saída, reincidi no crime, mesmo não querendo. Eu gostaria de entender isso".

O encarceramento, por si só, de nada serve. Mas é necessário. Em termos de resultados concretos, está fora de questão e é ilusório querer substituir o exercício da lei por uma intervenção médica. Se faltou a interiorização do superego, é realmente necessário existir um quadro externo que o represente. Conseqüentemente, um tratamento só pode ser feito na prisão.

Nesse ponto, devemos ser claros: a patologia em questão é tal que, se visássemos uma mudança na personalidade, ela não poderia ser trabalhada efetivamente nem pelo tratamento psiquiátrico clássico — comportasse ele uma abordagem psicoterápica dita de apoio — nem pela psicoterapia analítica praticada por um único analista que viesse visitar seu "cliente" na prisão. É preciso que haja no local, pelo menos no período diurno, uma equipe psiquiátrica que possa utilizar modos variados de abordagem dos cuidados numa unidade especializada, unidade esta cuja coerência seja assegurada situando-se em uma perspectiva psicodinâmica que repouse na apreciação do funcionamento metapsicológico do paciente. E é disso que é preciso falar agora.

O ato mais incompreensível, mais aterrador, é o estupro perpetrado contra crianças pequenas, meninas ou meninos, eventualmente seguido de assassinato. No plano estritamente psicológico, este nada acrescenta ao ato sexual. Aliás, não se trata de sexualidade propriamente dita; não estamos no genital, mas no fálico. É um ato perverso, no sentido de "perversidade de caráter", isto é, negação da existência do outro e utilização desse outro para fins puramente pessoais. Ou, como J. Mynard define com muita precisão, trata-se de uma recusa de conceder uma existência ao outro, imprimindo nele uma "intenção assassina". O assassinato está inscrito no ato do estupro, o investimento fálico reforçado pelo deslocamento do poder absoluto anal. Mais uma vez, não é um ato sexual propriamente dito; aliás, não é raro que não haja orgasmo nos casos de estupro.

115

A onipotência diante da angústia de aniquilamento; assim formulei a dinâmica do estupro. Ou, para retomar um belo termo de L. Cassiers, empregado para outro contexto: onipotência diante de um "perigo de inexistência psíquica".

Aqui, situamo-nos em um nível muito arcaico da organização psíquica, provavelmente no instante das primeiras relações de objeto, que contudo é compatível com outros modos de organização evoluídos graças a uma clivagem do ego. Isso faz com que o monstro que semeia o terror e é procurado pela polícia seja, de fato, um vizinho gentil que todo mundo conhece. Portanto, não se trata da psicopatia da descrição clássica com atuações repetidas e ruidosas, mas de formas de organização psíquica nas quais o ato explode periodicamente, para resolver uma angústia habitualmente contida pela clivagem.

O que está em questão, no cerne dessa angústia, é o ressurgimento de um estado já vivido de impotência total, que faz nascer, num movimento de identificação primária, a visão da criança numa determinada situação. Para não ficar reduzido a reviver esse ato de impotência, de inexistência, é preciso urgentemente se afirmar no poder absoluto, reduzindo o outro ao estado de coisa. Isso, evidentemente, exige a supressão de qualquer empatia e torna explicável a atrocidade.

Tudo isso é vivido num estado particular, próximo do estado de sonho. Aliás, quando a cena é relatada depois, comporta lapsos de memória. Tudo se passa como se o sujeito tivesse agido no lugar de outro, em relação ao que habitualmente ele é. Certos autores, a propósito de casos semelhantes, abordaram a identificação com o agressor, fazendo referência a Anna Freud ou a S. Ferenczi. Está correto. Mas parece que o mecanismo invocado por estes dois últimos já se mostra mais complexo do que o mecanismo que tem lugar aqui e que é da ordem da identificação primária num estágio em que mal se pode falar de ego.

Qual agressor? O pai, é claro, mas não se deveria chegar a uma exagerada simplificação dos fatos. Se, entre os sujeitos de que falamos aqui, existe uma proporção notável que sofreu por parte dos pais aquilo que eles próprios fazem com seus filhos ou outras pessoas, nem sempre a forma que estas atitudes assumem é forçosamente igual.

Em sua investigação, Liliane Deltaglia nota que, de seis sujeitos que sofreram uma agressão sexual na infância, cinco se tornaram pedófilos. Mas ela nota igualmente que "muitos sujeitos são incapazes de se lembrar do que lhes aconteceu na infância". É claro que há uma parte de denegação própria à clivagem; por outro lado, o ato não foi trabalhado psiquicamente sob forma de representações; dele restam figurações que permanecem no estado inconsciente. Reencontramos aqui o campo da pobreza fantasmática do psicopata.

Muitos estudos tiveram por objeto o comportamento dos pais de sujeitos violentos, agressores sexuais. Trata-se sempre da violência do pai; entretanto, essa não é uma regra absoluta.

A bem da verdade, o comportamento dos pais e suas relações entre si intervêm tardiamente, dando impulso a experiências precoces. Ocorre o mesmo com os traumas sexuais, estupros sofridos na infância ou na adolescência por meninas ou meninos, efetivamente de uma freqüência surpreendente.

É em termos de imagos que devemos falar; e especialmente da preeminência da imago materna fálica, toda poderosa e sexualmente ambivalente, enquanto que o pai é uma espécie de seu prolongamento. É um laço de excitação, do qual dá conta o fantasma originário da cena primitiva em toda sua violência: os pais combinados para M. Klein. A cena, unida à impossível perda do objeto que não pode ser elaborada, não dá lugar à existência autônoma da criança. As experiências de morte que encontramos nos antecedentes desses sujeitos apóiam-se nessa constelação. Trata-se da visão real do pai ou da mãe mortos, ou de um terror no momento de um estupro sofrido ou de outras violências.

Defesas de caráter primário devem organizar a sobrevivência: prioritariamente, desocupar as representações e se refugiar no econômico, a excitação. Assim se realizam a onipotência e o laço com a imago arcaica, afastando o espectro da perda.

Clinicamente, isso se apresenta como uma capacidade singular da mãe de transmitir ao filho uma excitação que não dá lugar à imagem. P. C. Racamier (1987) fala de "engrenamento" para descrever essa situação e de "fantasma sem fantasma". O papel do pai, seja ele violento, seja apagado, é denegado. É a "comunidade da denegação" de M. Fain. Assim, realiza-se um laço incestuoso que não permite o desenvolvimento de representações.

Mas o que devemos discernir bem, para nos situar numa perspectiva terapêutica, é que o paciente encontra benefício em entreter essa excitação, pelo menos na zona arcaica, clivada, do seu psiquismo. Aproveitando esse "apetite de excitação", que para I. e R. Barande (1983) representa o estado de perversão natural, ele se protege do confronto com o movimento dramático da separação com o objeto. E como este não pode ser evitado, o último recurso contra a catástrofe é realizado pela ação, ação de domínio e de posse total. Assim, o paciente tem a impressão de que esse ato veio de outro lugar e que não lhe pertence verdadeiramente.

Poderíamos fazer intervir aqui o conceito de violência fundamental de J. Bergeret (1984). A experiência de morte, de que falávamos pouco antes, poderia se reportar a ele, à medida que a primeira relação narcísica da mãe e da criança é marcada pelo desejo de morte do outro. A violenta ambivalência dos afetos de nossos pacientes para com suas mães seria um traço disso. Em que medida certos atos são induzidos pelos fantasmas inconscientes da mãe, por esse estado de transmissão direta da excitação a que nos referimos? Isso fica muito claro no caso de certos parricidas.

A afirmação de que não há qualquer trabalho psíquico possível com esses indivíduos, tão pobres em vida fantasmática, depende de uma posição contratransferencial. Por essa razão, muitos autores invocam um fator constitucional que dê conta de uma agressividade particular, primária.

Diante desses sujeitos colocados numa situação em que o recurso da ação não é mais possível (que seja a prisão), colocados em um ambiente humano, com a equipe terapêutica sendo capaz de pensar e de perceber seu drama, pois bem, diante desses pacientes vemos que surgem angústias, pesadelos, sonhos angustiantes, fobias, movimentos depressivos.

Por intermédio das cenas de pesadelos, pobres e repetitivas, com temas de monstros e assassinatos, nos são dadas as primeiras figurações da imago materna arcaica. O sonho angustiante, no qual a cena do pesadelo perpetua-se ativamente, apesar do despertar, numa espécie de estado de despersonalização, situa bem o lugar psíquico muito primário onde tudo isso se passa. Quanto às fobias, evidentemente de natureza pré-genital (medo do escuro, claustrofobia etc.), revelam um efeito de fascinação horrorizada, a meu ver, herdeira do apetite de excitação.

Isso equivale a dizer que temos aqui os primeiros elementos de um trabalho de elaboração possível. Se pensarmos que esses elementos primários — perigo de inexistência, angústia de morte, angústia de ser esmagado, visão do monstro, estado de excitação — podem ser articulados com o fantasma inconsciente, masoquista e inaceitável: "Meu pai me espanca", que, conforme mostrou Freud, é mais aceitável sob a forma "Uma criança é espancada", e se pensarmos que tudo isso está contido na relação homossexual passiva mantida com o terapeuta, assim se encontra resumida a orientação terapêutica.

À violência direta, predatória, opõe-se aquela realizada por sedução, que encontramos tipicamente nos casos de incesto com crianças pré-púberes e púberes ou nos casos de pedofilia com a implicação de crianças mais novas. Certamente, continuamos no quadro da patologia narcísica, que responde mais diretamente à descrição dos estados-limites (J. Bergeret, 1975) ou das personalidades-limites *borderlines* e narcísicas. (O. Kernberg, 1989). Aqui o material é mais rico, pois há fantasmas e representações, mas nem por isso é mais fácil utilizá-lo, pois a personalidade é mais delicada. O modo de relação repousa, de fato, na *identificação projetiva*, na qual o que pertence a si e ao outro é muito incerto. Daí a reflexão de muitos pais incestuosos: "Foi ela quem quis", ao falar das filhas.

Aqui, o objeto foi parcialmente internalizado para constituir um "si-objeto", segundo a terminologia kohutiana, com o qual o paciente mantém relações conflitivas. Os mecanismos de defesa são sempre de caráter primário, bem definidos por O. Kernberg: clivagem do objeto, denegação, idealização, identificação projetiva, busca de poder absoluto. Mas a violência não é tão imperativamente necessária, senão no psicopata, ainda que ela possa surgir a qualquer momento se as defesas são ultrapassadas. A tomada de poder sobre o objeto é assegurada pela *identificação projetiva*, colocando no outro, que não se reconhece mais ali, partes de si. Assim funciona a sedução. O efeito é terrivelmente destruidor para a criança, que perde assim a pára-excitação ao abrigo da qual os fantasmas se manifestam naturalmente.

O exercício da lei é mais do que nunca necessário, pois não existe lei interna. De fato, no desenvolvimento desses pacientes, encontramos dificuldades de identificação com um modelo adulto de comportamento sexual que integre as correntes ternas e agressivas, responsáveis por uma patologia do superego (E. Jacobson, 1975).

Assim, o acesso a uma relação autêntica ao longo de uma psicoterapia é difícil. Somente uma parte do paciente coloca-se em situação de aliança terapêutica. A outra não pode abandonar a idéia de que as práticas com crianças (pedófilos) ou com os próprios filhos (pais incestuosos) são boas para ele. O paciente confunde ternura e sexualidade, como demonstrou S. Ferenczi.

A concretização do ato é decepcionante em relação ao afeto do qual o fantasma era portador. Porque se tratava, sem que o sujeito o soubesse, do restabelecimento de uma relação privilegiada com a mãe. A angústia situa-se muito mais no nível da ameaça de perda do que do aspecto aterrador da imago arcaica. Um pai incestuoso quer guardar a filha para si; em geral, isso se dá com certa cumplicidade, consciente ou inconsciente, de sua mulher.

A evolução das idéias, no que se refere o uso da lei, é feliz. Cada vez menos, educadores, médicos e juízes se protegem por trás do medo de desorganizar completamente uma família para não admitir o incesto.Tomadas de consciência coletivas, a ação de movimentos como SOS-incesto têm algo a ver com isso.

Os terapeutas não podem se situar fora da ordem social sem correr o risco de perpetuar o fenômeno patológico da clivagem. Isso não quer dizer que, em algum lugar, para uma melhoria das condições de encarceramento, eles não busquem outras formas de pena e, sobretudo, um lembrete da finalidade da pena: a inserção social. No que lhes diz respeito, têm de definir a teoria de suas práticas terapêuticas e confeccionar ferramentas de avaliação.

5

AS MEDIDAS ADOTADAS

I

A PERÍCIA PSICOLÓGICA
DAS CRIANÇAS
VÍTIMAS DE ABUSOS SEXUAIS

JEAN-LUC VIAUX

A perícia psicológica de crianças vítimas de abuso sexual coloca em jogo algo que é diferente para o juiz que a ordena, para a criança vítima e para os adultos que as cercam.

• O juiz, que abre um dossiê visando a um julgamento, tem necessidade de fatos (a realidade da vitimação, assim como suas conseqüências, são fatos) e da compreensão destes.

• Os adultos, família ou instituição educativa, têm como preocupação a reparação, em geral pelo silêncio, dos próprios fatos; esperam a confirmação de que a criança "vai bem", "esqueceu" ou "esquecerá" etc., e que eles próprios fizeram o melhor possível. A chegada da perícia, vários meses (às vezes, um ou dois anos) após a revelação, é percebida como uma investigação que ultrapassa o silêncio vigente (na maioria das vezes) e, portanto, como um despertar do sofrimento e até como um possível questionamento de suas ações junto à criança.

• A criança vítima, a exemplo dos adultos que a cercam, tem necessidade de respeitar o que é estabelecido e de se proteger contra seu sofrimento.

Mas, ao mesmo tempo, também tem necessidade de compreender aquilo que está relacionado aos fatos (o processo judicial, sua relação com o agressor) e a si própria; e, como toda vítima, ela necessita — sem que necessariamente se dê conta disso — de reparação.

A perícia não é uma ação de ordem terapêutica: é breve, circunscrita a questões que serão debatidas em processo (credibilidade, conseqüência da vitimação, prognóstico) e inserida em um momento judiciário. Não há uma solicitação própria da família ou da criança (mesmo se é seu advogado que, para defender seus interesses, deseja uma perícia). A oportunidade momentânea da perícia não está ligada às pessoas mas aos autos judiciais[1] (pode ocorrer que essa oportunidade só surja alguns meses antes do julgamento, porque se havia *esquecido* as vítimas).

O perito não pode se contentar em fazer um "balanço" psicológico clássico, como se estivesse em um quadro institucional de objetivo pedagógico ou terapêutico, a fim de orientar uma criança ou de participar de um diagnóstico. Indo além do exame psicológico da criança ou, mais exatamente, para alcançar uma eficiência satisfatória no exame psicológico, é preciso uma metodologia específica de abordagem da criança, levando-se em conta, por um lado, o que está em jogo para cada um dos envolvidos, e, por outro, duas questões essenciais:

• o tempo e a reiteração dos relatos do abuso pela mesma criança;
• as reticências da família ou da instituição na qual a criança vive.

Pelo espaço que ocupa no processo judicial, o perito que examina a vítima de um ponto de vista psicológico não está engajado na constatação dos fatos nem no processo de responsabilidade. Contudo (freqüentemente) pedem-lhe que diga se a criança vítima "tem tendência para a fabulação"[2] ou, ainda, "se algumas de suas declarações devem ser ouvidas com prudência" etc. Além de a mentira não ser privilégio nem das vítimas nem da infância, não existe nenhum detector infalível para ela e, além disso, não cabe ao perito fazer a instrução do processo. No caso específico do abuso sexual, pensamos que a discussão dos elementos indispensáveis à perícia, tal como a propomos a seguir, pelo menos mostra, parcialmente, a inutilidade dessa questão: a credibilidade das declarações da vítima faz-se em função de um contexto, tanto quanto do dossiê da personalidade.

Nadia, adolescente de treze anos, dos sete aos onze-doze anos de idade foi submetida a toques sexuais pelo pai. Nós lhe perguntamos por que dissera ao juiz que seu pai o fizera "vinte vezes". Ela responde: "Jamais disse isso, o juiz insis-

---

1. Note-se que jamais nos aconteceu de proceder ao exame de uma vítima cujo agressor fosse desconhecido: o tempo da perícia apenas segue o tempo da suspeita...
2. Todas as frases entre aspas são extraídas dos dossiês de perícia do autor.

tiu para que eu desse um número, mas não sei mais". Ela escolhera o número proposto pelo juiz, que lhe parecera o mais verdadeiro, sabendo que era falso... o que indica que a credibilidade não surge unicamente da precisão dos fatos, mas da análise do que foi vivido pela criança no seu próprio tempo de vitimação.

A perícia tem por objetivo descrever ("descrever a personalidade de X..."), fazer uma espécie de balanço ("a repercussão que os fatos puderam acarretar no que se refere ao psiquismo de..."), ajudar a compreender ("mencionar todos os dados úteis à compreensão dos fatos"). Se a primeira parte da missão é estritamente da ordem do exame clássico, as outras duas supõem que seja feita uma análise do que se passou desde os fatos ou durante eles (caso se trate de um incesto por vários anos), bem como das relações que a criança teve e ainda tem com aqueles que a cercam, com o agressor etc.

TEMPO E ITERAÇÃO

O tempo durante o qual o abuso, o incesto, aconteceu; o tempo da revelação; o tempo decorrido desde que a palavra da criança constituiu o ato como abusivo ou incestuoso; o tempo do processo: a análise da dimensão temporal permite circunscrever o que se passa na perícia, dar lugar a esse tempo particular de análise, até mesmo validá-lo como um meio para a reparação.

A criança, desde o início do incesto, foi levada a se calar, depois a falar, a contar a um parente, a um amigo, aos policiais, ao agente social, ao juiz... depois a se calar de novo. Os que a cercam também guardaram um silêncio mais ou menos iterativo sobre o que a criança mostrava e ainda mostra.

Logo de início, notemos que há uma diferença importante entre as vítimas de incesto e as vítimas de um agressor exterior à família: no segundo caso, não é raro que a criança seja ouvida somente uma vez por um investigador, na presença dos pais, e que se tenha pressa em fazer silêncio em torno dela para deixá-la viver *como antes*. O perito, seis meses ou um ano depois, chega como aquele que volta a falar daquilo que se quis que a criança esquecesse para fazê-la viver do modo mais normal possível, mas a criança teve pouca oportunidade de refazer seu relato de vitimação. Inversamente, porque o fato incestuoso é mais difícil de ser estabelecido — em termos judiciais —, a reiteração é abundante e a transformação da vida da criança é espetacular (pai preso, internação da criança etc.). Não poderíamos ouvir e compreender o sentido da palavra da criança sobre sua vitimação, no tempo da perícia, sem levar em conta essa diferença.

O tempo do abuso — A dimensão temporal não é a mesma numa criança de cinco anos, de dez ou num adolescente. A questão, portanto, é complexa e supõe, no mínimo, que o perito a exponha e discuta. Tanto mais que, quanto maior for a criança, mais vão lhe pedir que seja precisa nos detalhes, como no caso de Nadia.

A criança que sofreu um ato pulsional isolado não viveu o mesmo tipo de vitimação que aquela que, dia após dia, teve de conviver com o agressor, guardando silêncio: ela sofreu a transgressão e a chantagem afetiva e precisou inventar para si mesma uma nova relação, tanto com o pai quanto com a mãe (que a criança sabe que ela sabe ou não). No incesto prolongado, a criança prossegue seu desenvolvimento no silêncio afetivo e na solidão; e se distúrbios somáticos ou de comportamento se manifestam, estes não revelam necessariamente a vitimação às pessoas próximas, enquanto que a *posteriori*, para o perito eles são sinais de que a criança *falava* sua vitimação. Para avaliar a relação criança-agressor e sua evolução a partir do tempo inicial do abuso, o perito deve tentar esclarecer aquele tempo de vivência.

"Não tenho nada a dizer, não sabia de nada", declarou-nos a mãe cujas quatro filhas foram alvo de tentativas de estupro pelo pai. No entanto, todas as filhas haviam determinado precisamente o momento em que, quatro anos antes, a mais velha ousara falar para proteger as irmãs, ocasionando a partida do pai... por três meses. Ao escamotear esse episódio, a mãe deixava claro tanto o que se dispunha a fazer quanto o que fizera na época: conservar o marido e, portanto, minimizar os distúrbios das filhas, esquecer as palavras ditas. Assim, o pai pudera fomentar a suspeita e pedir uma perícia "de credibilidade". Os traços do passado (as jovens tinham de oito a catorze anos no momento dos fatos) haviam, contudo, deixado marcas que essa mãe não achava significativas: a revelação só ocorreu quando a filha mais velha atingiu a maioridade, quatro anos depois do início dos fatos. E, no ano seguinte, uma irmã empreendeu fugas; a outra, grávida aos dezesseis anos, conseguiu se casar e partir; a terceira não fez mais que viver como adepta de uma seita.

Quando os pais sabem que um amigo ou um membro da família abusa da criança ou quando a mãe sabe que o pai é incestuoso, nem sempre eles podem falar: "Sei disso há um ano, calei-me por medo de que isso prejudicasse minha filha". (A menininha tem nove anos, o agressor é o pai do ex-marido.) A criança leva um tempo relativamente longo para compreender que deve falar fora da família, a fim de que a revelação seja feita; e, durante esse tempo, ela partilha (até mesmo usa como apoio) a ambivalência do adulto que sabe.

A nosso ver, é muito destrutivo questionar, com o intuito de que a revelação seja feita, essa solidariedade entre a criança e o adulto-que-sabe:[3] esse tempo de silêncio durante o abuso é necessário a cada um, para chegar ao tempo de ruptura. A perícia tem obrigação de fornecer hipóteses para esclarecer esse tempo necessário.

---

3. A dificuldade do trabalho social reside nisso: obrigado pela lei a revelar um abuso, o agente social deve compreender sem demora se o abuso que ele supõe existir chegou ao tempo de revelação *na* família ou se, pelo contrário, a família espera (mesmo na recusa e no medo) que o que ela mostra *seja* revelado. É impossível fazer essa análise estando sozinho em campo: sem dispositivo clínico e sem formação muito específica, a dificuldade persistirá.

O tempo da revelação que faz parte da história familiar e da história da própria criança é também o *tempo da iteração*: há um momento em que a palavra é possível (o que não significa que ela seja acessível àqueles a quem é dirigida).

O tempo da revelação é um tempo de ruptura — no caso de incesto prolongado, assim como na violência do ato pulsional (que pode ser ocultado pela criança durante muito tempo; sabemos, por intermédio de terapias de adultos, que algumas crianças jamais falarão). A perícia deve ajudar a compreender o que permitiu essa ruptura, uma vez que os fatos já duravam desde um determinado tempo: ruptura anterior do casal, gesto incestuoso dirigido a um irmão menor que atinge a idade onde "isso" começou, compreensão do significado sexual do gesto e descoberta da proibição, medo do (da) adolescente no momento de viver o desejo sexual com um parceiro da mesma idade etc. Em cada vítima, a ruptura é um momento particular de elaboração que vai ressoar nas conseqüências imediatas e mais a longo prazo de sua vitimação.

O tempo se acelera a partir da palavra ouvida: muito rapidamente, a criança é obrigada a organizar sua palavra diante das perguntas dos adultos (agente social, investigadores, médicos de emergência ou legista, juiz de instrução) e, sobretudo, diante dos pais. Nessa iteração do relato de sua vitimação, a criança aprende com os adultos que a interrogam as palavras para dizer essa vitimação. A criança internada — porque é considerada sob o risco no seio da família, já que o agressor é membro dela —, além disso, será levada a compor para a equipe educadora (ou para a família de acolhimento e outras crianças) uma forma de se apresentar em relação aos fatos que motivaram sua presença ali.

Na perícia, deve-se trabalhar esse tempo da revelação, tentar compreender em que condição esta se deu, se a criança fez um relato espontâneo (e a quem) ou se respondeu a perguntas. Esse questionamento não tem por objetivo a credibilidade, mas sim o remanejamento. A partir de uma apreciação do momento e do contexto da revelação (pelo próprio sujeito ou pela "descoberta" de alguém), bem como da evolução do relato do abuso sexual, aparecem mais claramente os mecanismos em jogo na fase posterior (entre a revelação e a perícia) e o modo de evolução da criança em relação à vivência do ato.

Desse período particular, é útil reencontrar o desenvolvimento para apreender de que forma o silêncio se restabeleceu, depois de todas essas palavras[4] sobre o abuso, em nome do que, para proteger o que, para organizar que defesa. Já não é o mesmo silêncio anterior à revelação, ainda que do ponto de vista do investigador ou do jurado ele possa parecer idêntico. Antes da revelação a criança já partilhava o silêncio diante do agressor, seja com outras crianças vítimas, seja com um adulto (que, explicitamente ou não, protegia a unidade

---

4. Só nos resta deplorar a ausência de gravações sistemáticas dos propósitos da criança no momento da investigação, em razão da não-validade destas na justiça; ali perdemos a linguagem própria da criança e as perguntas que lhe são feitas pelo adulto: não existem perguntas não-indutoras.

familiar); depois, a criança e o adulto empregam o silêncio perante a lei, cada qual sabendo que o que eles calam é, contudo, sabido; é um silêncio infiltrado da culpa da revelação. A perícia tem como objetivo mostrar a diferença: a evolução da criança entre esses dois tempos de silêncio, a origem de um e o mecanismo do outro. A análise do conjunto das reiterações da criança quanto ao abuso, em função de sua personalidade e das relações interpessoais familiares ou educativas, mostra o sentido da palavra atual da criança sobre sua vitimação.

O tempo da perícia prolonga esse tempo da revelação, no sentido de que a perícia pode revelar também o que não é visível nas reações da criança e da família.

Ele é percebido como uma tentativa de reabrir o que aparentemente voltou a fechar-se com o assentimento dos adultos ("Não é muito grave, pois Judith não ficou grávida", diz um pai cuja filha de doze anos foi violentada reiteradas vezes pelo vizinho). A criança só consentirá em expor simultaneamente seu sofrimento presente e passado se os adultos de quem ela depende a autorizarem a isso (o que, em grande parte, está ligado à *autorização de revelar*, analisada no tempo precedente).

Um dos meios para fazer a criança aceder novamente a uma palavra sobre sua vitimação, sobre o decorrer, não dos atos, mas das relações com seu agressor, é ter avaliado, antes de encontrar a criança, as diferentes fases pelas quais ela passou: conforme a situação (o que supõe, portanto, conhecer os adultos em questão[5] e o dossiê da investigação), é mais fácil para a criança evocar seu percurso de criança-objeto-de-interrogação do que a relação passada ou presente com o agressor.

EVASIVAS DA FAMÍLIA E DAS INSTITUIÇÕES

Quando a criança fala de abuso sexual, o adulto reage. Se o abuso ocorre no seio da família, o adulto, mesmo não-agressor, reage como acusado. A maioria das mães cujos filhos são vítimas de incesto paterno não prestam sua queixa ou a retiram no decorrer da instrução criminal. Ocorre o mesmo com grande parte dos pais cujos filhos foram agredidos sexualmente por pessoas estranhas à família. Quando, vários meses após a descoberta do fato, é preciso levar a criança à presença do perito, as evasivas não faltam, e é necessário entender a sua significação.

Contudo, a criança não acusa, ela fala. A criança diz: "Papai foi indelicado comigo", "Um senhor me fez mal". Ela não sabe que seu corpo lhe pertence, não sabe dizer senão que está com dor.

---

5. Incluindo o agressor, quando for possível.

O pai que leva a criança à perícia, em geral, sente-se obrigado a se justificar e a *defender* a criança: não se deve trazer à tona "isso", a criança já "esqueceu", é por isso que ela não deu prosseguimento a uma psicoterapia, embora recomendada e iniciada etc. Quando a criança está em um ambiente educacional, não é raro que se tenham as mesmas reações: "Como já lhes disse, Sandrine foi objeto de numerosas entrevistas e questionários. Não quero absolutamente induzir a perícia, mas simplesmente chamar a tenção para o fato de que a repetição dessas entrevistas tem o efeito de promover o sentimento de culpa em Sandrine". (Carta de um educador em resposta à convocação de uma adolescente que está sob sua responsabilidade.)

A observação mais corrente é que, nesse esquecimento que é buscado, existe a angústia daquilo que a criança pode dizer, ao falar de sua vitimação, e de sua sexualidade; há uma refutação de que a criança tenha sido e ainda seja objeto sexual — no sentido de que, menos que a violência, é o desejo sexual do agressor que é recalcado, além da maturidade sexual da criança. Esta é mandada de volta a seu lugar de criança não-desejável-sexualmente, sem olhar e palavra sobre a sexualidade adulta e, portanto, sobre o parente junto ao qual ela ainda se encontra.

O perito deve, assim, levar em conta a lealdade que a criança vai demonstrar em relação aos adultos com os quais convive.

Essa mãe o diz muito bem (na carta em que denuncia o marido que abusou de sua filha de sete anos): "No que diz respeito à criança, não há mudança no seu comportamento e será preciso que ela esqueça tudo isso".

Esquecer é a palavra-chave da reação defensiva dos adultos mais próximos da criança. Não há perícia aprofundada que não leve em conta essa dimensão, pois a perícia é judicial; ela deve explicar por que, um ano depois, uma criança não tem mais queixa, mais palavra, o que ameaça invalidar seu testemunho, até mesmo limitar a indenização e a reparação que pode ser decidida no processo (e que pode ser muito útil para o tratamento da criança). O silêncio, tendo uma função psicológica tanto para a criança quanto para os que a cercam, não é sinal de que tudo vai bem, de que não há seqüelas nem prognóstico a ser feito. Um dos objetivos da perícia é de evidenciá-lo, avaliando o impacto das reações do adulto sobre a criança.

Por que Melinda, de oito anos de idade, violentada à porta de sua casa e socorrida imediatamente, jamais disse o que o agressor fez, exceto "um senhor me atacou", enquanto que o exame médico imediato (a criança estava coberta de sangue) comprovou a defloração? Sua mãe nos contou (um ano após o ocorrido) que a família imediatamente mudou de bairro e transferiu a menina de escola; e também que ela interrompeu as entrevistas psicológicas de apoio em pouco tempo, porque Melinda lhe perguntou "se ela também tinha um bebê na barriga". A mãe não respondeu. "Compreendi que minha filha sabia mais sobre a sexualidade do que eu imaginava." E a criança, sem nada nos dizer sobre a agressão, confirmaria no exame que, não podendo falar à sua mãe sobre "isso", a sexualidade, não podia falar de forma alguma nem desse estupro que tanto angustiava sua mãe. E, a nosso ver, isso deve ser respeitado mesmo no quadro de uma perícia.

Essa atitude evasiva pode tornar hipotético o prognóstico e imprecisa a avaliação das seqüelas, à medida que a criança, que não pode voltar a falar sobre nenhum dos tempos que precederam a perícia, não se expandirá necessariamente nos testes (mesmo projetivos) para mostrar mais pormenores: a análise da evasiva e do seu contexto é suficiente para mostrar o tipo de apoio que a criança — até mesmo sua família — precisa; para indicar a necessidade de uma reavaliação, uma vez começado um trabalho de reparação.

O momento da perícia não é neutro: fazendo a investigação, em nome da lei, do relato do abuso e da história da criança, ela abre um diálogo com a família e a criança, sobre o processo judiciário e a necessidade de reparação.

Por exemplo, não é psicologicamente absurdo nem contrário aos direitos da criança que uma equipe educacional deseje a retomada do contato entre a criança e o parente incestuoso; não é raro tampouco que a criança deseje esse contato, mas não o exprima senão por meio do exame, ao mesmo tempo em que se defende explicitamente: a criança tem necessidade de assegurar, a despeito de seu desejo, a proteção dos adultos que dela se ocupam, portanto, recusa-se a perturbá-los. Existem conflitos internos e interpessoais que a perícia deve indicar para que essa atitude reticente seja *trabalhada*, a fim de evitar que se decrete que isto ou aquilo é "absolutamente" bom para a criança.

A criança submetida à perícia, por ordem do juiz, é *de fato* reconhecida como sujeito de direito (à reparação), e a perícia vai firmar sua necessidade, contanto que ela lhe dê direito à palavra sobre sua vitimação, em detrimento do silêncio dos adultos. Ligando o direito à defesa dos interesses da criança à sua posição de sujeito (no processo judicial), a perícia permite engajar um trabalho sobre a não-periculosidade para o adulto de uma palavra da criança que faz existir seu lugar de sujeito (psicológico) e ao mesmo tempo seu lugar de sujeito de direito. A criança, por si mesma, sabe aproveitar as oportunidades para tentar esse diálogo; assim, a pergunta de Melinda sobre o "bebê" que ela poderia ter concebido com o estupro era sua maneira de falar disso com a mãe. Incluindo sua fala na do judiciário, quando explicita a palavra de sofrimento da criança e seus conflitos diante das reticências dos adultos, o perito permite — sem confrontação com suas evasivas, o que é tão inútil quanto perigoso — traduzi-los em necessidade de reparação e em medidas concretas para ouvir a criança, das quais ela poderá se apropriar.

128

METODOLOGIA

Não podemos ignorar que a perícia é um momento forçosamente breve e que ela não pode ter a pretensão de se aprofundar, como uma psicoterapia, nos movimentos do inconsciente. No máximo, trata-se de esboçar um retrato psicológico da criança, de indicar sua evolução, de traçar as vias de explicação de comportamentos manifestos ou interiores e suas relações com o abuso sexual, de preconizar (aliás, é uma questão freqüente) se um "tratamento psicológico" (*sic*) é necessário. O assentimento dos pais ou suas evasivas, assim como o projeto educativo iniciado a partir do ocorrido, são, portanto, partes integrantes da análise e da conclusão.

Se se admite facilmente que o incesto não diz respeito somente ao sedutor e à vítima, mas à família inteira, que participa psiquicamente do fato, essa dinâmica é menos evidente quando a agressão sexual ocorre fora da família; e, no entanto, a reação familiar ou institucional tem muito a ver com a maneira pela qual a criança evolui psicologicamente depois de uma agressão pontual. Não há motivo para a metodologia ser substancialmente diferente; os obstáculos e as reticências é que não são os mesmos.

O primeiro aspecto importante, por levar em conta o tempo, é poder reconstituir parcialmente o ponto de desenvolvimento da criança no período que precedeu os fatos ou no período em que eles foram reiterados. A criança que vemos continuou seu desenvolvimento, sendo ou tendo sido vítima, fazendo parte do seu comportamento psicológico o silêncio sobre os atos do adulto.

A abordagem a uma criança que sofreu abuso sexual pressupõe, portanto, um estudo dos elementos de dossiês e, na medida do possível, entrevistas prévias com aqueles que a cercam e posteriormente entrevistas na presença e na ausência da criança. Na presença da criança para que ela fale um pouco de si *no presente,* diante dos pais que a acompanham, para que sua história (exceto os fatos) seja dita diante dela e também para que cada um possa expressar seus próprios limites. Na ausência da criança, o adulto poderá fazer as observações que ele insiste em não dizer na frente dela e falar sobretudo da própria vivência, o que é importante para compreender seus laços com a criança a partir da revelação do abuso. A criança deve, ela própria, expressar a razão de sua vinda, a partir de uma pergunta do tipo: "Sua mamãe (seus pais, seu professor) lhe disse por que você veio me ver?". Em sua resposta, a criança mostra o que entendeu, o que se recusou a entender, o que compreendeu. Isso fornece um ponto de referência sobre sua relação atual com o parente ou com a instituição que tem a sua guarda e sobre a capacidade de a criança relacionar sua vida atual e os fatos.

Apesar do aspecto iterativo, é indispensável fazer a criança contar os fatos se ela se dispuser a fazê-lo. Para facilitar essa reiteração, pode-se propor a ela uma boneca sexuada que vai lhe permitir indicar, à medida que fala, como chama as partes do corpo e tudo o que lhe aconteceu, mas envolvendo nisso somente a boneca. Por que essa reiteração, uma vez que se tomou o cuidado de ler um dossiê das declarações da criança? Porque não se trata de interrogar, mas de ter *uma palavra sobre*, com uma ida e volta entre o vivido atual e o momento da revelação. A maior dificuldade é quando não houve revelação mas o flagrante por parte de uma pessoa fora da família, seguido de uma confissão imediata do agressor ou do pai incestuoso: os investigadores se poupam da dificuldade de administrar o tempo da revelação feita pela criança, reduzindo-o a um único interrogatório sucinto, de questões prontas, que a criança aprova com um sim ou não, e ao qual ela tende a se ater definitivamente.

O mesmo ocorre com *a palavra sobre o abuso*, da família ou dos que a cercam, que será preciso relacionar com a da criança.

A seguir, faremos a ligação entre os diferentes elementos e o desenvolvimento cognitivo e afetivo, tal como aparece no exame por testes.

O exame em si[6] vai se ater sobretudo a dois aspectos: um quadro da personalidade que descreve, além da estrutura, os movimentos perceptíveis, as elaborações defensivas, os modos de relações; uma descrição de tipo sintomatológico, que leva em conta o que se passou desde os fatos ou a revelação destes.

Estabelecer um prognóstico (pergunta em geral feita) é um exercício difícil. *A priori*, conforme todas as observações clínicas do adulto tendem a mostrar, um estupro ou um atentado grave ao pudor, sobretudo familiar, vai desempenhar um papel na vida sexual e relacional adulta. Dessa generalidade à capacidade de prever com precisão um caso particular, há uma considerável margem de incerteza. O silêncio e o esquecimento que, em geral, reclamam as vítimas de agressão não são o melhor sinal de que chegou o tempo do trabalho psíquico reparador. É útil, sem dúvida, que a perícia dê uma orientação sem eufemismos sobre esse aspecto.

O prognóstico deve, portanto, considerar o que ocorreu no tempo anterior à perícia, a personalidade atual — em termos de estrutura —, as interações entre a criança, vítima, e os adultos que a cercam.

Na apresentação da perícia, o exame da criança é acompanhado, portanto, por uma análise do contexto, que permite ordenar os dados colhidos e inscrever as reações da criança, sua palavra e o balanço de seu estado psicológico num quadro que leva em conta a complexidade de sua situação.

A perícia psicológica não deveria intervir mais cedo no trajeto judicial?

Com certeza, seria mais satisfatório pôr termo rapidamente a essas iterações e permitir à criança passar do *tempo da revelação* (do qual a perícia faz parte) para o *tempo da reparação*. Mas isso dificilmente seria viável; e também não é certo que, enquanto o processo judicial não terminar, seja possível o iní-

---

6. Metodologicamente, não se pode esperar bons resultados da repetição de exames: quando a criança está numa instituição, o psicólogo ou psiquiatra já pôde determinar a necessidade de um exame aprofundado da personalidade, ainda em curso ou concluído, quando ocorre a perícia. Evidentemente, é nefasta ou inoperante (até mesmo ambos) uma retomada dos exames nas semanas que se seguem. São eventualidades inevitáveis que têm solução na cooperação clara no plano deontológico, e não na ignorância recíproca.

cio do tempo de reparação para a vítima. Vimos crianças de menos de dez anos serem obrigadas a comparecer aos tribunais para dar testemunho de sua vitimação, dois anos após o fato e um ano depois da perícia.

A perícia não é um substituto da terapêutica, nem um procedimento contraditório. Seu objeto é a avaliação, a vitimação, o contexto de desenvolvimento da personalidade, não um trabalho sobre a personalidade, pois existe a obrigação de restituição a um terceiro. Esse limite deve, aliás, ser anunciado de forma acessível ao sujeito (criança e família) para evitar precisamente passar de um procedimento ao outro.

É desejável, em uma reunião de síntese, que o sentido desse trabalho de análise seja transmitido aos profissionais que tiveram (ou terão) sua guarda após o laudo pericial: o tempo judicial é uma realidade, e é por existir a proteção judicial das crianças que a revelação surte resultados e torna possível o trabalho reparador das equipes educacionais e de atendentes. Fazer com que isso seja entendido é parte importante da missão daquele que vai descrever, diante de instâncias jurídicas, as implicações psicológicas do abuso sexual e as perspectivas de reparação, evitando um posicionamento conflitante entre o procedimento do judiciário e o procedimento educativo ou de atendimento. Em compensação, com as famílias (salvo exceções) não há mais contatos e as recomendações feitas (conselho de acompanhamento ou de reexame ao fim de alguns meses) não têm um retorno direto possível, o que é prejudicial: a perícia se dirige ao juiz, não ao sujeito.

A perícia da criança que sofreu abuso sexual, se conseguir reposicioná-la claramente como sujeito, produz um ajustamento entre o procedimento judicial e o procedimento psicológico, ambos necessários: a revelação não tem sentido e nem funciona senão em relação à transgressão da lei; mas a transgressão, em si mesma, tem sentido unicamente psíquico.

II

NEM MUITO, NEM POUCO.
EXATAMENTE O NECESSÁRIO

Reflexões a propósito dos profissionais

ALBERT CRIVILLÉ

INCESTO E PALAVRA DE CRIANÇA

"Se os atentados contra crianças são relativamente freqüentes e particularmente revoltantes, eles o são enquanto tal e como conseqüência de nossas próprias projeções: devemos saber, antes de julgar muito facilmente o adulto, que, ao contrário do ditado popular, a verdade nem sempre sai da boca das crianças" (Ajuriaguerra, 1974).

Embora essas linhas comentem observações sobre a patologia da criança e suas capacidades de fabulação, testemunham em seu conteúdo e em sua formulação o antigo preconceito segundo o qual a respeitabilidade do adulto não poderia ser questionada pela palavra da criança. Contrariamente ao que é afirmado do adulto, não se pode afirmar que a criança diz a verdade, salvo prova em contrário.

Em reação surge: "é preciso acreditar na palavra da criança", como uma reivindicação legítima. Na questão dos abusos sexuais, ela se torna uma norma à qual deve aderir todo aquele que não gostaria de continuar a sacrificar a criança em favor do adulto. Nesse terreno, a "cautela" em relação à palavra da criança fez o jogo do adulto com demasiada freqüência para que isso necessite de um questionamento de certas idéias transmitidas.

Palavra de criança contra palavra de adulto. Colocar as duas no mesmo plano é uma maneira de reequilibrar uma balança muito mal regulada para fazer justiça. A imagem do *advogado de menor* adquire aqui especial relevo, que se soma ao papel de defensor dos seus direitos. Talvez não seja uma simples coincidência se essas duas reivindicações se exprimem, em geral, juntas, como se um dos primeiros direitos a defender na criança fosse, precisamente, o da credibilidade de sua palavra. Por que a palavra da criança não valeria tanto quanto a do adulto?

Entretanto, ela continua problemática, mesmo para aqueles que se esforçam em defendê-la.

"Quero que ele pare de fazer isso, mas não quero que vá para a prisão." A criança dissera o que lhe acontecera. Explicara o que o pai havia feito ou havia exigido que ela fizesse. Para o profissional que a escutava, isso já era difícil de ouvir, de tal maneira as palavras eram inesperadas e inconcebíveis. Mas a criança não pudera se impedir de falar mais sobre isso e de expressar sua preocupação: "não quero que ele vá para a prisão".

Acreditar ou não na palavra da criança é um problema que os adultos têm entre si. São os adultos que, afinal de contas, definem as regras do "jogo" e sua arbitragem. A criança não pode fazer mais que falar ou se calar. Será ouvida apenas em função daquilo que os adultos pensam ou querem pensar dela.

Mas se o adulto decide acreditar na palavra da criança, ele se empenha em entendê-la. Então surgem novos problemas para ele, como este que foi formulado: "Quero que ele pare de fazer isso, mas não quero que vá para a prisão".

Como o profissional vai ouvi-la? Dessas duas palavras, qual delas vai escutar? Aquela que desvela um fato represensível que recai sob a lei? Ou aquela que exprime o seu desejo, duplo mas não contraditório: uma sanção ("que isso pare"), mas sem represálias ("nada de prisão, gosto dele e quero ficar com ele").

Uma palavra pode esconder outra e pode até esconder o silêncio. Da mesma forma que o silêncio pode dizer mais do que uma palavra. Será que um silêncio de criança vale tanto quanto a palavra que ele encobre? Se a palavra já é complexa, como ouvir, além disso, o silêncio? O silêncio encobre um segredo feito de cumplicidade? Ou é uma defesa legítima e sadia para proteger a intimidade contra a intromissão? Para que a criança possa falar, é preciso que sua palavra não seja sentida como altamente perigosa ou portadora de um mal maior que o já sofrido.

> Ouvir a palavra da criança [...], esforçar-se por respeitá-la [...], pedir o consentimento da criança para comunicá-la [...], escutar seu segredo sem traí-la, no mesmo instante em que se pensa que ele lhe é prejudicial [...] (*La parole de l'enfant*, 1987).

As nuances e as distinções se multiplicam como precauções a serem tomadas, tanto para com a criança quanto para com seu confidente. Não importa

133

o que se diga ou o que se queira pensar: a palavra da criança não é como a palavra do adulto. Se uma palavra tem valor em si, ela é, contudo e sobretudo, a palavra de alguém, no caso da criança. Mas para um adulto, que todo profissional é, a criança que ele escuta exprime desejos, exige respostas, desperta sentimentos... Numa palavra, cria conflitos pelos movimentos contraditórios que induz. Isso ocorre especialmente com o interlocutor que toma sua defesa contra outro adulto, nem sempre podendo tomar consciência de outras possíveis motivações que, por trás do que está declaradamente em jogo nessa luta, podem pressioná-lo e abalar seu procedimento.

Palavra ou silêncio, o enigma sempre faz parte do que a criança quer ou pode desvelar para o adulto. Esse enigma repousa tanto em sua realidade quanto na visão que o adulto tem dela. O profissional deve saber que, em geral, ele faz uma "interpretação", quando ouve a palavra da criança e a comunica, mesmo se se esforça em transmiti-la tal como foi proferida.

O importante, então, é compreender, sem projetar exageradamente os próprios fantasmas ou preconceitos, para não dizer os próprios problemas; e também fazer mais em benefício da criança que em função dos interesses do adulto.

Na realidade, se o adulto deve ser "prudente", ele deve sê-lo primeiramente diante de sua capacidade de escutar a criança.

INCESTO E CULPA

Seduzir. Do latim *se ducere*, que, etimologicamente, significa "chamar à parte", mas que poderia ser compreendido como "trazer para si", "tornar-se objeto do interesse do outro", fazendo desse "se" um pronome reflexivo.

O que há de mais natural e legítimo entre pai e filho? Isso está incluso na relação que os une. Mas também está em jogo no desejo/vínculo sexual. A sedução é uma dialética entre duas pessoas, na qual o desejo de uma encontra o desejo da outra. Se a criança nasce do desejo dos pais, o seu desejo sexual nasce e se constitui na e pela relação pai-filho. É esse desejo que está sempre operando nos abusos sexuais, quer se trate do próprio filho pequeno, quer se trate de uma criança estranha.

Na realidade, se existe proibição, é justamente porque existe um desejo. Assim sendo, por que ficamos tão espantados quando existe transgressão? Exatamente como há alguns anos aconteceu em relação aos maus-tratos, a ocorrência de abusos sexuais em crianças e, particularmente, a freqüência estatística dos casos de incesto tornam-se alvo de um espanto geral, que é partilhado pelos profissionais ligados à área infantil. Contudo, a importância da reação destes requer que nos interroguemos sobre seu valor e sua significação: se essa transgressão é tão freqüente, como poderíamos ignorá-la? Não sabíamos ou não queríamos tomar conhecimento dela?

O sobressalto emocional da opinião pública e "a presteza" de certos responsáveis sociais e profissionais para trazer "soluções" ao problema não são antes uma confissão e uma tentativa de reparação de sua culpa do que uma resposta pensada inicialmente a partir do problema em si?

Na realidade, o que é espantoso não é que tenham ocorrido casos de incesto, mas que se pense que eles poderiam não existir. Como se o esforço necessário para conter as forças do desejo sexual (a pulsão) pudesse um dia cessar sem colocar em risco as aquisições da civilização.

Não é nessa ilusão, ou melhor, nessa parcialidade, que se esconde a resistência mais sutil para impedir que se situe o problema ali, onde ele se encontra, para formulá-lo segundo os elementos que o constituem?

Ao referir-se a uma campanha nacional de conscientização, o âncora de um telejornal apresentava assim a reportagem: "Senhoras e senhores, o ministro dos Assuntos Sociais declarou hoje que fica revogado o tabu do incesto na França". Um lapso, sem dúvida, mas significativo e revelador do que está em questão.

A sociedade é justamente a primeira a ser importunada pelo problema da sexualidade e da pulsão. É justamente à custa da pulsão que a sociedade deve impor seu funcionamento com as proibições necessárias à sua sobrevivência e ao seu progresso. Mas a pulsão está ali, pronta para surgir e fazer valer seus direitos, no momento mesmo em que se pensava tê-la dominado.

A idéia de pulsão subentende a existência de forças que nos escapam. Ela quer dizer "investir" e "ser investido" além ou aquém dos valores morais de que necessitamos para viver juntos, pensar e amar além da satisfação imediata do desejo.

Aquilo contra o que nos defendemos é exatamente a constatação de que a sexualidade humana é mais complexa e mais urgente do que as leis ou normas que querem enquadrá-la. Ela pode exigir satisfação pela violência: violência manifesta, que permite ser apanhada e, portanto, a ela responder de forma clara e tranqüilizadora; ou violência oculta, que embora menos apreensível, nem por isso é menos atuante. Mas pode também passar pela ternura e converter-se em sedução, o que a torna mais difícil de ser detectada e mais complexa para ser tratada.

Embora pareça provocação, direi que, como para os maus-tratos, se há um pai sedutor, é porque existe uma criança seduzida. Não se trata só de lembrar que a criança tem desejos sexuais e que sua inocência não se baseia na ausência destes, mas de sublinhar aqui que a criança representa e desperta o desejo que move a sedução, aquele que escapa ao domínio do adulto e que acarreta ou apela para a violência para obter satisfação.

Ouvindo alguns interventores, até mesmo terapeutas, falar da inocência e da não-culpabilidade da criança, podemos nos perguntar até que ponto eles permitem à vítima identificar e reconhecer o que nela foi da ordem do desejo ou das satisfações eventualmente extraídas, sejam elas de ordem sexual, afetiva ou material. Tê-las obtido inclui a noção de haver participado na iniciativa ou no consentimento. Será o "prazer" que a criança poderia ter extraído disso que tanto atrapalha a observação do adulto e o embaraça no olhar que dirige para o sedutor e vítima? Ele tem medo de se sentir obrigado a condenar a criança? "Fiz muita gente sofrer, em particular minha mãe..." O sentimento de culpa da vítima ainda criança ou já adulta é freqüentemente expresso. Ouvi-lo é necessário. Contudo, é preciso compreender o que o constitui para não se apressar em negá-lo ou desqualificá-lo. Reconhecê-lo já é se colocar em posição de responder a ele de maneira adequada, isto é, em função da vivência da criança mais do que em função do embaraço do adulto.

Pois o adulto, profissional, fica bem embaraçado com essa cena que, mesmo ele não pensando nisso, lhe evocará outra, e mais outra, para chegar à sua própria culpa, a de sua infância. Quem, de fato, não foi sujeito/objeto passivo ou ativo, num momento distante ou mais recente, desse ímpeto que, instante fugaz ou tempo cristalizado, o torna igualmente "senhor e escravo do seu objeto"?

Por mais profissionais que tenhamos nos tornado, continuamos sendo a criança de nossa própria história. Mas toda história de criança comporta a necessidade de "trazer o outro para si", o que somente pode ser feito às expensas de um outro (o terceiro) ou, pelo menos, ao preço de um conflito com ele, cuja culpa — mesmo ignorada — denuncia sua existência.

O INCESTO, UMA QUESTÃO DE CUIDADOS E/OU UM CASO CRIMINAL?

Com relação a uma criança vítima de incesto (abusos sexuais), estamos diante de um caso que justifique educação e cuidados; diante de um caso criminal; ou, ainda, devemos conduzir os dois ao mesmo tempo com suas inevitáveis interferências?

De início, os objetivos podem parecer claros. Na reta de chegada talvez já não o sejam. E, sem dúvida, serão muito complicados nesse meio tempo. A despeito do que se afirme sobre princípios, nem sempre é fácil decidir a questão. Na prática, o profissional tomará atitudes ou recusará intervenções que não terão, necessariamente, o sentido ou o resultado que ele esperava.

Pensamos, por exemplo, no funcionamento "real" do aparelho judiciário e em suas conseqüências nefastas para determinado número de vítimas? Elas também são uma violência real da qual seria muito fácil se desfazer com posições de princípio fundadas num funcionamento ideal do sistema.

Ao mesmo tempo, acaso podemos nos esquecer de que o "sedutor" em geral é um perverso, capaz de utilizar uma proposta de ajuda para conservar seu domínio sobre a mesma vítima ou sobre outra? Esse funcionamento também é uma realidade que deixaria a criança sem proteção nem defesa.

Algumas abordagens educativas ou de cuidados fazem então da sanção penal o pivô de uma intervenção que procura reparação para a vítima, corretivo para o "sedutor" e reordenamento das relações familiares. Na linha reta da "normalização", embora apresentado sob o aspecto de teorias mais sofisticadas, o caso criminal é assim, aparentemente, posto a serviço do objetivo educativo/cuidados.

Todavia, indo além mesmo das questões sobre os benefícios terapêuticos atribuídos à punição, convém se interrogar sobre as ideologias ou racionalizações que tal abordagem esconde. Por exemplo, Sgroi (1986) defende a idéia de que "é mais adequado considerar a exploração sexual das crianças como um abuso de poder e planificar uma estratégia de intervenção conforme as circunstâncias". Apoiando-se na análise feita por Burgess e Groth, ela afirma que "os abusos sexuais na criança parecem não estar motivados, em primeiro lugar, por desejos sexuais". Não se trata, portanto, de resolver um problema sexual, mas um problema de abuso de poder. Inicialmente, deve-se condenar e punir para, em seguida, poder pensar no resto.

Essa posição de princípio é tanto mais tentadora para o interventor porque determinado número de vítimas, chegando à idade adulta, reclama a punição do "sedutor" como um meio necessário para poder se libertar do passado. O interventor encontra-se, então, preso a uma engrenagem em que qualquer tentativa de compreensão em outro nível será interpretada como uma negação da realidade e uma cumplicidade com o "sedutor".

Abuso de poder e violência, sem dúvida, existem. Não se trata de negá-los ou minimizá-los. Todavia, é importante saber de qual poder se trata, como importa saber de qual violência a criança foi objeto, para julgar o benefício que a punição do sedutor pode trazer à vítima.

Em todo ato de sedução sexual com relação a uma criança, escreve Ferenczi (1988), o adulto está em luta com sua própria culpa, mesmo quando ele a nega. A personalidade ainda fraca da criança, submetida a "esse transplante prematuro de amor passional e recheado de sentimentos de culpa do adulto, reage pela identificação ansiosa e pela introjeção daquele que a ameaça e a agride".

Estamos diante de um problema que, para a vítima, não se situará mais no nível do mundo exterior, mas que já se acha naquilo que ela se tornou a partir da relação incestuosa (abusos sexuais). Diante do trauma, ela constrói defesas internas que modificarão sua maneira de viver e de viver com os outros. Mais tarde, por sua vez, quando se tornar pai ou mãe, a vítima não poderá se impedir de renovar com o próprio filho a mesma relação ou seu equivalente; saberemos então que as mudanças que aconteceram na realidade externa não alteraram o problema.

Sem dúvida, é necessário acolher sempre com o maior cuidado e respeito as reivindicações expressas pelas vítimas. Mas convém se perguntar o sentido que nossa resposta terá para elas e as motivações que nos levam a dá-la. Responder a elas diretamente, tomá-las ao pé da letra, é em geral uma forma de dar um curto-circuito no trabalho necessário do aparelho psíquico para que a vítima possa elaborar seu problema. Equivale também a não levar em conta, pela preocupação de ser eficaz, o perigo de situar o problema em um nível que não está adaptado.

De tanto ver o incesto como um abuso de poder e de denunciar a tolerância cúmplice dos representantes da lei, chegamos a reduzi-lo a uma simples transgressão, isto é, a um assunto que diz respeito somente à justiça. Cabe a ela, portanto, encarregar-se dele. Nós nos esquecemos, de passagem, que a essência do problema se situa em outra parte, e que o papel e o lugar da justiça, no que se refere às vítimas, deve ser medido em relação à natureza do problema e às particularidades de cada caso, muito mais do que em relação à norma social da qual é guardiã. No caso de abusos sexuais, os "danos" a serem reparados na vítima não estão forçosamente de acordo com os interesses a serem defendidos para a ordem social.

A preocupação em ser eficaz é bem legítima. Aliás, qual interventor não desejaria sê-lo? Resta, contudo, saber o que se entende por ser eficaz, e para quem. Proteger a criança, por exemplo, comporta muito mais coisas do que evitar a repetição do abuso. Proteger a criança é também ajudá-la a não retomar por sua conta a relação que o sedutor lhe impôs; é ajudá-la a corrigir a distorção introduzida na relação parental para poder ali encontrar o que resta de bom e de sadio. De fato, o perigo é esquecer que "o sedutor" não é somente isso. Ele não o é para si mesmo e, sobretudo, ele não o é para a criança. Esta tem necessidade de seu pai. Exceto em casos extremos, a melhor maneira de solucionar o problema não é fazer dela o equivalente a um órfão. Ao primeiro trauma, pode se acrescentar um segundo, que cristalizará para sempre a situação e tornará o luto ainda mais difícil.

Procedimento de cuidados ou assunto criminal? O interventor nem sempre tem a possibilidade de escapar a essa pergunta, assim como nem sempre pode fazer a melhor escolha. Contudo, deverá sempre se perguntar as razões de sua intervenção e o sentido que ela pode tomar, se não quiser se engajar num caminho que viria de encontro a seus objetivos.

Estamos num terreno onde as ideologias freqüentemente tomam o lugar de respostas que deveríamos procurar em outro lugar. Elas escondem aquilo que drenam de falta de respeito para com o indivíduo, sacrificando-o para "o seu bem" aos seus próprios objetivos.

INCESTO E LAÇOS DE PARENTESCO

"As crianças devem saber que um pai que fez isso não é um pai", afirmavam magistrados, para explicar o bom fundamento de uma pena de *perda dos direitos paternos* pronunciada contra um pai incestuoso.

Eis uma afirmação que aponta uma das questões-chave no problema dos abusos sexuais e, em particular, do incesto. Um ato, um comportamento teriam a virtude de transformar a própria natureza do laço que une um pai ao filho. É provável que a frase diga mais sobre isso do que queriam os que a pronunciaram. Entretanto, ela testemunha uma atitude que se presta a confundir transgressão com negação da proibição; responsabilidade de assumir um lugar com estatuto inalienável na linhagem parental; o que é da ordem de uma fraqueza com o que é da ordem do ser...

Será que o comportamento do pai incestuoso acarreta uma tal confusão dessas nos adultos profissionais do direito? Ou será o impacto afetivo desse ato "impensável" que assinala o afastamento entre essa afirmação e aquilo que o código penal institui? De qualquer forma, a serenidade da justiça parece ameaçada quando se trata de se interpor entre dois seres cujo laço de união encontra suas origens na mesma fonte que alimenta o desejo que os coloca em perigo. As origens "comuns" ao desejo que torna possível a paternidade e ao desejo de seduzir o próprio filho tornariam difícil diferenciar os dois laços e as pessoas que eles engajam.

"Muitos dizem que eu deveria abandoná-lo, que não deveria falar com ele", dizia uma adolescente, sobre o pai que estivera preso por causa de suas relações incestuosas. Ela acrescentava com um tom grave e reflexivo: "Mas, como fiz todo mundo entender, ele ainda é meu pai e, para mim, sempre será meu pai. Ainda tenho ressentimento do que me fez, mas não é por isso que ele não é mais meu pai".

Fazer não é a mesma coisa que ser; agir não é o mesmo que ter um estatuto. Podemos até fazer, indo de encontro ao que se é, e agir em divergência com o estatuto que temos. Paradoxalmente, aqui a criança não confunde um com o outro, e guarda a unicidade da pessoa, fazendo de seu comportamento uma extensão daquilo que ela representa.

Por mais excepcional que seja — e é tanto quanto gostaríamos de afirmar —, esse testemunho manifesta o que outros carregam como fardo por excesso de sofrimento (aquele que impede a identificação de seus próprios sentimentos em relação às pessoas e a seu papel) ou por falta de liberdade (aquela que somente a atenção em ouvir com respeito e receptividade pode permitir).

Mas como acolher tais propósitos que vêm da boca de uma criança já vítima de abuso, sem pensar no perigo que ela incorre, se seu "pai perverso" continua a vê-la? O perverso existe e, nos abusos sexuais, a criança está em primeiro plano. O perigo da reincidência paira com uma intensidade tão forte quanto a intensidade com que imaginamos o retorno inevitável do desejo. O mecanismo de *repetição* — cujo papel mortífero é bem conhecido — impõe sua imagem destrutiva diante de qualquer outra saída que não aquela de "corte": só uma ruptura do "laço" poderá proteger a criança de prosseguir sua "ligação".

Aprisionado num primeiro momento e depois privado de seu pátrio poder: o modelo lógico de uma intervenção que repousa na "realidade" transforma-se em bela "racionalização" logo que nos permitimos interrogar os seus móbiles (inconscientes, claro). *Laço parental, ligação incestuosa*; sem um a outra não poderia existir. Por isso, deve-se eliminar o primeiro para erradicar a segunda?

Entre a observação da "realidade dos fatos com sua sucessão" e a "resposta" a ser dada ao problema que eles manifestam, o interventor não pode escapar dos fantasmas que invocam nem das defesas que o levam a adotar uma atitude ou a escolher uma solução. Não levar isso em conta pode simplificar a tarefa. Não é certo que o resultado corresponda aos objetivos a que nos propomos. Quando a necessidade de limpeza é mais importante do que o objeto, corre-se sempre o risco de jogá-lo fora "com a água do banho".

O INCESTO E A IMPORTÂNCIA DE "PENSAR"

Violência e sexualidade são os dois principais componentes do problema de maus-tratos e/ou abusos sexuais na infância. Sua presença põe à prova o funcionamento interno dos interventores e os obriga a apelar para seu próprio sistema defensivo, que terá repercussões em sua maneira de agir e de reagir.

Uma das primeiras preocupações então deve ser proporcionar os meios necessários para elaborar as forças pulsionais que os atravessam nessa situação. Estamos num terreno onde a experiência própria, consciente ou inconsciente, vivida em atos ou numa relação que não declina o seu nome, tem um enorme peso na qualidade da ajuda a proporcionar. Isso quer sejamos solicitados, quer solicitemos para estar implicados. No fundo, o problema não reside em ser profissional ou benévolo, mas, e sobretudo, em garantir a competência tanto ao nível dos conhecimentos quanto do tato.

Numa problemática feita de paixão, é importante introduzir uma "função de terceiro" para distanciar e se distanciar daquilo que se tornaria uma relação exageradamente próxima com os interessados.

Esta função, às vezes, será representada por uma autoridade externa que impõe limites ou mesmo uma sanção. Isso requererá dos interventores um trabalho de elaboração do paradoxo ajuda/sanção em face dos interessados (Crivillé, 1987). E também coerência e autenticidade entre os representantes da autoridade e os que são levados a colaborar com eles. O enunciado da "lei" nem sempre tem o poder mágico de transformar o sedutor e/ou trazer reparação à vítima; a aplicação da pena também não. Seu funcionamento pode até ser utilizado para ajustar suas próprias contas por pessoa interposta, mas sempre em detrimento da vítima.

Outras vezes, a função de terceiro será assegurada por um trabalho de elaboração partilhado entre profissionais ou por uma colaboração na intervenção direta junto à família, ou, ainda, por uma reflexão mais teórica sobre os problemas levantados.

Os abusos sexuais, todos temos consciência disso, não se limitam a um ato físico, do mesmo modo como suas conseqüências não se limitam ao corpo da

140

criança. Além dos cuidados físicos, eventualmente necessários, será preciso também cuidar da própria pessoa, no que se refere ao atentado sofrido contra suas capacidades afetivas e intelectuais. Os abusos sexuais revelam um tipo particular de relação criança-pai, criança-adulto que engaja o funcionamento mental de ambos.

Reconhecer o papel central e específico do *aparelho psíquico* e atribuir-lhe a devida importância na própria concepção da ajuda a ser proposta é um princípio básico a ser respeitado sem exceção. Ajudar a vítima a recuperar suas capacidades e a reencontrar sua autonomia interna é justamente o que toda intervenção pode lhe oferecer de melhor. Levar o sedutor a encontrar a distância interior necessária, a fim de não precisar mais passar à ação para enfrentar as forças pulsionais que o atormentam, sem dúvida, é a melhor maneira de liberá-lo da coação de repetição do perigo de reincidência (Crivillé, 1987).

Mas teremos dificuldade de enxergar com clareza a maneira como devemos nos engajar nessa via se provocarmos um curto-circuito na função do aparelho psíquico em nossa própria maneira de intervir. A elaboração interna ao nível individual e o estudo do caso particular com outros profissionais deve permitir que todo interventor possa "pensar" o que o autor de abusos sexuais pode somente executar. Afinal, não é essa capacidade de "pensar" que é a melhor "função do terceiro" para estruturar a relação pai-filho e o encontro profissionais-família? Em todo caso, parece-nos que nenhuma ajuda será eficaz se não chegar a fazê-la emergir. A nosso ver, qualquer profissional que intervenha nesse problema, seja qual for o seu papel e lugar, deveria "pensar" nisso.

INCESTO E "TRANSMISSÃO DA SEXUALIDADE"

"Com cinco anos de idade, eu sabia como se faz um filho em todos os detalhes. Mas com dezoito anos, não sabia como beijar um rapaz." Educada numa redoma de vidro, onde as portas jamais eram fechadas, essa jovem resumia assim o que, para ela, era o resultado da educação sexual esclarecida — baseada em gravuras anatômicas — que seus pais tiveram o cuidado de lhe proporcionar.

Para Freud (1908), as teorias infantis da sexualidade "encontram sua origem nos componentes da pulsão sexual que já estão operando no organismo da criança e que o estado da sua própria sexualidade lhe impõe". Todos nós podemos observar como, muito cedo em sua existência, a criança elabora hipóteses segundo seus desejos e temores, às vezes negando o que vê, arquitetando novas teorias a partir de novas descobertas de seu corpo e segundo o prazer que nele encontra. Mas ela continua sempre "sua ruminação e suas dúvidas, protótipos de todo trabalho de pensamento posterior que toca a solução dos problemas" que a vida vai lhe apresentar. Ela entende, à sua maneira, as explicações que o adulto pode lhe dar e as esquece facilmente, mesmo quando são claras e aparentemente bem compreendidas, para guardar e construir suas próprias hipóteses. A descoberta da sexualidade não é somente uma questão de inteligência: ela é, sobretudo, função dos desejos próprios à criança.

A questão dos abusos sexuais, particularmente do incesto, levanta o delicado problema de substituir os pais em uma área — a educação sexual — que implica sua intimidade. A sexualidade deles, expressa ou não, sempre transparece na relação com a criança. Além do mais, o motivo que é adiantado e o objetivo que lhe é fixado, se não tomarmos cuidado, poderiam pesar muito, tanto seu conteúdo quanto sua forma, bem como sua repercussão sobre a criança. Perigo e desconfiança talvez não sejam os melhores pontos de referência para se enveredar nesse caminho.

Falar da sexualidade a uma criança é falar um pouco da própria sexualidade infantil e do que a constituiu em relação ao casal parental. Falar dela para a criança de outrem comporta, além do mais, uma ingerência no lugar que a sexualidade dos pais toma naquela da criança. Cena primitiva e pais ideais são fantasmas que não faltarão ao encontro. O que quer que pensemos, eles nos obrigarão a pôr em alerta todo o sistema defensivo do profissional e assim enfraquecerão o seu discurso. O embaraço do adulto em semelhante situação não prova nada. Aqui não se trata de complicar ainda mais sua tarefa, mas de lembrar que ele não pode escapar a essa complexidade.

Falar sobre sexualidade a uma criança, acolher sua curiosidade, acompanhá-la na sua busca da "verdade", adverti-la para eventuais desvios de rumo... sem dúvida, pode contribuir para lhe facilitar um percurso que ninguém poderá fazer em seu lugar. Contudo, a "transparência" no seio da família ou o "tudo explicar e tudo mostrar" noutro lugar, nem por isso são garantias de uma sexualidade sadia no futuro. Podemos dizer o contrário no que se refere à prevenção de um eventual abuso?

A utilidade que o adulto atribui a esse procedimento — e, sem dúvida, ela existe para certo número de casos — não deveria se basear muito em sua preocupação de desvelar para a criança, a qualquer preço, os mistérios de que ela necessita, mas que o adulto toma como ignorância perigosa. A ansiedade do adulto em relação a isso pode transformar-se facilmente em fonte de angústia em relação àquilo que ele gostaria de dar à criança como meio para se defender dos perigos que o seu desenvolvimento não pode poupá-la. O risco não é de ser inútil, mas de perturbar (ao querer se mostrar exageradamente útil) o ritmo de compreensão inerente à criança.

Por outro lado, devemos respeitar não apenas a compreensão e o ritmo próprios da criança. Existe também aquilo que somente os pais podem dar e que os temores de um eventual perigo não deveriam prejudicar. O desenvolvimento da sexualidade comporta a integração do desejo sexual na vida afetiva orientada para o outro (objeto) e a tomada de consciência de si como objeto de desejo do outro. São os pais que podem dar a segurança narcísica necessária para que não seja preciso buscar incessantemente sua prova ou viver a si mesmo como a presa a ser apropriada.

É essa segurança que faltava à jovem que se queixava de um sentimento profundo de jamais poder agradar suficientemente um homem para que ele a conservasse como sua mulher para sempre. Tendo perdido o pai ainda menina, estava convicta de que seu olhar de homem lhe faltara para que pudesse sentir que se tornava uma mulher desejável na adolescência. Aqui não há nenhuma suspeita de qualquer relação perturbada entre pai e filha. Mas faltava-lhe alguma coisa que se situa entre a "iniciação sexual" do incesto e "a informação sexual" que foi "assseptizada" pela agressão sexual e que poderia ser formulada como "a transmissão da sexualidade".

A sexualidade humana é feita assim. Nem muito, nem pouco. Exatamente o necessário. Qualquer outra medida é danosa.

III

A COMPLEXIDADE
DAS "TAREFAS IMPOSSÍVEIS"

DOMINIQUE AGOSTINI

"Há muito que fiz meu o dito espirituoso que afirma que existem três tarefas impossíveis: educar, curar e governar", escrevia Freud em 1925, em seu prefácio de *Jeunesse à l'abandon* [Juventude ao abandono], de Aïchorn. Esse tema complexo das "tarefas impossíveis" habitou, portanto, o pensamento de Freud muito antes de 1925. E muito depois: doze anos mais tarde, suas reflexões sobre "Analyse terminée et analyse interminable" ["Análise terminável e interminável"] (1937)[1] o levam a qualificar novamente de "impossíveis" as tarefas diretamente subentendidas pelos desejos fundamentais de transmitir, cuidar e exercer poder. Tarefas nas quais, "logo de início, podemos estar certos de um sucesso insuficiente", precisa ele nesse artigo, onde se interroga o que, em cada um dos dois parceiros engajados numa análise, pode comprometer o seu resultado. Essa problemática dos obstáculos que emperra o fim natural de uma análise parece-me próxima daquela que vou abordar: a complexidade das guardas das famílias cujas desordens simbólicas expõem a "juventude ao aban-

---

1. Neste artigo, o trabalho de Freud é citado com diferentes títulos: "Analyse terminée et analyse interminable" e "Analyse avec fin et analyse sans fin". Adotaremos a tradução que consta em *Freud, uma vida para o nosso tempo*, Peter Gay, Companhia das Letras, 1989, tradução de Denise Bottmann: "Análise terminável e interminável". (N. do T.)

dono" e, com muita freqüência, a "experiências sexuais prematuras" (S. Freud, 1895). Com essas famílias regidas pela ausência de limites, os profissionais trabalham nos limites do possível.

Embora a cura analítica não seja objeto do presente texto, as reflexões de Freud sobre as causas do fracasso de uma análise parecem-me ricas de ensinamentos para aqueles que trabalham com famílias difíceis. Assim, introduzirei este artigo com alguns comentários sobre "Análise terminável e interminável". Aprofundarei, a seguir, a questão das origens da violência no seio da família e concluirei com a investigação das dificuldades inerentes aos ofícios de educar, cuidar e dirigir.

Do lado do analisando, nos diz Freud, é "a rocha originária", a saber, a "recusa da feminidade" comum aos dois sexos, que torna complexo o processo analítico e pode tornar sua conclusão impossível. Os dois complexos ("inveja do pênis" para a mulher, "protesto viril" para o homem), emanando dessa recusa de origem biológica, constituiriam o entrave maior ao acesso à complementaridade dos sexos, finalidade de uma análise. A "rocha originária" aparece, portanto, como um obstáculo constitucional que barra, mais ou menos, segundo o seu *quantum*, a aquisição de uma bissexualidade psíquica harmoniosa, promotora da identidade sexual definitiva. Erigindo assim em estátua uma parte do sujeito indispensável à sua integração das diferenças sexuais e procriadoras ou "rocha da realidade", a "rocha originária" é rocha contra a vida. Condensação de passividade, feminidade, virilidade, agressão e morte, essa metáfora complexa da "rocha originária" parece-me efetivamente em superposição à "pulsão de morte", "impulso dos vivos para retornar à ausência de vida" (Freud, 1937).

Sabemos que a "teoria da sedução" marca a origem da psicanálise e que a concepção da "pulsão de morte", em 1920, nasceu progressivamente da renúncia de Freud à "neurótica", em 1897: sem jamais negar totalmente a importância etiológica dos abusos sexuais sobre os quais edificou a psicanálise, desde essa renúncia, ele privilegiou fantasmas inconscientes e conflitos intrapsíquicos. Partindo desse fato construiu uma teoria que, ao mesmo tempo em que reconhecia a etiologia mista (fatores constitucionais-fatores acidentais) dos distúrbios neuróticos, concedia o lugar de "fatores mais refratários à ação da análise" à força pulsional constitucional e ao seu impacto sobre o ego. A etiologia traumática, com isso, ofereceria à análise "a ocasião mais favorável para realizar aquilo de que é magistralmente capaz". Mas, ele acrescentava, depois de se interrogar se, dada a amplitude de suas "leituras juvenis", sua segunda teoria das pulsões não seria "uma produção da criptomnesia", "todas essas coisas ainda não são suficientemente bem conhecidas". No fim da vida, ele deixava, assim, aberta aos seus continuadores a questão crucial do laço entre realidade externa traumática e realidade interna patológica. Questão que ele foi o primeiro a aprofundar e à qual seu gênio respondeu com a criação da psicanálise.

Depois de Ferenczi que, lembremos, suscitou as reflexões de Freud sobre "Análise terminável e interminável", Winnicott, por sua vez, criticou a teoria da "pulsão de morte", que ele considerou como "simples reafirmação do pecado original" (1971), pela qual Freud e depois Klein esquivaram "tudo o que implica a questão da dependência e, conseqüentemente, a do fator do meio ambiente". Concedendo assim um lugar primordial ao papel do meio ambiente, Winnicott teorizou a impossibilidade de pensar uma criança sem pensar em sua mãe: "a potencialidade inata de uma criança só pode se realizar plenamente se estiver associada a cuidados maternais adequados" (1961). Para esse autor, a transformação progressiva das "tendências inatas ao crescimento" (1958) em sentimentos de continuidade e de confiança não pode advir sem uma receptividade materna suficientemente contínua. As capacidades maternas de identificação e de respostas adaptadas às necessidades e à pulsão criadora da "criança da realidade" (S. Lebovici, 1981) estão em primeiro plano e contidas no conceito de "mãe suficientemente boa". Se a mãe é desprovida dessas capacidades psíquicas, o seu próprio lado não-integrado usurpará as competências inatas que impelem naturalmente "o *infans*" em direção a seu parceiro humano e à autonomia de seu ego. Essa importância outorgada às relações objetais e, notadamente, às comunicações primárias, situa a agressividade originária do lado da atividade de um "amor impiedoso" (Winnicott, 1947), cuja contenção psicossomática pela mãe "suficientemente boa" é o *sine qua non* para o acesso da criança à "posição depressiva". Desse modelo teórico-clínico emergiram concepções da violência diferentes das de Freud. Assim, J. Bégoin conceitualiza a violência não mais como expressão da "pulsão de morte", mas como "defesa contra um excesso de sofrimento psíquico latente" (1987) causado por traumatismos graves. Segundo esse vértice, quanto mais intenso for o sofrimento psíquico, mais defesas violentas o dissimularão. A violência aparece aqui como uma "defesa de sobrevivência" reacional ao que Bettelheim chamou de "situações extremas" (1979).

Essas novas origens propostas para a rocha na qual podem esbarrar os analistas não refletem mais o otimismo relativo de Freud quanto à etiologia traumática. Mas, embora modificando consideravelmente a compreensão e os tratamentos dos casos difíceis, as novas idéias conservam quanto a essa questão da dificuldade, até mesmo da impossibilidade de analisar tais casos, certa concordância com Freud: por não ser mais biológico, mas sim defensivo, o rochedo traumático nem por isso pode ser impossível de ser ultrapassado. Quando isso ocorre, a imagem da rocha parece-me refletir a interiorização da petrificação do desespero e do terror traumáticos. Petrificação interna que, impelindo para o lado do desumano aqueles que foram desprezados enquanto pessoas, pode, de um mesmo golpe, empedernir os profissionais.

O capítulo VII de *Análise terminável e interminável* aprofunda essa problemática da possível imobilização psíquica dos profissionais. Freud consagrou efetivamente esse capítulo à investigação das competências e responsabilida-

146

des do analista. Logo de início e de forma muito clara, ele expõe que a responsabilidade por um fracasso analítico não compete unicamente à constituição do ego do paciente: a equação pessoal e as "tarefas cegas" do analista influenciam igualmente as perspectivas da cura.

Se sentimentos de fracasso e de impotência ligados a um fim incerto e a "sucessos insuficientes" certos são a parte que cabe obrigatoriamente aos analistas, eles teriam necessidade, conforme diz Freud, de uma "grande dose de perfeição", de um "grau bastante elevado de normalidade". Ora, por serem analistas, nem por isso eles deixam de ser homens e "em geral não atingiram o grau de normalidade ao qual queriam fazer os seus pacientes acederem" (1937). Certamente, antes de exercer sua profissão, eles se beneficiaram com uma análise, mas é impossível que ela tenha resolvido todos os seus conflitos. Assim, eles teriam necessidade, pensa Freud, de uma reciclagem a cada cinco anos. Solução ideal que confina, como concebe Freud, com o impossível ao qual ninguém está obrigado. Como conseqüência, inelutavelmente perturbados "por suas próprias defectividades quando se trata de apreender a situação de um paciente e de reagir eficazmente a ela", só "o amor à verdade" pode ajudá-los a detectar e trabalhar os "pontos fracos de sua própria personalidade" e assim progredir: "o amor à verdade", quando triunfa, rege a continuação do desenvolvimento psíquico do analista, do qual dependerá a possível cura do paciente. Mal extrapolando o pensamento de Freud, poderíamos dizer que "o amor à verdade" alimenta as capacidades do analista de aprender com seus pacientes (ponto de vista desenvolvido por Ferenczi e Winnicott), de conter as projeções impossíveis deles, de reconhecer assim os seus erros; em suma, de permanecer vivo.

Juntamente com a importância da contratransferência, Freud expõe aqui a do "aprendizado pela experiência" teorizado por Bion. Em *Aux sources de l'expérience* [Às fontes da experiência] (1979), Bion situa a verdade como necessidade vital primária que desempenha "um papel tão determinante para o crescimento da psique quanto a alimentação para o do organismo". "O amor à verdade", segundo ele, é movido pela pulsão epistemofílica ("K" em sua terminologia) que ele considera como uma pulsão por inteiro, à qual estão subordinados o amor e o ódio. Em outras palavras, se o meio ambiente satisfizer psicossomaticamente a pulsão cognitiva da criança, as capacidades de amor desta se desenvolverão em conjunto com as de aprender: ser compreendido é ser amado. Se o meio ambiente não puder responder a essas expectativas da criança, a privação da verdade acarretará nela a aliança mortífera entre ódio e culpa. Aliança que atacará a "preocupação de verdade" e, portanto, a tomada de consciência dos sentimentos: se "des-entender" prevalecerá sobre entender.

Segundo Freud, acontece o mesmo quando o analista se subtrai ao "amor à verdade": se ele se esquiva da "influência crítica e corretiva da análise, então ele próprio permanecerá como é". Ele abusará do poder que lhe é atribuído, desviando de sua própria pessoa "as conseqüências e exigências da análise [...] provavelmente dirigindo-as para outros" (1937), notadamente seus pacientes.

Sua própria rocha defensiva, alimentada pela de seus pacientes (indigestão mental recíproca), não poderá introduzir mudanças nestes, repetirá a incompreensão da qual foram vítimas no ambiente familiar de sua infância. A prática da análise, nesses casos, torna-se um ofício impossível. Estes são, segundo Freud, os "perigos da análise".

Os casos difíceis apresentam sempre graves alterações da identidade sexuada: é o ensinamento de "Análise terminável e interminável", que agora vou aprofundar. Minha investigação tratará mais precisamente dos atentados à identidade sexual e ao desejo de saber consecutivos a traumatismos graves (carências de cuidados, maus-tratos, abusos sexuais).

A bissexualidade psíquica, ou identificação com ambos os pais, preside a eclosão progressiva da identidade sexual, assim como a união dos pais dá origem à criança. Em outras palavras, a interiorização do laço criativo que une os pais (fantasma de "boa cena primitiva") é fundadora do sentimento de identidade, depois da aquisição, no fim da adolescência, da identidade sexual definitiva. Esse estabelecimento de "bons pais" na realidade interna implica o fato de que os pais reais tenham favorecido o "processo de separação-individuação" (M. Mahler, 1973) do sujeito. Inversamente, a prevalência de "maus pais" (fantasma de "má cena primitiva") na realidade psíquica corresponde à ausência de pais "suficientemente bons" na realidade externa.

Quando tudo se passa suficientemente bem, o bebê não tem consciência do que sua mãe faz por ele. Esse não-saber básico depende do saber materno. Se a mãe "coloca o seio ali exatamente no momento em que a criança está prestes a criá-lo", esta terá a ilusão de que o seio faz parte dela e que "a realidade externa corresponde à sua capacidade de criar" (1978): ao alimentar o "verdadeiro self" da criança, as "antecipações criativas" (S. Lebovici, 1981) da mãe facilitarão sua descoberta do mundo externo. Do lado da criança, pulsão cognitiva e "tendência terapêutica" (H. Searles, 1981) — a meu ver, muito próximas — permitem o estabelecimento de uma "simbiose terapêutica" benéfica ao crescimento da mãe e do bebê: "o bebê cria a mãe tanto quanto ela o cria" (S. Lebovici, 1983).

Essa reciprocidade primária, fundamento das trocas humanas, foi teorizada por Bion (1978) em termos de relação continente-conteúdo. Sem reduzi-los às suas conotações sexuais, Bion acrescentou os símbolos $\male$ e $\female$ respectivamente ao conteúdo-boca e ao continente-seio. Alguns autores, notadamente Tustin, a partir dessa teorização, pensaram o objeto unificado primário seio-mamilo como prefigurando a bissexualidade psíquica primitiva: o mamilo, terceiro elemento paterno, relaciona boca e seio (elemento materno). J. Bégoin (1989) associou o bom elo boca-mamilo-seio à "tríade narcísica" (B. Grunberger, 1973), fantasma de reunião dos pais em torno da criança, que sustém o sentimento de pertencer desta última.

A receptividade do meio ambiente "maternante" determina, portanto (segundo essas teorias), a instalação no mundo interno da criança de uma bisse-

148

xualidade psíquica ("aparelho ♂ e ♀" (Bion, 1978) conjuntamente promotora, da identidade sexuada e da capacidade de aprender pela experiência. As fraquezas do meio ambiente acarretarão a clivagem dos elementos masculino e feminino (fantasma de "má cena primitiva"), entrave maior ao nascimento psíquico. Se o meio ambiente é prematuramente incompreensivo, a criança sofre uma desilusão inassimilável: de forma muito precoce, ela toma consciência de que o seio-mamilo não faz parte de sua boca. Essa ruptura catastrófica corta os laços integrativos: a boca e o seio, privados do seu traço de união, fazem concretamente "buraco negro na psique" (F. Tustin, 1989), o que engendra defesas onipotentes contra os terrores da queda sem fim.

Não podendo pensar o meio ambiente como origem de suas carências, a criança está ligada diretamente aos efeitos privados de causas. Ela sobreviverá com o medo das conseqüências. A onipotência infantil, efetivamente, atribui a responsabilidade do fracasso dos pais às pulsões e emoções refutadas pelo meio ambiente, a culpa traumática derruba os laços teleológicos de causalidade. O sujeito funciona então ao contrário: seu superego cruel usurpa as funções do ego, o vazio de seu potencial emocional-pulsional pretende-se provocador de traumatismos. Fazer desaparecer o que dele foi reprimido pelo meio ambiente a fim de aniquilar desespero e terror e ser amado — este é o objetivo de suas defesas. Esses sujeitos são então movidos por um "corpo estranho interno" que cega: tudo se passa como se tivessem interiorizado o olhar-espelho deformante de seus pais e se vissem, por esse fato, maus e perigosos. Essa ocultação de si mesmos denega a realidade patológica de seus pais, então magicamente curados: a culpa mentirosa deles os impele a pôr inteiramente sua "tendência terapêutica" a serviço destes e a sacrificar seus egos. Eles dão sem receber (dom traumático).

Inocentando pais e passado (idealização de sobrevivência), esses sujeitos denigrem o mundo externo (receptáculo de seus passados), então inabordável: o passado traumático, desprovido de lugares psíquicos, permanece concretamente onipresente (Winnicott, 1975). Qualquer mudança, por essa razão, é sentida como catastrófica: descolando suas partes não-natas (proibidas de nascer pelo meio ambiente) coladas aos agressores internos, as mudanças introduzidas pelo mundo externo despertam o seu núcleo de terror. O desconhecido ali está em "equação simbólica" com um vazio que pode absorvê-los inteiramente (terrores de fim do mundo). Assim, Corinne (D. Agostini, 1990), forçada ao incesto pelo pai durante seis anos, desmoronou logo depois de tê-lo deixado. Como em geral acontece (M. Rouyer, M. Drouet, 1986), o incesto havia começado logo depois da partida da mãe. "Minha mãe era um muro entre mim e ele [...] Quando ela partiu e sofri o incesto, entrei no muro", disse-me ela. Invadida por um pênis predador de sua feminidade, ela se erigiu sobre o falso (o muro), que somente podia adiar o desmoronamento: seus bons resultados escolares (formatura no colegial) dissimulavam uma "progressão traumática" (Ferenczi, 1932). O "muro" interno barrava toda a sua comunicação entre realidade inter-

149

na-realidade externa, dentro-fora. Constituído de partes não-natas, aterrorizadas-aterrorizantes coladas ("enclaves autísticos", F. Tustin, 1989) ao mau pênis interno, esse "muro" clivava muito profundamente os elementos masculinos e femininos de Corinne, entravava seu nascimento psíquico. Ela não podia nascer para o mundo: abandonar seu pai reduplicou seu nascimento catastrófico, confrontou-a novamente com o desespero e o terror, até ali murados. Invadida por estes, o mundo externo tornou-se para ela idêntico ao seu meio ambiente familiar: ela evitava as pessoas que poderiam tê-la ajudado e ficava fascinada por homens predadores de sua feminidade. Identificação com o agressor (adjudicação ao pênis tóxico) que continuou a murá-la por muito tempo depois de ter saído da casa paterna. Os modelos da recusa anoréxica (D. Agostini, 1990) e da adjudicação aos objetos tóxicos dão conta, parece-me, do funcionamento desses sujeitos cegados por "situações extremas": não podendo diferenciar o passado do presente, eles invertem bom e mau e sobrevivem, cortados de suas raízes-emoções, num mundo pelo avesso.

Corinne sobreviveu, assim, como órfã psíquica, até que reconhecesse, no quadro de sua psicoterapia, seu sofrimento psíquico e as origens deste. Esse reconhecimento da má cena primitiva que a tornara uma órfã psíquica pôde introduzir nela certo distanciamento de seus "constrangedores" internos: reconhecer a realidade patológica de seus pais permitiu-lhe diferenciar-se deles. Esse trabalho de elaboração só foi possível depois que fui colocada à prova muitas vezes. Sublinho aqui a periculosidade dos fantasmas de auto-engendramento dos órfãos psíquicos, isto é, dos sujeitos que sobrevivem desconhecendo a realidade dos pais (erigidos então como pais míticos): seus fantasmas de reencarnação podem impeli-los ao suicídio. Nesses casos, a morte é percebida como possibilidade de renascer conforme as expectativas dos pais, eliminando as pretensas causas dos traumatismos: Corinne, por muito tempo, pensou secretamente no suicídio como forma de apagar seu corpo-mácula, para que sobrevivesse a psique depurada do desespero e do terror (clivagem psique-soma).

Da mesma forma, os pais que viveram uma infância assim esperam que o filho apague os traumatismos deles. Renasceriam, então, por intermédio dessa "criança imaginária" perfeita. "A criança imaginária" desses pais vampiriza as emoções e pulsões da "criança da realidade" e reproduz, pela intervenção da criança atual, "o assassinato da alma" de que os pais foram anteriormente vítimas (D. Agostini, 1990): o fato de tratar mal é expulsão assassina do nascimento catastrófico dos pais, o incesto é assassinato psíquico do bebê no interior da mãe. Receptáculo do desespero e do terror dos pais que "substituem o seu trabalho de luto por ela" (P. Gutton, 1980), a criança, por sua vez, é atingida pela interdição de saber sobre sua filiação e portanto sobre si mesma. Vítima da falsa representação que seus pais têm da criança, ela será absorvida pela missão impossível de restaurá-los. Seguir-se-á e presidirá o bloqueio do terror e do desespero na rocha das "barreiras autísticas" se a criança for deixada sem socorro, com a repetição dos traumatismos através das gerações.

150

Os profissionais que escolheram trabalhar com famílias impossíveis encontram-se, como os analistas descritos por Freud (1937), novamente confrontados com níveis muito profundos de sua própria personalidade. Essas famílias despertam neles conflitos fora da memória, que podem exacerbar culpa, depressão e, portanto, reações defensivas onipotentes. Instaura-se então o mau círculo da "intervenção branca" (D. Agostini, 1990): a demissão das atitudes e do saber profissionais (passividade do ego) permite que triunfem as defesas rivais do desenvolvimento psíquico e geradoras das violências intrafamiliares.

Essas famílias, fechadas na violência secreta, colocam os profissionais em linha direta com efeitos clivados das causas. Essas causas perdidas são enterradas na criança, receptáculo do passado fora da psique dos pais.

Quanto mais os pais tentam lapidar a existência da criança, mais somos levados a pensar que, digam o que disserem, a sua própria dependência infantil foi desastrosa. A violência, vazão de seu desastre primitivo, perpetua-o na criança, Outro-Mesmo desconhecido. Seus atos apagam, ao reproduzi-la, sua própria história traumática: a identificação com os pais de sua infância os cega quanto a seu passado e ao desespero da criança atual. Seus superegos invejosos (construídos na identificação com o agressor) os impelem a existir sem história, a fazer desaparecer aquilo que não tiveram, a proteger os próprios pais projetando carências e culpas em seus filhos. Assim, suas defesas contra o desespero (então persecutório) atacam a atenção que o interventor pode conceder à criança: essa atenção traz de volta suas privações — a saber, a desatenção de seus próprios pais. Internar a criança, protegê-la, coloca esses pais novamente em confronto com seu desespero clivado-projetado na criança.

Esses pais em geral têm um discurso falso, até mesmo sedutor, para com profissionais, discurso este que disfarça atos-sintomas reduplicadores de seu passado real. Embora eles se extenuem para induzir no interventor uma proibição de saber (de "ver isso") o infortúnio da criança, em algum lugar neles há uma parte sadia (apetite de verdade) que espera ser reconhecida: a lei humana é desenvolvimentista. Assim, esses pais podem pedir que a criança seja protegida contra a própria violência deles.

Essa necessidade de verdade e de triangulação, maciçamente traída pelo meio ambiente de sua infância, sobrevive sufocada pela massa das defesas. A dificuldade reside em não tomar as defesas mentirosas (cf. "a síndrome de adaptação das crianças vítimas de abusos sexuais", C. Thouvenin, 1988) por partes sadias, o falso self pelo verdadeiro. Reconhecer o sofrimento psíquico murado constitui o fundamento dessas guardas assumidas.

Se o interventor é contaminado pelo escotoma com respeito ao desespero infantil, então se repetirão, para a criança atual interposta, os próprios traumas dos pais: não proteger a criança em perigo confirma-lhes que a criança atual é, como aquela de seu próprio passado, indigna de proteção e que a compreensão do infortúnio infantil não existe neste mundo. Os interventores, em conluio com as partes dos pais identificadas com os agressores da própria infância, ainda que a contragosto, não podem senão alimentar a culpa traumática dos pais (e, claro, das crianças): estes, persuadidos de ter despojado seus pais da identidade de pais, estão convictos de ter arrancado, da mesma forma, a identidade profissional dos interventores. Pais e crianças se encerrarão ainda mais na certeza de que os objetos destrutivos são sempre mais poderosos que aqueles que prestam socorro e protegem. O desumano prevalecerá sobre o humano e aprisionará essas famílias atrás do muro defensivo que as isola da parte externa do mundo (mundo pelo avesso).

Assegurar essa proteção à criança impõe ao interventor um trabalho psíquico colossal: ele deve conter e dar sentido a defesas onipotentes, porque elas escondem uma impotência desesperada. Abandonar tais defesas equivale, para esses pais, a entregarem-se de pés e mãos atados ao poder absoluto que projetam no interventor. Assim, eles fazem com que este viva (como a criança) as suas impotências e suas culpas, ao mesmo tempo em que têm necessidade de que ele não seja invadido pela confusão identificadora: tratam o interventor como foram tratados, acalentando secretamente a esperança de que o interventor não reproduzirá o idêntico traumático, de que conservará sua "visão binocular" indispensável à discriminação do verdadeiro e do falso.

A "tendência terapêutica" do interventor (raiz de sua escolha profissional) com seus clientes é rudemente posta à prova: pais cuja "tendência terapêutica" foi maciçamente colocada em xeque por seus próprios pais fazem inevitavelmente com que essa derrota seja vivida pelos atendentes profissionais. Como eles não puderam ajudar os próprios pais a compreendê-los, seus ataques invejosos podem suscitar nos interventores a convicção de que ver e falar das disfunções familiares equivaleria a ser responsáveis por elas.

Os interventores podem então escamotear "o horror do real" com a ilusão de ter magicamente curado os pais: o medo das conseqüências os encerra no mundo da mentira, o mundo da conspiração do silêncio. Mundo no qual falar e proteger uma criança está em equação simbólica com provocar um desastre. A "dupla proibição do tocar", nesse caso, é transferida para o pensamento verbal. Se o interventor cai na armadilha dessas projeções mortíferas que, lembremos, sempre tocam uma zona sensível de sua própria personalidade, ele ficará imobilizado pelo terror de provocar traumatismos ao enunciá-los e se fechará com seus clientes na intemporalidade narcísica (morte psíquica). Quando isso ocorre, falar, pensar, designar limites para a violência são diretamente assimilados a um estupro e reativam concretamente a má cena primitiva. Tudo se passa então como se deflorar segredos perigosos equivalesse a rasgar a membrana — "falsa pele" do discurso dos pais — e a fazer ressurgir concretamente os traumatismos em vez de contê-los. O corolário dessa lógica mortífera que impele o interventor para a não-mudança é o sacrifício da criança: transferi-la para um lar adotivo é percebido como arrancá-la dos pais, ser identificado como um ladrão de crianças, danificar os pais e torná-los perigosos.

152

Quando a intervenção é assim sentida, como fazendo ressurgir a imago dos maus pais, a criança é deixada como refém dos pais com a missão de reprará-los: numerosas crianças são deixadas em famílias nas quais, com razão, os profissionais temem intervir (cachorros ferozes, armas). Nesses casos, as crianças são retiradas de sua guarda só em situações de emergência: hospitalização dos pais desestruturados, por exemplo. A medida aí perde o sentido, que seria de introduzir o distanciamento necessário para a elaboração das angústias de separação.

No mesmo registro, psicoterapias podem ser feitas para manter a todo custo a criança na família e aliviar a culpa persecutória dos interventores: o terapeuta, em convivência com os pais patogênicos, consome-se em tomar a realidade por fantasma, contribui para que a criança perca as esperanças e, paradoxalmente, para a agenesia do fantasma.

Com esses clientes, a "sentimentalidade é pior que inútil", como escreveu Winnicott. Em compensação, reconhecer sua culpa, seu ódio, sua impotência e restituí-los em relação à problemática dos clientes é operatório. Sem esse trabalho da contratransferência (instrumento heurístico), esses afetos, em grande parte induzidos pelas patologias dos clientes, correm o risco de voltar a ser projetados nestes e mascarados pela superproteção da sacrossanta família. Essa superproteção tem como corolário a projeção sobre os outros interventores das más imagos parentais e pode ocasionar rivalidades extremas entre os diferentes interventores. Como aquelas, relativamente freqüentes, entre os profissionais que trabalham em pesquisa de campo e os que têm a guarda das crianças no interior de uma instituição: os de fora superprotegem os pais, os de dentro se protegem dos pais atrás dos muros da instituição. Tanto uns quanto outros empenham-se em ocupar junto aos respectivos clientes o lugar de bons pais e, com isso, arrancam pais e filhos de suas origens. Subentendida como fantasmas de rapto de crianças e temor a represálias, a profundidade dessa clivagem dentro-fora reproduz a ausência de triangulação das famílias impossíveis: as dificuldades de colaboração entre os diferentes interventores reduplicam a explosão dos laços entre os pais (má cena primitiva). O estabelecimento de laços criativos entre os interventores representa efetivamente o laço entre dois pais capazes de pensar a criança (fantasma de boa cena primitiva).

O afastamento de uma criança não basta: muitas crianças são reintegradas à família sem que nada ali tenha mudado. Parece-me que o importante é não perder de vista as causas do afastamento e elaborá-las com a criança e, se possível, com os pais. É quase impossível trabalhar com certos pais. Especialmente com pais perversos, sabemos a que ponto eles podem se opor e sabotar a guarda da criança. Isso deve ser avaliado e condiciona a permanência da criança na família. Nesse sentido, a observação das idas e vindas da criança nos fins de semana, bem como entrevistas aprofundadas com os pais, são fundamentais.

Um saber da história traumática da criança permite que os que dela se ocupam compreendam e refreiem as repetições às quais ela, forçosamente, os submeterá. Essas inevitáveis repetições têm uma função "traumatolítica".

Traduzem uma maneira de colocar à prova o novo meio ambiente (a instituição), e tornam possível, se suas raízes são pensadas, o estabelecimento de uma aliança terapêutica: a criança (assim como os pais) só pode se liberar de seus agressores internos se for ajudada a reconhecer a realidade dos próprios pais e os prejuízos que eles a fizeram sofrer. Somente esse reconhecimento pode lhe permitir pensar as causas de seus traumatismos fora de si mesma; liberta de sua falsa culpa, ela poderá aceder à prova de realidade. Isso implica que a criança possa experimentar com os profissionais as emoções condenadas ao não-nascimento por seus pais e, assim, integrá-las. Integração que, introduzindo espaço interno, designa limites psíquicos para o passado, permite diferenciar e, portanto, estabelecer laços psíquicos entre passado-presente, fantasma-realidade, sujeito-objeto.

É, portanto, fundamental para eles, bem como para seus clientes, que os que exercem os ofícios de educar e de cuidar permaneçam psiquicamente vivos, desenvolvam-se e aprendam com seus trabalhos. Nesse sentido, ambientes que lhes propiciem a reflexão são indispensáveis: sozinhos com essas famílias, torna-se-lhes impossível não erigir defesas que sabotam o pensamento, então confinado em posições ideológicas conservadoras. Da mesma forma, as *instituições*, as quais sabemos que têm por função proteger contra as angústias primárias persecutórias e depressivas, só podem "crescer" pela introjeção de novas idéias. Sem mudanças movidas pela pulsão cognitiva e pela tendência terapêutica, interventores e instituições correm o risco de esclerosar-se, de funcionar de modo parasitário e de murar-se num quadro sem criatividade, protetor unicamente das angústias primárias. Um quadro, então, sem vida, regido por um antagonismo entre continente e conteúdo semelhante ao aparelho psíquico de Corinne, esvaziado de seu potencial feminino por um pai traumático interiorizado.

Aqueles que têm por missão dirigir confrontam-se com a complexa tarefa de favorecer a vida psíquica dos que estão em campo: se os primeiros ocultarem com simplificações abusivas a complexidade do ofício dos segundos, estarão também ocultando o infortúnio da criança em perigo, deixada então numa situação impossível. Levar em conta o infortúnio infantil depende também da qualidade dos laços psíquicos entre os que exercem os "três ofícios impossíveis".

IV

A HOSPITALIZAÇÃO DAS CRIANÇAS VÍTIMAS DE ABUSOS SEXUAIS

MIREILLE NATHANSON

A hospitalização das crianças ou adolescentes vítimas de abuso sexual pode parecer um paradoxo: o hospital é feito para as crianças doentes e, na maioria dos casos, as vítimas de abuso sexual não são doentes e raramente apresentam lesões orgânicas a ponto de necessitarem de uma hospitalização. Podemos, contudo, notar que a função da hospitalização, historicamente, preexistiu em função de cuidados. Textos recentes expressam o papel importante que os estabelecimentos hospitalares devem desempenhar no que se refere às crianças maltratadas: a circular de 9 de julho de 1985 (circular DGS/407/2B) comunica: "O hospital ocupa, portanto, no dispositivo geral de proteção da infância em perigo, vítima de sevícias ou de abandono, um lugar importante que deve levá-lo a desempenhar, além de sua função de cuidados, de pesquisa e de ensino, um papel-chave em matéria de prevenção, de percepção e de guarda médico-psicossocial. Além disso, ele deve se assegurar que o acompanhamento da criança seja bem efetuado desde a sua saída".

Se o hospital não representa a única solução imedita para a revelação de um abuso sexual, de fato ele é geralmente uma boa resposta, que permite, se a equipe estiver bem preparada, uma acolhida da criança em boas condições, uma avaliação da situação e uma orientação progressiva para a solução desejável.

Como as crianças vítimas de abuso sexual chegam ao hospital?

1. Existem duas circunstâncias nas quais o diagnóstico de abuso sexual já foi feito quando a criança chega ao hospital: ou se trata de um abuso sexual extrafamiliar e, em geral, são os pais que acompanham a criança, ou a criança revelou um abuso sexual cometido no interior da família e ela vem com a pessoa a quem confidenciou o fato; neste caso, trata-se freqüentemente de um profissional que pertence ao meio escolar: médico, enfermeira ou assistente social escolar.

2. É relativamente fácil descobrir o abuso por uma infecção genital tenaz ou reincidente ou, como escrevem M. Rouyer e M. Drouet (1986): "a evocação de um acidente incompatível com a natureza, a localização e o tipo dos danos".

3. É mais difícil perceber ou poder afirmar que houve um abuso sexual numa criança que faz uma consulta ou é hospitalizada por distúrbios ditos funcionais: dores abdominais, cefaléias, "vertigens", modificação do comportamento escolar; neste caso, trata-se de perturbações freqüentes nas crianças e adolescentes, mas que sabemos que às vezes podem ocultar uma situação familiar grave. Essas queixas, sobretudo quando se repetem, ao mesmo tempo em que se afasta uma origem orgânica, devem levar a uma reflexão dos eventuais acontecimentos traumatizantes que podem ser a sua causa: é assim que, no momento da revelação de incesto, podemos descobrir, na história passada, repetidas hospitalizações por distúrbios qualificados, então, de "funcionais".

4. Alguns distúrbios do comportamento podem, durante uma hospitalização, chamar a atenção: distúrbios do sono ou do comportamento alimentar numa criança latente, encopresia, excessiva selvageria diante dos adultos (às vezes exclusivamente diante de homens) ou, pelo contrário, atitude muito "próxima", utilização de um vocabulário "sexual" inadequado para a idade.

5. Sabemos que existem situações que devem fazer surgir, sistematicamente, a possibilidade de abuso sexual: *tentativa de suicídio* num(a) adolescente (F. Pichot e P. Alvin, 1985 ; F. Pichot e E. Lévy Leblond, 1986), *pedido de interrupção de gravidez* numa moça muito jovem, acompanhada pelo pai ou padrasto.

6. Em certos hospitais existe uma unidade de medicina legal cujos médicos podem ser requisitados pela justiça e pela polícia para examinar as vítimas de violências físicas e, entre outras, de abuso sexual; então, eventualmente, o médico legista pode solicitar a hospitalização.

Por que e como hospitalizar crianças vítimas de abuso sexual?

Às vezes, a necessidade de hospitalização é evidente: lesões orgânicas, descoberta de um incesto recente e/ou atual acarretam a necessidade de colocar a criança sob cuidados.

Em todo caso, à primeira vista, ela é menos necessária, por exemplo, depois de um abuso sexual extrafamiliar numa criança cujos pais parecem ter um comportamento "adequado", mas mesmo nesse caso a hospitalização freqüentemente é uma excelente solução, que permite à criança e aos pais se tranqüilizarem e terem certo "distanciamento" em relação ao traumatismo físico e psicológico, contando com a ajuda de profissionais familiarizados com esses problemas e o trabalho em equipe.

Contudo, mesmo que a hospitalização pareça a melhor solução, ao médico que recebe a criança em consulta ou no serviço de emergência resta obter a concordância dos pais, exceto se a hospitalização resultar de uma decisão judicial. Evidentemente, os pais são particularmente reticentes quando há suspeita de situação incestuosa. O médico então, num primeiro momento, deve tentar persuadi-los de que é pensando na criança que eles devem aceitar a hospitalização e, assim, permitirem que se reflita sobre os problemas que são levantados; mas se os pais recusarem a hospitalização, quando esta parecer essencial e urgente, o médico pode dirigir-se à justiça (procurador da República ou seu substituto) para obter uma ordem de internação provisória (no hospital ou na assistência social à criança), que os pais serão obrigados a aceitar.

O que se faz durante a hospitalização da criança vítima de abuso sexual?

a — O funcionamento da equipe hospitalar deve ser definido:

- A equipe deve ser formada para acolher essas crianças e suas famílias.
- O trabalho interdisciplinar deve ser uma realidade e implicar as diferentes categorias profissionais representadas: pediatra e ginecologista, enfermeiras e auxiliares de enfermagem, assistente social, psicólogo ou pediatra-psiquiatra, educador, professor, quando existem no hospital.
- Os contatos feitos com pessoas que participam do processo e não pertencem ao quadro hospitalar que conhecem a criança e sua família são necessários para a avaliação e a posterior guarda: médico-assistente, setores afins de psiquiatria, PMI, escola, assistente social de setor.
- A reflexão deve começar rapidamente para evitar perdas de tempo inúteis.
- Enquanto isso, deve-se levar em conta o *tempo necessário* para o tratamento correto da situação. A hospitalização das crianças vítimas de abuso sexual, como em geral ocorre com crianças que sofreram outras formas de maus-tratos, é freqüentemente longa: pode-se prolongar por várias semanas, o que se opõe à duração da hospitalização cada vez mais curta para as patologias habituais nos serviços de pediatria geral. A experiência de longas internações pode ser difícil para as crianças vítimas de abuso, pois, além de seus altos custos para a sociedade, às vezes são

mal vistas por certos profissionais do hospital, os quais julgam que, nestes casos, não se trata de patologias "interessantes"; em todo caso, é indispensável que os serviços que acolhem essas crianças disponham de estruturas não-médicas: jardins-de-infância, sala de aula que permita que elas não se sintam completamente desocupadas e afastadas de uma vida social normal; e para os adolescentes, organização de atividades adaptadas e, se possível, "saídas" do hospital com um membro da equipe. Em certos casos, pode ser desejável que os locais permitam a presença da mãe junto ao filho.

Uma vez decidida e obtida a hospitalização da criança vítima, a análise da situação e a elaboração das soluções possíveis imporão diferentes etapas que se interpenetram.

b — A acolhida

Em primeiro lugar, a criança deve ser acolhida e reconfortada. É essencial mostrar-lhe logo de início que ela é sujeito e não objeto da ação realizada; seja qual for a pessoa que a acolha, deve-se dizer e mostrar rapidamente à criança que ela tem direito à palavra, que será ouvida e merecerá crédito; para isso, é necessário que a criança possa ser ouvida em particular, sem a presença dos pais, mesmo se estes forem indulgentes.

c — O exame médico e os cuidados

Por vezes, ocorre a emergência: é o caso de certas situações cirúrgicas que necessitam de cuidados imediatos (lesões ginecológicas graves). Se houver interrupção voluntária (ou terapêutica) de gravidez, é essencial conservar em condições adequadas o embrião e enviá-lo imediatamente a um laboratório especializado, para eventual identificação do genitor posteriormente.

Quando o caso não é de urgência, o exame médico começa pela entrevista com a criança e, separadamente, com os pais ou com as pessoas que a cercam, quando estão presentes. O exame, obviamente, varia de acordo com o grau de suspeita ou certeza quanto ao diagnóstico de abuso sexual e de acordo com a idade da vítima. Devemos nos esforçar para que o interrogatório não seja sugestivo; isso pode parecer contrariar a necessidade de fazer perguntas claras, para buscar a verdade.

O exame médico deve ser completo: exame somático comum (com busca de lesões traumáticas), completado aqui pelo exame dos órgãos genitais para detectar eventuais lesões (exame ginecológico da menininha e da jovem, exame do ânus, da cavidade bucal, com coleta de material e pesquisa de indícios de esperma). A necessidade e as modalidades desse exame devem ser explicadas à criança, seja qual for a sua idade. De qualquer forma, ele não pode ser feito sem a sua aceitação; às vezes, para a criança pequena, requererá anestesia geral. Um médico de reconhecida competência nessa área deve proceder ao exame; caso contrário, corre-se o risco de ter de repetir os exames, sempre muito prejudiciais para a criança. Ele permitirá a elaboração de um laudo descritivo. O papel do serviço de urgências médico-legais, quando existe um nas proximidades, será discutido posteriormente.

Os cuidados necessários são efetuados. Cuidados cirúrgicos, por vezes, mas também prescrição de antibióticos para evitar uma doença sexualmente transmissível, pílula "do dia seguinte" em caso de estupro de uma menina púbere; nesta, uma reação biológica de gravidez permitirá descartar a possibilidade de uma gravidez preexistente; reações sorológicas (de sífilis, do vírus HIV) são feitas e repetidas três meses depois.

d — A avaliação dos casos

Ela evidencia bem a complexidade do trabalho. A precisão indispensável à busca do diagnóstico (sabendo, contudo, que não cabe ao serviço hospitalar fornecer a prova) parece opor-se às vezes, em seu procedimento, à argúcia e às nuances que permitem uma exata percepção da situação e de seu possível desdobramento. A avaliação, assim, demanda um trabalho interdisciplinar, isto é, que a criança e, quando possível, a família, sejam entrevistados em separado pelos diferentes interventores; todavia, é desejável que se perceba rapidamente quem aparece como o interlocutor privilegiado da criança, para evitar a repetição de seu relato.

Freqüentemente, o pediatra foi o primeiro interlocutor da criança no hospital. É importante que ele a tranqüilize em diferentes pontos, dizendo-lhe que acredita nela, que ela não é absolutamente culpada do que aconteceu, que só o adulto agressor é culpado e que ele fez uma contravenção à lei, que todos no hospital estão ali para ajudá-la e tentar achar a melhor solução. Fora do seu papel de ministrar cuidados, claro, ele participa da avaliação. No momento do seu encontro com os pais, deve explicar-lhes o que está sendo feito no hospital e quanto a posição deles é importante para a criança (apoio ou não da mãe quando o pai ou padrasto é responsável pelo abuso sexual, eventual atribuição de culpa à criança se o ambiente familiar exerce pressões sobre ela).

O psicólogo ou psiquiatra tem papel fundamental e inteiramente específico para a avaliação. Deve ficar claro que, nesse estágio, não é um papel terapêutico, mesmo se a maneira pela qual se desenvolvem essas primeiras entrevistas pode condicionar o eventual acompanhamento psicoterápico. A entrevista com a criança sozinha permite que ela diga "a sua" verdade ao psicólogo que avalia seu funcionamento mental e, em certa medida, sua credibilidade. A avaliação da atitude da família é necessária para a elaboração das propostas para assumir a guarda.

A assistente social do serviço também deve ver a criança e sua família. Ela tem a incumbência fundamental de assegurar as ligações com o setor extra-hospitalar. Essas ligações permitem que os profissionais envolvidos se mantenham informados sobre o contexto familiar e social e saibam, em certos casos, que uma ação social ou judicial já está em curso.

Ao fim desse período de avaliação, os diferentes profissionais do serviço devem se reunir para estudar a situação de forma sintetizada e decidir sobre a conduta a seguir: conforme o caso, o simples retorno para casa se houver certeza de que a suspeita de abuso sexual foi um equívoco (na verdade, é raríssimo que essa decisão seja tomada: as crianças raramente fabulam quando revelam uma situação de abuso sexual, mas elas *se retraem* com muita freqüência, em particular no caso de incesto, por medo das conseqüências e pressões dos que as cercam; além do mais, o serviço hospitalar deveria estar absolutamente seguro da exatidão do seu diagnóstico antes de decidir que nenhuma medida de acompanhamento se imponha); ligação com o setor extra-hospitalar e colaboração com ele quando uma ação estiver em curso; com freqüência, comunicação administrativa ou judicial.

e — A comunicação

É útil lembrar as regras do sigilo profissional:

O artigo 378, alínea 1, do código penal francês determina que: "os médicos, cirurgiões e outros oficiais de saúde, bem como farmacêuticos, parteiras e todas as demais pessoas depositárias, por profissão ou por funções temporárias ou permanentes, dos segredos que lhes são confiados, que, fora dos casos em que a lei os obrigue ou autorize a apresentar-se como denunciantes, tiverem revelado esses segredos, serão punidos [...]".

Mas (artigo 378, alínea 3, do código penal): "As mesmas pessoas não incorrem nas penas previstas na alínea 1 quando informam às autoridades médicas ou administrativas encarregadas das ações sanitárias e sociais dos serviços privações sobre a pessoa de menores de quinze anos e das quais têm conhecimento por ocasião do exercício de seus ofícios [...]".

O artigo 225, alínea 2, CFAS, enuncia : "As pessoas visadas na alínea precedente, fazendo a comunicação à autoridade judiciária ou aos serviços administrativos encarregados da proteção da infância [...] de indicações concernentes aos menores cuja saúde, segurança, moralidade ou educação estão comprometidas, por esse fato, não estão expostas às penas previstas no decreto 378 do código penal".

Por outro lado (artigo 62, alínea 2 do código penal): "Será punido [...] aquele que, tendo conhecimento de sevícias ou de privações infligidas a um menor de quinze anos, não tiver (nas circunstâncias definidas na alínea precedente) alertado as autoridades administrativas ou judiciais".

Desses textos, podemos concluir que a comunicação é autorizada, mas não obrigatória para os profissionais; que estes podem, entretanto, ser punidos em caso de não-comunicação; que as exceções ao sigilo profissional agora são estendidas a todos os menores; que a comunicação pode ser feita às autoridades médicas, administrativas ou judiciais.

Novas disposições estão previstas pela lei de 10 de julho de 1989, relativa à prevenção dos maus-tratos em menores e à proteção da infância (artigo 68): "o presidente do Conselho Geral, depois de entendimentos com o representante do Estado no departamento, estabelece um dispositivo que permite recolher permanentemente informações relativas aos menores brutalizados e responder às situações de emergência, segundo as modalidades definidas em associação com a autoridade judicial e os serviços estatais no departamento".

Na prática, a comunicação vinda do serviço hospitalar é:

- ou uma comunicação "administrativa": comunicação à DASS (Direção da Ação Sanitária e Social);
- ou, como é mais freqüente em matéria de abuso sexual, uma comunicação "judicial", dirigida ao procurador de menores ou seu substituto. Este pode encarregar o juiz de menores.

A comunicação pode também ser enviada diretamente, em envelope confidencial, ao presidente do Conselho Geral, que encarregará um de seus serviços (essa etapa suplementar pode constituir problema em caso de urgência). Em todo caso, o Conselho Geral deve ser avisado dos casos, uma vez que é o que a lei prevê, e isso é indispensável para um estudo epidemiológico.

A comunicação deve ser feita por escrito; pode ser redigida e assinada pelo pediatra, pela assistente social ou por ambos; o psicólogo ou psiquiatra pode redigir um complemento para essa comunicação. A comunicação compreende um resumo do exame somático e a descrição da situação como a hospitalização permitiu compreendê-la; a experiência mostra que, para ser eficaz, ela deve precisar as propostas terapêuticas da equipe hospitalar: ação educativa em meio externo, retirada da criança do ambiente familiar e colocação em domicílio de outros membros da família, em uma família adotiva ou abrigo para menores... Contudo, deve ficar claro para os membros da equipe hospitalar que o juiz permanece absolutamente livre em suas decisões.

f — A saída do hospital e o acompanhamento

Antes da saída, a criança e, se possível, a família terão sido informadas das diferentes etapas da avaliação, da comunicação e das decisões da autoridade encarregada.

Depois da saída, o hospital pode pensar num acompanhamento médico e/ou psicológico, mas aí também, em caso de decisão judicial, é a justiça que decide sobre o lugar e as modalidades do acompanhamento. Todavia, a lei de 10 de julho de 1989 prevê que "o presidente do Conselho Geral informe as pessoas que lhe passaram informações, obtidas por ocasião do exercício de suas atividades profissionais, do seguimento que lhes foi dado".

AS DIFICULDADES

As dificuldades são freqüentes. Mas devemos reconhecer que, se o hospital em geral está "descontente" com os seus parceiros, a recíproca em geral também é verdadeira, e as melhorias passam forçosamente pela confrontação das respectivas posições e pela discussão.

• Antes da hospitalização, o procurador às vezes recusa-se a pronunciar uma "ordem de internação provisória no hospital", o que coloca o serviço de acolhimento numa situação difícil em caso de conflito com os pais.

• As insuficiências do acolhimento evidenciam a necessidade de formar melhor os jovens médicos que costumam estar "na linha de frente" e, em geral, se sentem muito desarmados diante de situações que fujam à sua rotina. As crianças vítimas de abuso sexual podem fazer consultas num serviço de pediatria, mas também de cirurgia ou de ginecologia. Portanto, são os profissionais de todos esses serviços que devem receber uma formação adequada.

A presença em certos hospitais de uma "unidade de emergências médico-legais" constitui um considerável progresso, pois permite que o primeiro exame seja feito por um médico de reconhecida competência. Isso, porém, implica que o médico tenha sido requisitado pela polícia ou pela justiça; por outro lado, os serviços de pediatria e de medicina legal têm objetivos por definição diferentes. O ideal talvez fosse a formação de "células de acolhimento", nas quais a criança poderia rapidamente ser vista, conforme a necessidade, pelo pediatra, médico-legista, psicólogo ou psiquiatra, sendo a necessidade de hospitalização avaliada, após discussão, pelos interventores.

Uma vez que a criança foi hospitalizada, deve-se evitar duas atitudes opostas: a denegação ou vulgarização do abuso cometido contra ela e as reações passionais.

Em geral, é difícil resolver a questão do sigilo: a criança pode exigir sigilo antes de fazer confidências; devemos fazer com que ela admita que seu segredo precisa ser compartilhado com os profissionais do serviço, a fim de que possam ajudá-la.

O tempo é um fator cuja importância logo se torna evidente. O tempo dos profissionais é sempre muito curto; porém, estende-se excessivamente tanto para a criança quanto para o serviço hospitalar. Depois que um projeto foi elaborado, a decisão judicial se arrasta devido aos prazos de acolhimento da família e da criança. Podem decorrer várias semanas até que a guarda da vítima passe efetivamente a uma equipe educadora ou a um centro de acolhimento.

As relações com as instituições extra-hospitalares (ASE, PMI etc.) nem sempre são fáceis; cada uma das partes envolvidas pode ter impressão de que "o outro" quer manter o controle da situação; um conhecimento melhor dos outros parceiros ajuda a diminuir essas tensões.

As relações com a polícia, às vezes, estão na origem dos conflitos: freqüentemente, a criança é ouvida pela brigada de menores durante sua estada no hospital: a equipe hospitalar, depois da explicação dada às crianças sobre a maneira como são feitos esses interrogatórios destinados a estabelecer a verdade, tem por vezes a impressão de que as crianças podem encará-los como traumatizantes e incriminadores; o grande esforço de informação realizado pela polícia deve, portanto, prosseguir.

Inversamente, a polícia também pode ficar bastante insatisfeita com o hospital e acusá-lo de dificultar seu trabalho: interrogando as crianças antes da própria polícia e retardando a comunicação dos fatos, o que eventualmente complica a ação persecutória contra o presumível agressor.

No momento da saída, posteriormente, a equipe hospitalar revela às vezes sentimentos muito hostis em relação à justiça, quando esta toma uma decisão contrária a propostas do hospital. Isso pode originar graves disfunções: após vários casos "mal resolvidos pela justiça", na opinião do serviço hospitalar onde as crianças foram internadas, este pode decidir não mais fazer comunicações e tratar o caso sozinho. Somos levados a crer que uma colaboração mais interativa entre a justiça e o hospital tornariam esses problemas menos freqüentes.

Mais tarde, haverá o duro ressentimento pela falta de informações (devida em boa parte à multiplicidade das instituições interventoras) sobre o futuro das crianças. E essa desinformação torna impossível a avaliação retrospectiva do trabalho feito e da adequação das soluções propostas.

CONCLUINDO

O relatório do Conselho de Estado de julho de 1990, sobre a proteção da criança, lembra que "a estada no hospital surge cada vez mais como um ponto privilegiado para observação [...] da criança que se suspeita ser vítima de maus-tratos" e faz propostas para melhorar o acolhimento a essas crianças: criação de uma célula de acolhimento e de observação dos menores em todo grande hospital, formação e informação do pessoal e em particular dos internos, difusão das experiências e das aquisições dos serviços habituados a esse acolhimento, acesso do menor sozinho e sem o consentimento dos pais às consultas hospitalares. "De modo mais geral, melhor inserção das instituições hospitalares nos circuitos internacionais da proteção à infância."

É preciso esforçar-se ao máximo para que todos os serviços que acolhem crianças tenham a formação necessária a fim de aplicar essas propostas.

V

POR QUE A TERAPIA FAMILIAR EM FACE DO INCESTO?

DR. PIERRE SABOURIN

Para o clínico, se o abuso sexual intrafamiliar algumas vezes é uma certeza, com mais freqüência é uma presunção. Assim, impõe-se uma conduta a ser mantida, inteiramente específica para esse tipo de patologia da família: uma criança está em perigo no próprio ambiente onde vive; é uma emergência não só de ordem médica, mas inclusive uma emergência médico-judicial. A nova disposição legislativa de 10 de julho de 1989 é realmente útil: o prazo de prescrição foi prolongado quando se trata de um estupro e permite que a criança vítima possa dar queixa até a idade de 28 anos.

Diante de situações tão confusas envolvendo crianças em geral muito jovens, nossa experiência do centro de Buttes-Chaumont[1] há três anos demonstra que a guarda psicoterapêutica não deve inicialmente equivaler a uma guarda individual. Trata-se de um aparente paradoxo para quem não quer reconhecer a dimensão de abuso de poder que está em jogo — presente em todos os meios socioculturais. Isso é conhecido nos grupos familiares do Quarto Mun-

---

1. Ver a obra do centro de Buttes-Chaumont, da editora Nathan: Gruyer F., Sabourin P. e Fadier-Nisse M., *La violence impensable; inceste et maltraitance* [A violência impensável; incesto e maus-tratos], cuja conclusão é constituída por um protocolo de intervenção social, judicial e terapêutica para a proteção das crianças vítimas de abusos sexuais e de maus-tratos.

do,* marginalizados e sofrendo de exílio, assim como nos isolatos** do meio rural, vestígios do patriarcado do Antigo Regime. Esse incesto atuante pode ser encontrado em famílias da pequena burguesia paramilitar e mística, onde o gosto pela força e pela ordem moral transforma a casa em trincheira ou câmara-ardente.Também é relativamente freqüente em famílias nas quais predomina uma homossexualidade masculina ativa, traduzida sob forma de pedofilia, transformismo e prostituição infantil nos pontos de todos os desvios em voga, combinados com toxicomania, esteticismo cultural nos meios como o do *show business*, das profissiões liberais etc. Enfim, no submundo dos jogos e da máfia, onde tudo se compra, é a lei do gênero sexual: nessas microculturas instituídas (prostituição organizada, extorsões sob ameaça e tráfico de entorpecentes), vale a lei do silêncio. Quanto ao alcoolismo, sempre mencionado, não passa de um fator que facilita as transgressões.

Se aqui evocamos o incesto, quando ele se tornou atuante entre pais e filhos, é porque é a situação mais difícil de tratar em relação aos abusos sexuais, pois está submetida às maiores resistências, inclusive entre os profissionais da saúde mental e da proteção à infância. Está claro que não abordamos o problema pelo estratagema do mito moderno do incesto entre pai e filha, que poderia se desenvolver como alguma coisa feliz, durável e vitoriosa... Esse mito — para não dizer essa mentira ou essa mistificação suplementar —, se existe como ideologia, na realidade está na ordem da exceção e vai confirmar a regra geral do funcionamento dessas *famílias de transações incestuosas*. O discurso do pai sedutor sempre caminha para uma denegação da realidade, sobretudo denegação do sofrimento de sua filha; apóia-se em todas as justificativas possíveis de um discurso totalitário, um "sei bem, mas mesmo assim...", incluindo o direito ao gozo da criança ou o "dever" de iniciação numa sexualidade de adulto... É uma atitude de *escroque doméstico*.

Tampouco falaremos do incesto irmão-irmã, entre crianças ou adolescentes da mesma faixa etária, dentro de sua dimensão mais freqüente: relações amorosas, sensuais, eróticas, emocionais, feitas de ternura e de relativa proibição, incesto altamente valorizado por toda a cultura contemporânea, desde o romantismo na idade clássica (*René,* de Chateaubriand) até os românticos atuais (como *O homem sem qualidades,* de Musil).

Primeira evidência, o incesto ativo entre pais e filhos muito jovens não tem nada a ver com o sonho ou fantasma incestuoso da criança nem com seu delírio incestuoso, com seu desejo ou pulsão, nem com qualquer literatura; mais freqüentemente, está ligado a maus-tratos parentais, a uma carência afetiva ma-

---

* 1965. Subproletariado, populações miseráveis dos países ricos, 1973. Conjunto de países mais pobres do Terceiro Mundo que, no seu solo, não têm fontes de energia nem matérias-primas (*Dictionnaire des Mots Contemporains, Les usuels du Robert,* 1985). (N. do T.)

** 1962. Grupo étnico isolado — Grupo de seres que vivem isolados (*Petit Robert, Dictionnaire de la Langue Française 1,* 1986) (N. do T.)

terna e a intimidações sedutoras do adulto. Não discutiremos aqui os desenvolvimentos de Glover (1970), para quem "em relação aos critérios sociais do adulto, a criancinha normal é pura e simplesmente a criminosa nata".[2]

No incesto ativo, é uma menina de quatro anos ou um menino de seis que ousa enfrentar a imposição paterna para que se cale, manifestando com sua palavra um pedido de socorro que promove escândalo na família até ali sem grandes problemas aparentemente: "Papai me machuca quando coloca o dedo entre minhas pernas...". Ou então, um garoto fala do padrasto: *"Ele mexeu de novo no meu pipi..."*.

Esse incesto ativo ou atuante é, portanto, inicialmente, *uma palavra* que vem de uma criança sobre aquilo que é proibido designar, nomear, — as pulsões sexuais do adulto com respeito à criança. As mudanças de comportamento desta são imediatas, seus desenhos, fobias e pesadelos confirmarão a primeira palavra quando ela tiver coragem de proferi-la. Mas a credibilidade dessa primeira palavra deverá ser estabelecida rapidamente, senão a criança não falará mais.

Nessas famílias, não é o incesto que é proibido. Em geral, ele é perfeitamente *tolerado* e conhecido pela mãe da criança, cúmplice[3] ou ela mesma mergulhada numa *convivência inconsciente* com o pai "sedutor". Não, é a palavra sobre o ato que é tabu: *"Isso não deve sair da família"*; o tabu protege o totem.

Primeira constatação: essa menininha ou esse menininho que acaba de falar (algumas vezes com palavras veladas, outras de modo bastante claro, ou então virando a cabeça, dando gargalhadas), que ousou dizer que não queria mais ficar a sós com seu pai, essa criança, primeiramente, corre o perigo de que não acreditemos nela. Afinal, apresenta sintomas novos muito violentos e distúrbios de temperamento incomuns e regressivos; seu discurso mudou tornando-se escatológico e hiperssexuado; ela multiplica condutas compulsivas de masturbação que nada têm de banal.

Sua mãe não acredita nela. Ninguém "pode" acreditar nela. Em geral, ela será rejeitada, insultada, punida; quando crescer, será eliminada da família, afastada de sua casa. Isso foi descrito por Ferenczi (1933) num texto conhecido por todos, chamado "Confusion des langues entre les adultes et l'enfant" ["A confusão de línguas entre os adultos e as crianças], e em outros textos seus da mesma época, onde ele precisava que: "O pior realmente é *o desmentido*, a afirmação de que nada aconteceu".[4] Isso é verdadeiro para todo trauma precoce extrafamiliar, mas *a fortiori* quando essa palavra de verdade elementar revela-se uma temível acusação dirigida a um homem da família, ao próprio pai!

---

2. Glover, citado por Alice Miller *in: La connaissance interdite* [O conhecimento proibido], Paris, Aubier, 1990, p. 55. Extraído de *The roots of crime* [Raízes do crime], Nova York, 1984. Essa projeção do conceito de "criminoso nato" sobre o recém-nascido normal não depende mais da observação psicanalítica, mas de uma interpretação dogmática.

3. No sentido clínico e não necessariamente judicial.

4. Ferenczi, *Psychanalyse 4*, Payot, 1982, p. 109.

Nesses casos de abuso sexual intrafamiliar, toque ou penetração do corpo da criança, com todo o seu cortejo de intimidações até ameaças de morte, isto é, de hipnose paterna,[5] a atitude da mãe surge como determinante e "vai tornar o traumatismo patogênico".[6]

De início, tais crianças estão expostas às pulsões sexuais de um homem que elas respeitavam e amavam necessariamente e, em seguida, vêem-se superexpostas em razão mesmo da reduplicação do *desmentido materno*. A guarda terapêutica assumida só será útil se o contato entre esse pai e a criança for inicialmente *interrompido*. É necessário que ela esteja protegida das pulsões parciais de seu ambiente — sadismo intimidante do pai e cegueira materna. Fica bem entendido que o que se designa como "pai" é aquele que assume a autoridade paterna (pai biológico, legítimo ou adotivo, padrasto, avô, tio, irmão mais velho etc.). Cuidar da criança sem protegê-la seria um contra-senso absoluto. Em caso algum a perspectiva de uma terapia deve ser considerada se as práticas transgressoras prosseguirem, quer a sexualidade seja genital, anal ou oral, quer os maus-tratos físicos estejam associados ou não. Em todos os casos, essa criança está submetida a um campo pulsional exterior a ela, implicando um considerável transtorno em seu equilíbrio afetivo e narcísico.

A segunda ilusão perigosa é acreditar que se possa fazer uma terapia individual com a criança nesse momento. É o conjunto da célula familiar que merece toda nossa atenção. De fato, o lugar central em todo esse equilíbrio está do lado da cegueira materna que, por não ser contínua, freqüentemente durou um tempo bastante longo. É esse elemento diagnóstico que constitui a *perspectiva sistêmica* necessária para uma evolução coerente. Eis por que a teoria dos sistemas e as terapias familiares dela decorrentes trazem um esclarecimento novo e fundamental às terapias das famílias em questão.

Nessa perspectiva, achamos útil designar cada um dos três protagonistas dessa célula familiar por uma terminologia específica:

• a criança sofreu *incesto*. Após a puberdade, quando ainda viver relações sexuais com o pai, se houver uma gravidez, seu fruto será uma criança *incestuosa*;
• o pai, dadas as suas pulsões sádicas, violentas e suas relações sexuais atuadas numa confusão entre uma criança e um adulto, pode ser considerado, na maior parte do tempo, como um pai "incestuoso", "fiel à família" ou pedófilo (esse neologismo procura insistir sobre a importância das pulsões assassinas que estão em jogo nesses desvios sexuais precoces, em geral tão subestimados);

---

5. Certo número de conceitos saídos dos desenvolvimentos teóricos de Ferenczi é indispensável a uma apreciação correta dessas patologias. Os principais são a hipnose paterna e materna, o desmentido materno e o auto-sacrifício da integridade de pensamento da criança.
6. Ferenczi, *Psychanalyse 4*, Paris, Payot, 1982, p. 109.

• a mãe, freqüentemente instigadora passiva da ação incestuosa que ocorre em casa, às suas costas, será designada como *incestigadora*. Felizmente, para os filhos, ela pode algumas vezes tomar imediatamente a sua defesa e não hesitar em se opor ao pai para prestar queixa, divorciar-se e se constituir parte civil para o filho etc.

Se houver uma terapia possível, ela somente aparecerá depois que a criança tiver sido protegida, após a comunicação ao substituto do procurador para menores, depois que várias investigações tiverem sido acionadas: a investigação policial, para estabelecer a realidade dos fatos, para procurar eventuais provas (videocassetes, fotos, com bastante freqüência encontrados); a investigação social, para avaliar o conjunto do funcionamento familiar e ajudar na defesa dos direitos da criança por intermédio de um advogado. A partir do momento em que a criança falou, existe presunção de abuso sexual, *portanto, o sigilo profissional está suspenso,* quaisquer que sejam os escrúpulos morais ou deontológicos que possam animar o depositário de tal palavra. Mas não cabe ao médico, psicanalista ou psiquiatra, pediatra ou clínico-geral fazer a investigação no lugar da polícia e do juiz. Os papéis devem ficar limitados ao nível dos interventores. É preciso que esse ato, quer se trate de uma penetração com ou sem defloração, quer se trate de uma ligação incestuosa com toques que já dura anos, seja qualificado como crime ou delito, dependendo de uma jurisdição penal (criminal ou correcional) e de uma jurisdição civil paralela, para a proteção da criança, vítima designada, sem esquecer a proteção de sua irmandade, também ela em perigo.

Por todas essas razões o posicionamento terapêutico mais bem adaptado a tais situações é realmente a terapia familiar e não individual. Que se entenda bem aqui o que queremos dizer: terapia familiar não significa que todas as pessoas incluídas no grupo familiar devam estar presentes; a cadeira vazia do pai é muito útil nessas sessões com a mãe e a criança.

Terapia familiar também não significa exclusão de uma guarda individual em um segundo momento, em relação ao que chamamos de "crise da lei" (graças a essa palavra de criança que escandaliza, revela-se a falha do funcionamento elementar da lei, quando são confundidas a esse ponto a aliança e a filiação). Terapia familiar, por fim, não significa que um trabalho psicoterápico individual não possa às vezes ser conduzido em correlação com uma guarda por longo período (em particular com o pai "sedutor").

Para fazer a devida apreciação da utilidade dessa guarda específica, convém elucidar os conceitos que as teorias sistêmicas avançaram para permitir um trabalho no quadro das patologias mais correntes (psicoses, anorexias,toxicomanias, em certos casos as psicopatias, delinqüência e outras perturbações de caráter). Trata-se de causalidade circular, e é isso que se deve ter em mente para compreender os momentos-chave dessa crise: a revelação, a comunicação, a eventual retratação da criança e algumas vezes a do pai após suas confissões.

Não voltaremos a falar sobre a complementaridade indispensável que se impõe, a nosso ver, entre a psicanálise e o pensamento sistêmico a partir dos trabalhos de Bateson (1956) e da escola de Palo Alto e seu estabelecimento do conceito de *double-bind* — isto é, o duplo laço, o duplo entrave que hoje constitui evidente complemento à consideração dessas patologias extremamente graves que são as neuroses traumáticas precoces. Trata-se de famílias *de transações sacrificiais*, onde a competição, desde sempre, está instaurada, para ver quem é mais vítima que o outro.

Freud sempre situou em um ponto incontornável,[7] na etiologia da histeria e das diferentes neuroses, as causas ocasionais e as causas infantis ligadas aos traumas sexuais. É certo, também, que Freud admitiu seu primeiro erro: acreditar que, efetivamente, a sedução e o traumatismo psíquico precoces podiam explicar *tudo* sobre as neuroses posteriores. Porém esse erro relativo permitiu-lhe descobrir, como sabemos, toda a realidade psíquica e o complexo de Édipo — mais precisamente os complexos de Édipo e suas diferentes influências sobre a perda da realidade na neurose, na psicose, nas psicopatias e outras perturbações depressivas que constituem a paleta da psicopatologia geral do adulto. Mas no que se refere à patologia muito polivalente que as crianças podem apresentar no momento em que esses abusos sexuais são cometidos e camuflados, é para um teórico como Ferenczi que vamos nos voltar. Com ele, verificaremos a que ponto aquilo que está na circularidade em jogo não é somente o efeito direto traumático, *sexual Schreck* (terror sexual ou choque sexual pré-pubertário), como Freud já o designava numa célebre carta a seu amigo Fliess,[8] mas sim, precisamente, *o desmentido do acontecimento pela mãe* da criança. Pois a criança tenta relatar o acontecimento, com grande dificuldade; tenta fazer confidências à mãe, ou mesmo a um adulto conhecido em posição materna (uma enfermeira, uma amiga, uma professora), para sair dessa outra hipnose que Ferenczi chamava de *hipnose por insinuação*, qualificada de hipnose materna: "Mas não, você deve ter se enganado, não sentiu dor, está mentindo para si mesmo, era brincadeira, de qualquer forma era seu pai, você não tem vergonha, pense em outra coisa, é culpa sua, você bem que procurou e, além disso, diga-me, você teve prazer...?".

Para diminuir a influência do trauma sexual precoce e sua convicção da perversão do próprio pai,[9] Freud conseguiu construir uma ficção que, depois de

---

7. Ver, a propósito, os trabalhos de Balint, Winnicott, Masud Khan, Alice Miller e de Pierre Sabourin, *Ferenczi, paladin et grand vizir secret*, Paris, Editions Universitaires, 1985.

8. Correspondência Freud-Fliess, 15 de outubro de 1895, in *Naissance de la psychanalyse*. Paris, PUF, 1956, p. 113.

9. *Les lettres complètes de Freud à Wilhelm Fliess, 1887-1904*, editado por J. M. Masson. Carta de 8 de fevereiro de 1897, *in The complete letters of Freud to W. Fliess*, Cambridge, Massachusetts e Londres, Harvard Univ. Press, 1985, p. 230: "Infelizmente meu pai era um desses perversos, ele é a causa da histeria de meu irmão (cujos sintomas são identificações) e a causa da his-

sua morte, ultrapassará o que ele poderia ter concebido como desenvolvimento, não somente teórico, mas ideológico! Em "Etologie de l'hystérie" ["Etiologia da histeria"], em 1896, ele pensava encontrar apenas as fontes etiológicas da histeria. Na verdade, descobria o que hoje chamaríamos de "as disfunções familiares em seu conjunto". Sua intuição clínica e sua dedução chegam até a designação do laço inconsciente no estuprado com seu sedutor:

Ali, onde acontece a relação entre duas crianças,[10] as cenas sexuais conservam esse mesmo caráter repulsivo, levando-se em conta que toda relação infantil *postula uma sedução prévia* de uma das crianças por um adulto. As conseqüências psíquicas de tais relações entre crianças são extraordinariamente profundas; as duas pessoas, durante sua vida inteira, permanecem acorrentadas uma à outra *por um laço invisível*.[11]

Por outro lado, relativizando a influência do traumatismo, sabemos bem que Freud sempre conservou sua percepção complexa dos fenômenos observados, dando sempre uma definição mais que determinada[12] do sintoma. "O sintoma histérico é o *símbolo mnemésico* de certas impressões e experiências vividas, eficazes (traumáticas)." Ou ainda:

"O sintoma histérico é o *substituto* produzido por conversão do retorno associativo dessas experiências traumáticas." Da mesma forma, "o sintoma é *a expressão de uma realização de desejo*, do mesmo modo que é um *retorno* de um *modo de satisfação sexual* que foi real na vida infantil e que, então, foi recalcado [...]", é também um "*compromisso* [...]".

Ele considera essas tentativas de definição como complementares e não excludentes, mesmo se naquele dia preferiu a noção de compromisso, contrariamente ao que gostaria de dar a entender a ideologia psicanalítica mais oficial. É bem desse modo que hoje somos levados a considerar que esse laço invisível é um lugar constitutivo da patologia mental, que observamos tanto na criança quanto no adulto e que de longe ultrapassa o quadro da histeria para englobar as perturbações caracteriais, depressões, psicopatias, anorexias e psicoses pós-traumáticas etc.

A terapia familiar — particularmente, a terapia que se inspira em teorias sistêmicas — tem, portanto, seu fundamento nesse tipo de constatação e de dedução. Essa medida, em face das situações incestuosas, parece a única perspectiva possível para desatar o que pertence ao laço mãe-filho e à sua evolução possível, para evitar as identificações com o agressor que muito cedo vão trans-

---

teria de várias de minhas jovens irmãs. A freqüência dessa circunstância não deixa de me surpreender".

10. Nesse texto muito preciso, Freud evoca a relação sexual entre duas crianças de faixas etárias diferentes.

11. S. Freud, "Os fantasmas histéricos da bissexualidade, 1908, *in Nevrose, psychose et perversions*, Paris, PUF, 1973, p. 153. As passagens são grifadas por mim (Pierre Sabourin).

12. S. Freud, "A etiologia da histeria", 1896, p. 106. Texto a ser relido em detalhes *in Nevrose, psychose et perversions*, op. cit.

formar essas crianças estupradas em sedutores que viverão muito mal a adolescência, a vida sexual, a maternidade ou paternidade (prostituição, toxicomania, histeria de conversão e psicose histérica, suicídio e brutalização, até mesmo infanticídio...).[13] Daí a importância em se evitar o amálgama entre criança-delinqüente e criança-vítima.

Se todas as vezes se trata de uma conotação positiva do sintoma nas terapias familiares, em geral ouvimos dizer, sem inocência, que seria realmente curioso ir ali conotar positivamente um sintoma de incesto! Isto mostra bem o desconhecimento geral do que ocorre com o funcionamento inconsciente entre os três protagonistas essenciais que estão em jogo nesse tipo de família: o pai, a mãe e a criança. De fato, se existe um sintoma que merece ter uma conotação positiva, seguramente não é a transgressão paterna (a menos que também nos coloquemos fora da lei, em conluio com o pai sedutor), mas sim a *posição sacrificial da criança* no centro mesmo de tudo o que vai se desenvolver: inicialmente a sua tentativa para falar, sua vitória excepcional em se fazer ouvir e desvelar junto de seus próximos o que lhe aconteceu; em seguida, sob a pressão dos acontecimentos e a pressão parental conjugadas, a criança vai retirar a sua palavra e retratar-se. Sua mentira, quando a criança diz que *é uma mentirosa*, será ainda uma atitude sacrificial, a pior de todas, fundadora de uma quantidade de ocorrências que vão se suceder até a improcedência, por exemplo, no plano judicial, até suas tentativas de suicídio e sua subseqüente patologia psíquica.

Para nós, impõem-se duas conotações positivas: a atitude sacrificial da criança e a conotação positiva do nascimento do sentimento de ódio na mãe (este, até aqui, estava particularmente recalcado desde sua infância, proibido pela moral, pela religião e por todo discurso psicológico invocador do amor aos pais, do perdão etc.). Por outro lado, impõe-se também a amplificação da crise pela terapia e pela perspectiva do processo judicial, para se sair da lei do silêncio que é o funcionamento constitutivo dessas famílias de transações incestuosas. Nesse tipo de família, a lei da linguagem, supostamente universal, é encoberta, graças à intimidação e à ditadura intrafamiliar, pela lei do silêncio reforçada por todas as ameaças explícitas e implícitas. Em tais famílias, as regras intrínsecas de funcionamento têm uma *função de lei* ditatorial. Amplificar a crise é, portanto, recusar-se a submeter-se ao segredo, ao silêncio, ao mutismo, às mentiras que vêm colaborar para a manutenção de uma homeostase primeira, isto é, uma não-mudança extremamente rígida. Amplificar a crise é recusar esse estado de coisas; é o que faz a criança logo que fala e, por isso, sua palavra tem valor de pedido de socorro, pois não somente é uma palavra de verdade — e, como vimos, particularmente intolerável —, mas é uma palavra que designa a impossível e a "impensável violência" e, assim, torna-se acusa-

---

13. Catherine Bonnet, *Geste d'amour, l'accouchement sous X*, Paris, Odile Jacob, 1990.

dora do adulto ou dos adultos de quem essa criança mais necessita para sua proteção!

Aqui vemos bem o duplo laço, perfeitamente trágico, do qual uma criança é prisioneira. Se houver uma retratação, veremos essa criança duplamente refém em sua própria família, submetida às injunções contraditórias de ser uma menina bem-educada (ou um menino) e, não obstante, obedecer às provocações, intimidações, exibições sexuais, iniciação e masturbações de seu pai. Quando há penetração do corpo da criança, é um estupro, seja a penetração oral, anal ou genital (lei de dezembro de 1980), e portanto um crime. Se o pai confessa, parcial ou totalmente, seu advogado saberá defendê-lo com todos os argumentos possíveis, a fim de desqualificar a palavra da criança. Se o pai não reconhece os fatos, ou se ele se retrata (o que é cada vez mais freqüente, levando-se em conta a quantidade de pais sedutores em prisão preventiva que desmentem suas confissões), o juiz de instrução terá muita dificuldade em levar em consideração a palavra da criança, pois essa palavra é frágil se a criança, ela também, não estiver a todo instante assistida por um advogado. Esse elemento judicial amplifica a crise de maneira considerável, pois coloca em destaque a noção dos direitos da criança diante dos direitos do adulto. É um dos elementos constitutivos do tratamento correto desses casos; com efeito, existe uma função reparadora prévia, indispensável a uma retomada da evolução interrompida nessa criança, em particular o desenvolvimento natural de seu complexo de Édipo que está estacionado. Para poder cuidar desse conjunto familiar em crise, é preciso que, ao mesmo tempo, haja estrutura de uma rede de acolhimento (família ampliada, assistência educativa) e que a criança tenha um advogado.

Em seguida, o esclarecimento dos laços familiares nas três gerações permitirá uma transformação da mãe em relação à lei, à medida que será possível fazer-lhe a seguinte sugestão paradoxal: continuar a se submeter à lei, mas mudando de legislador, e passar da lei tirânica de seu marido, totalitário e ditador, à lei republicana e democrática — que se impõe a ela e a nós — com relação ao que é autorizado ou proibido. É aí que a mãe será levada a fazer todo um trabalho em sua memória, em sua própria infância de criança maltratada e não raro vítima, também ela, de abuso sexual... onde elaboração e tomada de consciência de suas coações infantis vão substituir as repetições mortíferas.

É nessa perspectiva que a terapia familiar permitirá negociar a seguinte mudança: num primeiro momento, a menina-vítima é considerada uma mentirosa e depravada que acusa seu pai. Nem tanto vítima das sevícias sexuais que ele lhe impôs, nem tanto vítima (em menor grau) de descrédito, ela é sobretudo acusada de querer desestabilizar a família, de enviar o pai para a prisão, de arruinar a educação dos irmãozinhos e irmãzinhas. Para a criança, em geral, isso é muito difícil de suportar: "você quer me matar", repete continuamente sua mãe.

A perspectiva útil da terapia familiar pode permitir ultrapassar essa primeira fase em que a criança é *uma mentirosa e uma perversa-designada-*

pelo-pai-e-seus-aliados, vítima mensageira do equilíbrio homeostático de sua família, para tornar-se, numa segunda fase, graças à terapia de rede, uma *vítima-paciente-designada-pelo-grupo-familiar ampliado.*

Ela não é mais designada pelo pai ou pela célula ditatorial que ocupa o seu lugar (sua família de origem que constitui um bloco em torno do mito da família limpa, sadia e unida), mas designada por um novo conjunto protetor do qual faz parte a rede pluridisciplinar que se estabeleceu para proteger todas as crianças; dela fazem parte os terapeutas, outros membros da família, o advogado, as assistências sociais, o meio judicial, os centros de acolhimento e qualquer pessoa que intervenha naquele momento e com quem a criança vai falar. Assim, essa criança sob hipnose — se não sob perpétuo terror — poderá descobrir um espaço de palavra autêntica para si, porque acreditaram nela. Nessas condições, não é surpreendente ouvir as crianças contarem espontaneamente que a primeira pessoa que teve um efeito salutar sobre seu infortúnio foi o policial a quem elas puderam falar e que tomou os seus depoimentos sem duvidar de suas palavras.

Eis por que hoje podemos dizer que, diante do incesto atuado entre pais e criança, a psicoterapia individual, a psicanálise ou outra técnica individual que pretendesse esclarecer completamente os conflitos intrapsíquicos da criança é um contra-senso teórico e prático. Consideramos, portanto, a terapia familiar como uma das melhores maneiras de abordar tal crise da lei, com a condição de ter em mente que, se houver urgência, ela não é apenas médica mas médico-sócio-judicial. A *terapia de rede* [14] permite, sozinha, fazer frente a essa pressão intrafamiliar que reina sem divisão antes e depois do desvelamento, durante e depois da comunicação na justiça e depois da saída do pai da prisão, quando será o caso de criar uma nova definição das relações... Isso implica uma guarda individual ou coletiva desse pai sedutor, ele mesmo, freqüentemente, uma vítima do incesto na infância, para evitar sua reincidência. Essa guarda deverá gerir a *eventual perda do poder pátrio,* quando esta tiver sido pronunciada, e permitir que as crianças sejam acompanhadas durante muito tempo, a fim de evitar a repetição da transgressão nas gerações seguintes...

---

14. Ver Mony Elkaim, *Les pratiques de réseaux,* Paris, ESF, 1987: "[...] isso permite, assim, que contradições produzam novos enunciados ali onde não seriam produzidos no interior de codificações oficiais".

VI

ABORDAGEM SISTÊMICA
DO TRATAMENTO SOCIOJUDICIÁRIO
DA CRIANÇA VÍTIMA
DE ABUSOS SEXUAIS INTRAFAMILIARES

HERVÉ HAMON

Por que a abordagem sistêmica? A escolha se me impôs por várias razões: de fato, a linguagem jurídica por si só parece-me insuficiente — mais precisamente inadequada — para dar conta desse trabalho tão complexo que é o dos juízes de menores e das equipes de agentes sociais (quer trabalhem acima do judiciário, quer no próprio quadro judiciário). Na maioria das vezes, a linguagem jurídica acarreta uma epistemologia linear, e o aparelho judiciário continua a querer entreter uma ficção científica herdada do século XIX, segundo a qual ele permaneceria fora de sua observação (Aubrée e Taufour, 1988).

Os juízes de menores sabem há muito tempo que não podem mais se contentar com essa ficção. Não podem mais ignorar que "a realidade definida pelo judiciário e por ele criada deve levar em conta seu caráter sistêmico e sua dimensão circulatória. A realidade de um jovem não é apenas aquela criada por seu psiquismo ou por sua família, mas a realidade co-definida pelo magistrado, pelos agentes sociais designados e o conjunto do seu meio ambiente" (G. Aubrée e Ph. Taufour,1988).

É também útil justificar uma reflexão fundamentada concomitantemente numa prática profissional e numa prática de formador, no seio de uma equipe pluridisciplinar: a análise sistêmica é utilizada no quadro da formação contínua na escola da magistratura.

Por fim, parece-me que uma tentativa de teorização a partir de um sistema judiciário deve permitir a retomada de perspectiva das dificuldades técnicas com as quais se chocam tanto os magistrados das jurisdições penais quanto os das jurisdições civis, particularmente nos casos de abusos sexuais intrafamiliares.

Isso porque, por um lado, esses casos são de longe os mais freqüentes que veremos e apresentam o grau máximo de dificuldades técnicas de tratamento para o aparelho judiciário, em geral, e para o juiz de menores em particular.

Por outro lado, essa hipótese permite uma teorização que fornece a melhor possibilidade de dar conta do confronto dos dois sistemas de natureza diferente: o sistema familiar e o sistema judiciário e as dificuldades dele resultantes.[1]

O SISTEMA FAMILIAR

O sistema familiar tem por característica inerente ser um grupo de pertencimento. "O pertencimento indica simplesmente a relação de um indivíduo com um conjunto que o 'contém' e ao qual ele 'pertence'. O grupo de pertencimento que é a família impõe uma solidariedade dos membros entre si" (Neuburger, 1988, p. 50). "Os rituais de pertencimento têm por função participar da constituição e da manutenção da família."

Esses rituais não devem ser confundidos com o mito familiar. Por ritual retomaremos a definição de R. Neuburger: "o ritual representa para nós qualquer interação codificada, repetida, de natureza essencialmente analógica, cuja função é a de criar ou reforçar os laços de pertencimento ao sistema considerado". "O mito familiar é uma representação — partilhada pelos membros do grupo — do próprio grupo como conjunto e de suas relações com o mundo."

O sistema familiar das famílias de transação incestuosa apresenta várias características:

- uma grande confusão, ao nível das fronteiras através das gerações, dos papéis e das identidades no interior do próprio sistema;
- uma fronteira organizacional muito pouco permeável ao exterior;
- uma organização fundada em torno do segredo, às vezes por várias gerações.

A confusão ao nível das fronteiras, de geração a geração — Com muita

---

1. Por abusos sexuais intrafamiliares, visarei às qualificações jurídicas de estupro e atentado ao pudor, por ascendente legítimo, natural ou adotivo ou qualquer pessoa que tenha autoridade sobre menor de quinze anos e maior de quinze anos, tais como visadas e reprimidas pelos artigos 331, alíneas 1 e 2 e 322 do código penal.

freqüência, essa confusão é descrita nos relatórios de investigação social ou de ação educativa em campo, contidos em nossos dossiês de assistência educativa.

Por definição, as fronteiras das gerações não são respeitadas na transgressão que representa uma relação sexual pai-filha. Essa relação implica um casal pai-filha e ao mesmo tempo coloca, no mesmo nível, mãe e filha.

Em certas situações percebemos que a mãe se encontra na posição de mãe em relação ao marido; à luz dessa observação, devemos compreender os conflitos de lealdade dos quais as mães são prisioneiras. Elas não estão diante da escolha impossível de ter que escolher entre o marido e o concubino, mas de ter que escolher entre dois filhos. Esses conflitos de lealdade são um tanto complexos e particularmente difíceis de solucionar, e testemunham um sofrimento extremo.

Nessas histórias familiares, as repetições que aprisionam as mães nas escolhas sucessivas de marido ou concubino são impressionantes.

Da mesma forma, quando as investigações sociais remontam ao longo das gerações, não podemos deixar de nos impressionar ao constatar a que ponto essas confusões já estão presentes nas gerações anteriores (em geral, nos dois ramos genealógicos), o que contribui para acentuar esse lado quase mítico da fatalidade e do destino dessas famílias e para ressaltar a impressão da inutilidade dos serviços sociais, médicos ou judiciários ou de sua incapacidade de ser agentes de mudança nessa repetição particularmente mortífera.

Guy Ausloos (1979) levanta a hipótese de que "a mensagem que se forma em segredo é transmitida graças às regras que impedem sua revelação", de que esse paradoxo é explicado pelo jogo de estagnações relacionais que elas acarretam e das dívidas de lealdade que engendram. A importâcia dessas regras tornar-se-á tal que elas evidenciarão o que se supunha que escondessem.

Essa evidência, contudo, não é compreensível no sistema familiar; é também a única saída para transgredir as regras que se tornaram muito embaraçosas: essa transgressão revelará o segredo atuando sobre este.

Uma fronteira organizacional muito pouco permeável ao exterior — Essa característica dá conta perfeitamente das observações feitas pelo agentes sociais, a saber que essas famílias vivem com pouquíssimos contatos exteriores; elas têm pouca relação com parentes mais afastados ou com amigos. Os universos familiares e profissionais são muito clivados.

As crianças têm poucos amigos, os quais (em geral, colegas de escola) não têm acesso ao domicílio familiar. A imagem estereotipada da família do subproletariado agrícola isolado em pleno campo pode ser inteiramente transposta para os modelos mais proletários, até mesmo burgueses, que atualmente emergem de maneira impressionante no campo judiciário. O incesto não é uma questão de classe social, mas de modo de funcionamento. Essa característica também dá conta da dificuldade de ação de todos os interventores sociais e médicos tradicionais (PMI, polivalência de setor etc.) O único ponto de contato entre o sistema familiar fechado e o exterior é o sistema escolar, sistema de inclusão por definição, suficientemente obrigatório para abrir uma brecha no sistema familiar. Portanto, não é por acaso que a escola atualmente ocupa uma posição estratégica na questão de revelar e comunicar o fato, e nem é por acaso que constitui objeto de tanta solicitude por parte das campanhas de prevenção. As comunicações e as relações sociais testemunham a extrema dificuldade do estabelecimento do apoio educativo, terapêutico, individual ou familiar. As noções de ajuda, relação, verbalização sobre as relações subfamiliares não são absolutamente operantes e parecem inclusive desprovidas de sentido. É igualmente difícil para os interventores fazerem aparecer, diante da observação, uma compreensão da dinâmica familiar. Transcendendo a recusa explícita de ajuda, as comunicações sociais e os relatórios dos serviços sociais, que intervêm por decisão judiciária, não trazem elementos sobre o que poderiam ser os rituais de pertencimento dessas famílias.

A partir disso, várias hipóteses podem ser sugeridas:

a) Os agentes sociais e magistrados, pouco familiarizados com esses dados teóricos, não têm formação para tais percepções;

b) O segredo, funcionando como lei interna, atrofia e até mesmo torna impossível a existência de rituais de pertencimento: o ritual é confundido com a regra, e ela própria é confundida com a lei. Um dos únicos rituais detectáveis é a contabilidade exata das regras das moças, feita por suas mães. De fato, com freqüência, encontramos esse exemplo nos relatórios sociais;

c) Os rituais existem, mas são de fato rituais de esquivez — rituais de terror.

Poderíamos lançar a hipótese de que toda organização familiar que repousa na preservação do segredo implica, por parte do pai, estratégias que lhe permitam administrar lapsos de tempo a fim de possibilitar as relações sexuais com a filha.

É de imaginar que essas estratégias ensejem ritos familiares (notadamente em torno do ninar) que permitem esse tempo, com a cumplicidade ativa ou passiva dos outros membros da família.

Podemos, igualmente, imaginar que a criança prepare contra-estratégias de esquivez, as quais terá de ritualizar para tornar eficazes. Todos esses rituais, por definição, são dificilmente acessíveis aos interventores externos.

Essa extrema rigidez, essa resistência à inclusão dão conta igualmente da dificuldade de avaliação pelos agentes sociais. Muitas famílias, no momento da revelação dos abusos sexuais intrafamiliares, não são conhecidas dos agentes sociais. Assim, o conteúdo das comunicações é forçosamente vazio no que se refere a indicações sobre a história e o funcionamento familiar.

A lei de 10 de julho de 1989 dá a essa dificuldade toda a sua significação, introduzindo em seu artigo 69 a noção de presunção de maus-tratos, de impossibilidade de avaliar a situação ou de recusa manifesta de aceitar a intervenção do serviço de auxílio social à infância; qualquer um desses casos justifica que se informe sem demora a autoridade judiciária.

177

A organização em torno do segredo — Consideraremos aqui a definição de segredo de Guy Ausloos (1979) em seu artigo "Secrets de famille" [Segredos de família].[2] "É um elemento de informação não transmitido, que nos esforçamos consciente e voluntariamente por esconder de outrem ao evitar comunicar seu conteúdo, seja do modo digital, seja de modo analógico."

O segredo da relação incestuosa encerra várias particularidades:

a) É um segredo que implica a violação da lei num triplo nível simbólico, moral e social (jurídico);

b) É um segredo forçosamente partilhado, pois uma relação sexual implica por definição duas pessoas;

c) É um segredo partilhado, mas impingido por um dos protagonistas, a saber, o pai, com relações sexuais impostas pela violência ou não.

Esse segredo pode ser partilhado, mais raramente, pelos pais, e a criança vítima pode não saber de modo manifesto que sua mãe conhece o segredo. Esses segredos compartilhados entre certos membros do sistema familiar associam-se sobretudo a não-ditos, a assuntos que se concorda em não mencionar. Quanto aos demais membros da família, se não têm acesso ao segredo, nem por isso deixam de saber que há um segredo. Com efeito, "instaurar um segredo equivale a constituir um saber intransmissível para o outro que, logo de início, cria uma relação dialética".

"O saber implica igualmente um poder sobre os outros membros da família, mas a contrapartida desse poder está combinada com uma ameaça: a revelação do segredo." Para o pai incestuoso, a única maneira de conter essa ameaça será estabelecer meios de controle. Guy Ausloos emprega aqui uma analogia que me parece muito esclarecedora, pois ele compara o sistema de controle estabelecido para evitar a revelação do segredo aos meios necessários quando se faz uma lei para ser respeitada e aplicada.

No sistema das famílias incestuosas, a lei moral e social é transgredida, mas não anulada, e é substituída por uma lei familiar que se reduz e se resume ao respeito pelo segredo.

Se voltarmos à questão do segredo partilhado e da contrapartida do poder que constitui a ameaça da revelação do segredo, poderemos compreender melhor os mecanismos reiterados de controle, até mesmo de terror, do pai sobre a criança vítima:

"Se você falar, nós dois vamos para a cadeia."
"Se você falar, ninguém acreditará em você."
"É um segredo entre nós."
"Se você falar, sua mãe morrerá."

---

2. O desenvolvimento que se seguirá se apoiará de modo amplo neste artigo, particularmente rico para a compreensão dos sistemas familiares de transação incestuosa, ainda que não trate deles diretamente.

"Se você falar, eu mato você." etc.

Igualmente, os elementos de complexidade para a vítima que, ela mesma, se encontra num sistema de poder em relação ao seu pai, pois detém a possibilidade de falar.

O segredo e a revelação potencial desse segredo partilhado implicam o fato de que cada um dos protagonistas desse jogo terrível se coloque no lugar do outro e examine cada situação do seu ponto de vista; daí um jogo de espelho, uma especularidade potencialmente infinita.

A parte de responsabilidade no jogo da vítima, transversalmente a essa especularidade, parece-me apagada, até mesmo negada pela teoria de Summit (1983) sobre a síndrome de adaptação. De fato, podemos qualificar essa hipótese de circular, consistindo de: 1) reação de alarme, 2) fase de resistência, e 3) fase de esgotamento, que não permite levar em conta a responsabilidade da vítima e, assim, contribui, conseqüentemente, para negar-lhe a existência de culpa. Como levar em conta a culpa da vítima se a negarmos?

Da mesma forma, essa responsabilidade da vítima parece-me negada pela afirmação de que os meios de controle acima descritos bastariam para explicar a não-revelação pela vítima. Pareceria muito mais interessante pesquisar em que momentos, em que situações, a revelação da relação incestuosa, pela criança e/ou pela mãe, torna-se possível.

O CONFRONTO DO SISTEMA FAMILIAR COM O SISTEMA JUDICIÁRIO

No confronto do sistema familiar com o sistema judiciário, o procurador da República, encarregado dos menores, ocupa um lugar central estratégico.

No plano penal

O procurador da República recebe as queixas e as denúncias e faz uma apreciação do prosseguimento a ser dado (art. 40, al. 1 do CPP). Deve-se considerar que o seu poder não está limitado às queixas e denúncias, mas se estende a qualquer ato que o avisa de uma infração cometida. Se ele considerar necessárias as diligências, movimentará a ação pública. Para isso, é ajudado pela polícia judiciária que está estreitamente subordinada a ele e sobre a qual ele tem poder de estímulo e de controle.

No plano civil

Se julgar igualmente necessário, ele pode embargar por petição o juiz de menores, com base no artigo 375 do código civil, "se a saúde, a segurança ou a moralidade de um menor não-emancipado estiverem em perigo ou se as condições de sua educação estiverem gravemente comprometidas".

O desencadeamento da ação pública em geral acarreta, quase de modo sistemático, o requerimento ao juiz de menores. Inversamente, o procurador da República pode optar por não desencadear a ação pública e embargar somente o juiz de menores (em razão de insuficiência de provas ou da convicção de que diligências seriam inoportunas, e até nefastas tanto para a criança quanto para o conjunto familiar, invalidando um trabalho social e/ou terapêutico possível ou já iniciado). Mas esse amplo poder do procurador da República esbarra em limites. No plano penal, as vítimas podem mover ações judiciais, constituindo-se parte civil, embora nos casos de criança vítima de abusos sexuais isso pressuponha que a mãe se constitua parte civil em nome da filha — o que, na realidade, é muito raro, levando-se em conta a complexidade dos conflitos de lealdade já descritos. Para tentar remediar essa dificuldade a lei de 10 de julho de 1989, no seu artigo 13 (inserido no CPP no artigo 87-1), inscreveu a possibilidade de o juiz de instrução designar diretamente um tutor *ad hoc*. O tutor poderá, se for o caso, pedir ao juiz que designe um advogado de ofício para exercer os direitos reconhecidos da parte civil. Esse artigo prevê apenas — e é uma lacuna da lei — os casos de crianças vítimas de maus-tratos cometidos pelos (ou por um) dos titulares do exercício do pátrio poder. O que exclui, de fato, o caso dos concubinos e do pai natural que não tenha, em conjunto com a mãe, solicitado ao juiz das tutelas o exercício conjunto do pátrio poder; esses casos, porém, são bastante freqüentes nas situações que temos de conhecer no campo judiciário.

Por outro lado, no plano civil, o artigo 375 do código civil prevê que o juiz de menores possa ser embargado por requerimento de pai e mãe ou de apenas um dos dois, do responsável jurídico, do tutor ou inclusive do próprio menor. Esses casos de requerimento (pelas mesmas razões descritas anteriormente no código penal) são extremamente raros.

Do mesmo modo — e aí está um poder um tanto derrogatório ao direito comum —, o artigo 375 do código civil prevê que o juiz de menores possa se embargar de ofício. De fato, é por seus laços muito privilegiados com os parceiros do mundo social e médico que o juiz de menores, em geral, será o primeiro a ser alertado.

O embargo de ofício confere inegável flexibilidade ao juiz de menores; o artigo 375 do código civil assinala, contudo, seu caráter excepcional. Além disso, nos casos de maus-tratos e de abusos sexuais, geralmente o próprio juiz de menores solicita a petição do Ministério Público. Finalmente, devemos lembrar que, mesmo nos casos de embargo de ofício, o juiz de menores é obrigado a comunicar os elementos do seu procedimento ao procurador da República.

Em resumo, o juiz de menores será de fato embargado, com mais freqüência, por petição do procurador da República, depois do desencadeamento de uma ação pública pelo subterfúgio de uma queixa no sentido amplo ou de uma comunicação dos serviços sociais médicos, solicitando ao procurador da República que embargue o juiz de menores.

Nas duas hipóteses, nota-se claramente uma constante, a saber, que o pedido formulado ao sistema judiciário para que intervenha no sistema penal e/ou civil, na maioria das vezes, parte de um pedido exterior à família. A ausência de pedido das vítimas, particularmente, levanta certo número de questões e pede determinadas observações. Ademais, não é específica do judiciário, englobando também os demais interventores, agentes sociais, médicos, meio escolar, psiquiatras etc., que são pouco solicitados pelas crianças e por seus pais. Não se deve confundir pedido e desvelamento das sevícias sexuais pela criança e/ou sua mãe. De fato, se devemos entender o desvelamento como um pedido geralmente explícito para que os fatos cessem, também devemos observar que este nunca (ou muito raramente) constitui um pedido elaborado de apoio e de mudança, tal é a alienação do pedido individual nesse tipo de sistemas familiares. Da mesma forma, os pedidos de que são encarregados os juízes de menores, por meio das comunicações efetuadas pelos parceiros sociais e médicos, são pedidos de proteção bastante lineares e, afinal de contas, bastante análogos à formulação das vítimas: que as crianças sejam protegidas, afastadas, que o autor seja punido, que cessem os abusos, como se a comunicação se confundisse com o sintoma e como se o sofrimento, na melhor das hipóteses, só pudesse ser alegado do exterior por um pedido de ajuda.

Isso vai inteiramente ao encontro de uma das conclusões do relatório que redigi para o Conselho da Europa em novembro de 1987 (Hamon, 1988), no qual apresentei a síntese dos relatórios de dezessete países sobre os aspectos jurídicos das violências intrafamiliares. Com efeito, os relatórios davam conta de que os países, na maioria, encaravam o recurso ao judiciário, penal notadamente, como uma obrigação, até mesmo como uma fatalidade da qual nada esperavam, exceto um "fornecimento" de soluções.

As recentes campanhas do Ministério da Saúde sobre os abusos sexuais, se contribuíram abertamente para revelações, comunicações, denúncias e queixas mais fáceis ao aparelho judiciário, de certa forma reforçaram essa clivagem entre o sintoma e o pedido de ajuda. Da mesma forma, a lei de 10 de julho de 1989, introduzindo em seu artigo 69 a noção de presunção de perigo ao lado dos conceitos habituais de risco e de perigo, a meu ver, a partir de uma preocupação técnica — a impossibilidade de avaliar e a recusa manifesta dos pais —, vem aumentar a confusão, mesmo se ela reconhece *a contrario* a possibilidade do tempo de avaliação.

Enfim, o pedido externo é antes de tudo um pedido de proteção que, em nome da lei, tem formulação no mínimo muito complexa, à medida que os fatos revelados e comunicados são igualmente crimes ou delitos suscetíveis de ações judiciais por iniciativa do procurador da República.

Os agentes sociais e médicos então confrontam-se diretamente com o sistema judiciário penal. Os movimentos militantes que reivindicaram ações judiciais penais sistemáticas aumentaram ainda mais a confusão do pedido ao aparelho judiciário; as ações judiciais penais tornaram-se um fim em si, em nome da ilusão terapêutica do judiciário e em lugar de um apoio educativo e terapêutico.

Agora, na questão extremamemte complexa do confronto do sistema familiar com o sistema judiciário e, mais particularmente, do tribunal para crianças, parece importante retomar a questão do segredo.

Vimos que o segredo era obrigatoriamente partilhado entre o pai e a criança; que a mãe às vezes partilhava o segredo com o pai sem que a criança o soubesse. Vimos que esse saber implicava uma relação dialética com os outros membros da família, trazendo como conseqüência o fato de que, se ignoravam o conteúdo do segredo, mesmo assim eles sabiam que havia um segredo. Na maioria dos casos, todo mundo sabe do segredo. O aparelho judiciário entra em confronto com o desafio técnico do tratamento desse segredo. É o que Michèle Neuburger define como o paradoxo do segredo dirigido ao homem público (1988).

Em se tratando de abusos sexuais, o próprio juiz de menores é muitas vezes confrontado com a questão do segredo. Em seu gabinete, pedem-lhe, a partir de confidências, que ele guarde segredo. Ora, o juiz de menores é um magistrado — homem público por definição, submetido a regras muito estritas do contraditório. Podemos levantar a hipótese de que tais pedidos de segredo estão inteiramente no registro do desafio e que é com conhecimento de causa e total deliberação que a confidência é feita nesse lugar, e não diante de um agente social, um médico, um terapeuta etc.

Por outro lado, ocasião da comunicação e/ou da queixa, o magistrado (juiz de menores e/ou juiz de instrução), pelo subterfúgio da declaração pública, vai ter de dizer o que todo mundo já sabe na família; mas essa declaração pública, sobretudo, vai revelar que cada um sabe o que os outros sabem. É mediante esse dito público que o magistrado — com o que Michèle Neuburger chama de um magnífico salto lógico — vai colocar o sistema familiar em crise. O conhecimento do conhecimento descortina uma outra maneira de funcionar. A enunciação pública torna *common knowledge* (CK) o conteúdo do segredo e desencadeia, segundo Dupuy (1986), a seqüência dos raciocínios especulares ao infinito, que permitirá a cada um conhecer sua sorte.

Não só é verdade que cada um sabe que o pai e a criança têm relações sexuais; doravante cada um sabe que os outros sabem desse fato e que eles sabem que os outros sabem etc., até o infinito.

O SISTEMA JUDICIÁRIO

O sistema judiciário apresenta a característica de ser um grupo constituído por inclusão. Retomaremos a definição de Robert Neuburger (1988, p. 27):

A relação de inclusão isola, a partir de um conjunto já constituído que pode ser um grupo de pertencimento, um subgrupo ou subgrupos de elementos que tenham propriedades comuns.

A formação dos rituais de inclusão é a de selecionar sujeitos, depois obter sua aceitação 'mostrada' para reforço numa categoria predeterminada. Podemos falar de reificação do sujeito no sentido de que o indivíduo não é mais representado senão por uma característica parcial, até mesmo, ao extremo, por uma matrícula. Como para os rituais de pertencimento, distinguiremos aqui rituais de passagem de inclusão e rituais de manutenção do grupo.

Entre os rituais de passagem de inclusão, citemos o julgamento que um condenado da classe dos delinqüentes faz de uma pessoa que cometeu um delito num dado contexto.

Da mesma forma, podemos afirmar que o processo penal transforma novamente em vítima a criança que foi vítima de abusos sexuais praticados, por um ascendente (Hamon H., 1989). "A relação de inclusão apaga as diferenças entre indivíduos, alia-se a um caráter parcial que, sozinho, os representa, favorecendo sua classificação em categorias."

Antes do grande rito de inclusão que representa a fase de julgamento, convém que nos detenhamos nos ritos preparatórios contidos na fase de instrução. Podemos dizer que, paradoxalmente, a fase de instrução individualiza ao máximo aquele que é somente incriminado, portanto, presumido inocente. De fato, todos os rituais da instrução — incriminação, primeiro comparecimento, acareação — visam fazer com que os fatos cometidos por uma pessoa entrem numa categoria jurídica preestabelecida pelo código ou que digam, ao contrário, que os fatos não abarcam os elementos constitutivos da infração.

A fase da instrução individualiza também o culpado em outro nível: o da personalidade — investigação de personalidade, *curriculum vitae*, perícia psiquiátrica, exame médico-psicológico.

Também a vítima se beneficia, na ocasião da instrução, de um tratamento muito individualizado — exames ginecológico e proctológico —, perícia de credibilidade, eventualmente designação de um advogado, interrogatório individual.

No tempo de instrução, os rituais preparatórios de inclusão ainda não reificam os indivíduos, sob reserva de um acompanhamento, bem entendido, tanto do incriminado quanto da criança e dos outros membros da família. Esse período poderá ser aproveitado para esclarecer, a partir dos fatos cometidos, o funcionamento familiar. O lugar da mãe e a questão ou não de sua co-incriminação permitem ao juiz de instrução citar novamente os lugares, os papéis e as responsabilidades. As perícias permitem, igualmente, apreciar as potencialidades de mudança do sistema familiar. Um bom apoio da criança em ligação com o juiz de menores, tanto no plano educativo e até mesmo terapêutico, quanto no da presença de um conselho a seu lado, permite à criança ser apoiada em sua palavra, evita ao máximo as retratações dolorosas, as pressões familiares e o uso da acareação pelo juiz de instrução, verdadeira ordália que na maior parte do

183

tempo não é tecnicamente justificada e conforma verdadeira "confusão de língua" institucional.

Por outro lado, por medidas de encarceramento e/ou de controle judiciário, o juiz de instrução poderá contribuir, com toda a sua importância, para o estabelecimento de um dispositivo de proteção da criança, proibindo seus contatos com o pai e também com a mãe, no caso de esta ser co-incriminada, e estabelecendo obrigações de cuidados.

Esse trabalho de instrução representa para o juiz de menores um tempo que poderíamos qualificar de amplificação da crise familiar. Essa amplificação — conceito utilizado pelo centro de terapia familiar das Buttes Chaumont[3] — permite, pelo subterfúgio de rituais de inclusão do juiz de instrução, estabelecer um dispositivo de ajuda tanto educativo quanto terapêutico.

Todavia, é preciso ser extremamente prudente quanto à eficácia desses ritos de inclusão, pois, no momento do processo, a fase de julgamento, em geral, coincide com a de fechamento da família, que arrisca recair no rígido modelo anterior. Uma vez passada a crise provocada pela introdução do CK, o confronto da família com o sistema penal não terá sido um fator de mudança suficiente.

Os rituais que tendem a manter a inclusão, como o *sursis* com a colocação à prova ou a perda do pátrio poder, medida de proteção civil possível de revisão, correm o risco de ser ineficazes se não forem apoiados: deve-se proceder a um trabalho de apoio terapêutico na prisão e à preparação da saída da prisão.

Privilegiando somente os ritos de inclusão, arriscamo-nos a anular completamente o sistema familiar e a força dos laços de pertencimento. O sistema penal não poderia ser utilizado como uma máquina de guerra contra um sistema familiar em nome do interesse da criança. O tratamento penal, em nome de suas aberturas, só pode permitir o estabelecimento da estratégia de ajuda, de apoio e de cuidados se a inclusão judiciária permitir certa individualização da criança pela percepção que ela pode ter das diferenças e até mesmo das contradições entre seu sistema de pertencimento e seu sistema de inclusão judiciária. Abordamos aqui a especificidade do trabalho do juiz de menores.

A ESPECIFICIDADE DO PAPEL DO JUIZ DE MENORES

Devemos lembrar que o artigo 375 do código civil se inscreve no título 9 do código civil "sobre o pátrio poder", e mais particularmente no capítulo 1 "sobre o pátrio poder com relação à pessoa da criança".

A seção 2 trata especificamente da assistência educativa.

Se o artigo 375 define o campo de competência e o modo de embargo, o artigo 375-2 especifica, quanto a ele, que toda vez que for possível, o menor deve ser mantido em seu meio atual. Logo de início, situando-se no quadro da

---

3. Cf. P. Sabourin, cap. V.

autoridade parental e definindo o princípio da manutenção da criança em seu meio natural, o código civil define bem o trabalho do juiz de menores: permitir que a criança encontre seu lugar no seio do sistema familiar, designando serviços de observação, educação ou reeducação em regime aberto, que terão por propósito trazer ajuda e aconselhamento à família e acompanhar o desenvolvimento da criança.

A abordagem jurídica permite, por meio do conceito de pátrio poder, trabalhar pais-filhos com boa distância relacional e estabelece bem o paradoxo da missão do juiz de menores que, ao mesmo tempo, deve intervir no sistema familiar e na criança como indivíduo e sujeito.

Mesmo se o juiz de menores participa inegavelmente, por seus próprios ritos de inclusão (notadamente as medidas de investigação e as medidas provisórias), da passagem das crianças à categoria das crianças em perigo, isso não significa que, além do problema semântico, elas não continuem a ser crianças.

O juiz de menores, quando uma instrução penal se desenvolver concomitantemente à sua própria ação, terá de tratar com prudência a condução do seu dossiê de assistência educativa.

Se ele negar a realidade penal e o desenrolar paralelo da instrução, corre o risco de passar ao largo das preocupações primordiais da família. Se, ao contrário, ele se encontra exageradamente "em sintonia" com a instrução, arrisca-se (e com ele a equipe educativa que delegou) a ser invalidado e funcionará como apoio logístico aos próprios rituais de inclusão do juiz de instrução e não mais como garantia de apoio para a criança e sua família.

O juiz de menores deverá encontrar a posição de terceiro entre dois grandes sistemas: o sistema familiar que repousa nos ritos de pertencimento e o sistema penal judiciário, que repousa nos ritos de inclusão.

A rigidez do sistema familiar pode acabar respondendo, em escalada simétrica, à rigidez do aparelho judiciário penal, com o risco de haver confusão de classes, como se a escalada estivesse entre dois sistemas de inclusão — escalada simétrica que não poderá, absolutamente, permitir um trabalho real de individuação da criança.

Para tanto, o juiz de menores, como já o dissemos, se fará particularmente presente durante o tempo da instrução e deverá zelar por uma avaliação rápida (em harmonia com o procurador da República e o juiz de instrução e em estreita associação com o serviço educativo), da questão ou não da internação. De fato, uma das indicações da internação, mesmo se o pai estiver preso, é a ausência de um laço suficiente de proteção da mãe e de um trabalho relacional possível. Também é evidente que a co-incriminação da mãe pelo juiz de instrução, combinada ou não com o encarceramento ou com a libertação sob controle judiciário. Com freqüência acarretará que a criança vá para um lar adotivo.

Esse afastamento será quase sempre de difícil realização e de difícil aceitação pela criança. Além do mais, a co-incriminação, que não é senão a confirmação daquilo que a criança sabe, vem reforçar o traumatismo da criança, que se vê sozinha com dois pais invalidados pelo aparelho judiciário. Esses momentos são particularmente delicados, que demandam a atuação de equipes de meio campo de assistentes sociais e de instituições especializadas, muito atentos e precavidos quanto à especificidade dessas situações. O risco no que se refere aos lares adotivos será tanto de se rivalizar com a família biológica como de funcionar como família substituta pelo mesmo modelo de pertencimento.

Se retomarmos por nossa conta que, conforme frisa Robert Neuburger (1988, p. 33), "a individuação de um sujeito só pode ocorrer em uma interação de dois sistemas diferentes", constatamos inevitavelmente que, no caso de famílias incestuosas, qualquer tentativa forçada de inclusão apenas reforçará a rigidez do sistema.

Não é por acaso que o juiz de menores e as equipes educativas freqüentemente se encontram excluídos da família no preciso momento do julgamento penal.

O juiz de menores terá de utilizar o tempo que lhe cabe, e que não está ligado ao tempo penal, para tentar manter o controle sobre um trabalho de individuação, mas sem desconhecer essa superavaliação da identidade familiar. Robert Neuburger ressalta a necessidade de o terapeuta utilizar a conotação positiva dos rituais (e não do sintoma!) que fundam a identidade da família.

Ora, o juiz não é o terapeuta e *quid* dos rituais de pertencimento que, como vimos, são rituais a serviço do segredo? O que conotar positivamente? O desconhecimento do funcionamento dessas famílias, da mesma forma que a ausência de exploração dos materiais judiciários por um ângulo clínico (penso sobretudo no conteúdo das perícias psiquiátricas tanto dos pais quanto das vítimas, na não-restituição ou exploração do trabalho terapêutico feito junto aos pais no meio carcerário ou nos quadros encarregados), faz com que todas essas faltas não contribuam para facilitar a intervenção do juiz de menores e a consideração do pai num trabalho de conjunto. Para a realização desse trabalho de acompanhamento da família na crise e o estabelecimento de um dispositivo de individuação da criança, o juiz de menores, ao contrário dos outros magistrados, dispõe de um amplo leque de equipes pluridisciplinares no quadro judiciário. Ele dispõe, igualmente, do recurso aos interventores externos no campo judiciário e poderá continuar a trabalhar em relação com todos os parceiros habituais — polivalência de setor, proteção materna e infantil, saúde escolar, hospitais, setor intermediário de pediatria-psiquiatria, setor psiquiátrico adulto etc. Esse trabalho, em interação constante, expõe logo de início a difícil questão do trabalho pluridisciplinar.

O trabalho pluridisciplinar, que é apregoado de modo quase mágico por todas as circulares ministeriais, revela-se difícil de estabelecer e implica um rigor no manejamento dos conceitos e dos campos respectivos. À custa desse rigor poderão ser estabelecidas estratégias suficientemente flexíveis e criativas, adaptadas a cada situação que possam, a partir do quadro jurídico ou destacando-se dele, dispor espaços de apoios reais, educativos e/ou terapêuticos, para todos os protagonistas dessas famílias, evitando superpor as clivagens constitucionais às clivagens dessas famílias já tão sofridas.

Esse trabalho, se necessário, não poderia ser suficiente se, por outro lado, um trabalho plurifuncional não fosse efetuado de modo preciso entre os diferentes magistrados envolvidos e com o incentivo do procurador da República.

Ora, se o juiz de menores está habituado a trabalhar em interação constante com parceiros que pertencem a classes diferentes, seus colegas magistrados, mais resguardados do exterior, podem perfeitamente continuar a pensar num modelo linear (notadamente, o recurso à perícia pelo juiz de instrução).

Paradoxalmente, a grande dificuldade, no momento, para o juiz de menores é não poder falar de modo suficientemente técnico e estratégico com seus colegas magistrados que exercem outras funções e são capazes de intervir no tratamento judiciário (juiz de paz, vara de família para as prescrições etc.). A formação inicial e contínua da Escola da Magistratura leva cada vez mais em conta essa dificuldade.

CONCLUSÕES

Durante muito tempo, o aparelho judiciário viveu na ilusão de que a abordagem puramente jurídica era suficiente para tratar dos problemas de delinqüência sexual — encarada como uma questão desinteressante que não apresentava tecnicamente nenhuma dificuldade.

Essa ficção, no momento, está se estilhaçando. Formações pluridisciplinares se estabelecem tanto na formação inicial quanto na contínua no quadro da Escola de Magistratura.

O campo judiciário começa a descobrir que pode ser um segmento fabuloso de pesquisa a serviço da prevenção social e também do campo terapêutico-clínico. Começa, igualmente, a descobrir que se abrir para outras disciplinas não o ameaça em sua dimensão simbólica, muito pelo contrário. De fato, o que seria o poder simbólico dos magistrados sem o poder real? Mas, de modo inverso, o que se tornaria o nosso poder real se nós, magistrados, não respeitássemos essa dimensão simbólica?

Esse artigo tem a pretensão de se inscrever nessa corrente de abertura, mas igualmente de prestar conta do fato de que uma preocupação técnica, não exclusivamente jurídica, vai ao encontro da grande tradição judiciária: a da arte de julgar.

6

A AÇÃO PREVENTIVA

I

COMO TRANSFORMAR
AS PRÁTICAS PROFISSIONAIS
VISANDO A UMA AÇÃO PREVENTIVA

JOËLLE ROSENFELD

Qualquer reflexão sobre os modos de prevenção aos abusos sexuais da criança está carregada de caráter multidirecional da representação individual da criança em sua existência sexual: a restituição da infância singular oscila entre o querubim e o diabinho, ambos objetos de sedução e de proteção para o adulto; ela parece ser uma representação bem hesitante entre sua face familiar aceitável e sua face estrangeira inaceitável. Na Grécia antiga, as crianças abandonadas, essencialmente as meninas, eram expostas na rua, bastava "apanhálas": "Seu destino freqüentemente já estava traçado antes mesmo que nascessem. Desde o nascimento eram expostas na esquina de uma rua, em geral numa panela ou num vaso para protegê-las dos cães vadios. Essas crianças eram recolhidas por traficantes e revendidas num mercado de escravos ou prostituídas antes de sua adolescência"; era o que acontecia com as menininhas de quatro ou cinco anos (V. Vanoyeke, 1990).

Na nossa época, a da convenção dos direitos da criança, é também a pobreza e o abandono que expõem as crianças mais carentes a andar sem rumo e a curvar-se às exigências sexuais dos adultos. Os profissionais que se ocupam das crianças são freqüentemente solicitados — tendo consciência disso ou se

189

defendendo — para o pseudotráfico de ternura: os menininhos emasculados e tornados eunucos para deleite dos adultos são a ignomínia dos requintes antigos, um bebê lactente deixado numa lata de lixo por uma adolescente vítima de incesto é o insustentável silêncio do infortúnio de um fim de século. A transformação das práticas refere-se ao reconhecimento desse silêncio e à convergência dos funcionamentos psíquicos que, diante da invasão de uma representação que oblitera o pensamento, reencontram potencialidades a serem sentidas e imaginadas, transcendendo a atualidade do que se deseja rejeitar. Isso porque se trata de vergonha individual (a da criança), de ausência de vergonha mentalizada (a do sedutor de criança) e de vergonha social (a da comunidade) por cumplicidade de silêncios.

OS AFASTAMENTOS PREVENTIVOS

A invasão por uma representação

A invasão do corpo da criança por uma representação erótica poderia utilizar três vias de acesso: a ruptura coletiva, o ressurgimento, a intromissão da intimidade.

Em primeiro lugar, a ruptura por uma representação estranha à situação interativa coletiva; isso só tem sentido se toda vez fizermos referência à cultura ambiente e aos ares de transição necessários entre sua cultura, suas proibições e as dos outros. Por exemplo, na Nova Guiné a sociedade dos *baruya*, de denominação masculina, acredita que o leite materno é uma transformação do esperma; assim, nas primeiras semanas após o casamento, o recém-casado dá a sua jovem esposa o seu esperma para que ela o beba; além disso, com a idade de nove anos, o menino é arrancado do mundo feminino e iniciado nos segredos do poder masculino: mantido longe de qualquer contato feminino, ele ingere o esperma que lhe é dado por outros jovens púberes e virgens de qualquer relação sexual com uma mulher (M. Goldelier, 1989).

Depois, o que poderia ser o ressurgimento da representação abusiva do indivíduo em sua sexualidade, enquanto o modelo interativo social atual repeliria tal evocação; lembremos, quanto a isso, o que Michel Foucault escreve em *La volonté de savoir* [A vontade de saber] (1976) a respeito do dispositivo da sexualidade que se desenvolve no século XIX, por meio de quatro estratégias: sexualização da criança, "histerização" da mulher, especificação dos perversos e regulação das populações, "todas [elas] estratégias que passam por uma família da qual temos que ver bem que ela foi, não poder de proibição, mas fator capital de sexualização" (p. 150).

Por fim, a intromissão da história da sexualidade individual e do sistema de controle dessa intimidade.

Não podemos senão sublinhar a confluência e os entrelaçamentos dessas modalidades que, de qualquer forma, fazem o sujeito implicado oscilar entre transgressão e repressão e o mantêm nas relações de poder. Por exemplo, uma matéria policial publicada no *Le Monde* de 2-3 de setembro de 1990:

Uma investigação judicial aberta contra um diretor de colônia de férias por atentado ao pudor [...] fala-se de toques numa menininha de dez anos, neste verão; em 1989 e 1990, as barras dos tribunais da região parisiense teriam recebido várias cartas de pais, denunciando atos similares cometidos pelo mesmo homem, mas as investigações não chegaram a nenhuma conclusão.

No que concerne ao incesto e à morte, confrontamo-nos com o familiar: será a intromissão do familiar a repetição que encerra a capacidade para representar a si próprio? Vemo-nos confrontados com o paradoxo de que uma criança, objeto sexual de um adulto, é um fantasma tão familiar que, quando ocorre o evento sexual e destroça o reconhecimento da criança, ele é onerado socialmente; o familiar é banalizado na família e deve ser calado na comunidade. Assim constatam Roiphe e Galenson, referindo-se às relações entre bebês, meninas de catorze a dezesseis meses, e seus pais: no momento em que se desenvolve um prazer da criança em manipular o próprio sexo, muitos pais deixam que as filhinhas assistam à sua micção.

É absolutamente chocante a necessidade de recalcar as sensações eróticas que a curiosidade infantil primitiva desperta no genitor; e em vários casos, em menos de uma ou duas semanas, muitos pais tinham esquecido as informações que eles próprios haviam fornecido (H. Roiphe e E. Galenson, 1981, pp. 227-8).

Da imediatividade à avaliação

A prática de prevenção, portanto, terá de ir além dessa invasão promovida pela representação de uma criança como objeto de prazer sexual para um adulto. De fato, podemos considerar que, da mesma maneira que o bebê pode ser objeto de ingerência corporal quando é objeto de brutalização sexual, torna-se uma criança impensável para o profissional que dele se incumbe e se defronta com algo que lhe é insuportável; esse profissional não foi protetor da criança sem resistência, nem do adulto que deu livre curso a seu desejo sexual não dominado. A criança pequena, excitante orgástico do adulto, é como uma criação abandonada no meio do caminho, que se queima, inacabada, de maneira expiatória; e desse ato persiste um sentimento de vergonha e transgressão, seja qual for a posição em que nos situemos.

Esse ponto é revelador dos laços que podem se delinear entre abandono, perigo, abusos sexuais, incesto, infanticídio; o comércio sexual entre um adulto e uma criança reitera a imobilidade do tempo, pela incrustação traumática do imediatismo: da mesma maneira, os adultos que cuidam da criança vêem-se assombrados pela atração da instantaneidade do evento sexual, o que torna impossível a antecipação daquilo que pode emergir novamente a partir do conluio entre a exposição da criança ao perigo e a efetivação da proteção da criança contra o perigo de ser entregue ao terror de sua solidão: "No relato bíblico o medo é contemporâneo da sedução, pois esta é justamente produção do afastamento, fenômeno de rapidez no qual a predição do acidente é instantaneamente inovada" (P. Virilio, 1989).

A produção do afastamento, no quadro da investigação da prevenção, ganha sentido se for seguida de uma intervenção precoce.

Para que esse afastamento ocorra nas ações de prevenção, é necessário encontrar certas ferramentas que poderíamos chamar de deslocamentos, pois permitem passar de uma representação condensada que perturba a reflexão a movimentos internos e à ação propriamente dita.

De fato, a avaliação demanda uma espécie de deslocamento no espaço e no tempo, que permita essa retração afetiva favorável à análise de uma situação. Assim, a criança de três anos usada pelo adulto para fins sexuais viveu num quadro relacional que não lhe permitiu reconhecer o fato de que certos adultos protegem e outros lhe transmitem mensagens de duplo sentido — por um lado, a proteção contra o abandono e, por outro, a aniquilação de sua intimidade corporal e psíquica. A noção da exposição de perigo da vida é uma experiência transmitida precocemente pelos pais ao filho bem pequeno. Ela é a um só tempo cultural, familiar e individual: essa capacidade de previsão talvez seja a concomitante aquisição de laços de apego. A qualidade de decodificar as informações de perigo individual repousa na necessidade de reconstituir um ambiente familiar onde se encontre segurança; para tanto, o indivíduo, assim como o animal, detecta indícios de perigo e de proteção (J. Bowlby, 1973).

As ferramentas específicas de avaliação das falhas relacionais precoces do bebê em seu ambiente de cuidados seriam aquelas a permitir apreciação das qualidades de apego, como na *strange situation* (M. D. Ainsworth e S. M. Bell, 1970), e a descoberta dos mecanismos pelos quais o bebê adota indícios que lhe conferem informações erradas sobre os perigos que o cercam e o desconhecimento previsível do desejo dos adultos, familiares e estranhos.

Há mais de uma década, o bebê tornou-se objeto de interesse enquanto ser que possui competências em inter-relação com sua mãe, estabelecendo com ela um vínculo de referência que favorece a emergência de suas capacidades psíquicas para desenvolver o pensamento. Quando a observação das interações entre um bebê e quem cuida dele é constituída pelo aporte de pessoas de competências diferentes, revela como um bebê lactente age de forma diferenciada em função das situações interativas, em função do pai, da mãe, de seus pares e dos que dele se ocupam: parteira, pediatra, puericultora, auxiliar, assistente social, psicólogo, terapeuta psicomotora, psiquiatra. Essa abordagem comparativa só pode ser efetuada se favorecermos a comunicação que se processa em torno do bebê lactente, com a condição também que o pessoal de uma equipe de cuidados não se apresse ao transmitir as observações. Daí o aspecto fundamental do reconhecimento do alcance de sua prática cotidiana e, portanto, do novo questionamento de sua necessidade de imobilidade. Os afastamentos preventivos seriam então o deslocamento da atualidade de um perigo para a criança pequena em direção a detecções de *indícios predizíveis* — como são, talvez, as interações precoces, por exemplo —, informando cada um, em sua prática, sobre as dificuldades que o bebê e as pessoas próximas dele têm para adquirir uma decodificação dos sinais que permitem a previsão e essas influências sobre outrem.

A INGERÊNCIA CORPORAL E A EXTRATERRITORIALIDADE

As perturbações da previsibilidade emocional

A troca de emoção entre a mãe e o bebê lactente em um mesmo contexto — o dos cuidados corporais, por exemplo — pode ser alterada pelo exercício da interferência provocada pela mãe sobre a sensação do bebê: a sensualidade diferente graças às aquisições das experiências perceptivas de um adulto e de seu bebê é traçada pela interpretação emocional e pelo engajamento de subjetividade distinta. Mas suponhamos uma ingerência do espaço privado das sensações do bebê por um parceiro de cuidados que interage com ele sem fazer distinção entre uma sensação agradável e uma acuidade dolorosa. Essas modalidades interativas não permitem ao bebê lactente estabelecer fronteiras entre uma parte erógena, solicitada pela carícia dos cuidados do corpo, e o despertar de uma zona dolorosa; isto é, o conjunto corporal delimitado por uma continuidade de sensação de prazer, geralmente em ruptura com a potencialidade dolorosa emissária de uma exposição do corpo ao perigo, recebe a informação distorcida pela ausência de privacidade. As atitudes maternas não são independentes das disposições indutoras do bebê lactente; as aptidões do bebê são solicitadas, pela capacidade materna, a pensar a territorialidade; com efeito, qualquer que seja a proximidade da troca entre a mãe e o feto durante a gravidez, ele desenvolve uma existência cujo espaço privado é distinto do território que o alimenta. Essa *extraterritorialidade* do bebê lactente em relação ao mundo materno caracteriza-se pela flexibilidade diante de variantes contextuais, em função de vários fatores que podemos reagrupar esquematicamente:

Por um lado, os que concernem à *percepção do corpo* no espaço:

- limites do corpo cheio e vazio, que tem frio-calor, que tem dor e que sente bem-estar;
- envoltório imóvel e que se modifica no curso dos movimentos;
- permeabilidade interativa corporal.

Por outro lado, os que supõem *laços de apego*:

- construção de um estado de segurança interna pelas alternâncias do momentâneo e do definitivo;

- fronteiras entre a ausência, a separação e a rejeição;
- elasticidade interativa dos laços de desligamento e de reaproximação.

Também, os que se relacionam com a *convergência afetiva*:

- a aptidão à previsibilidade das situações de prazer, de dor, de surpresa, de perigo etc.
- o reconhecimento de suas emoções;
- a decodificação que antecipa uma situação e o que ela vai desencadear no outro em termos de emoção.

Por fim, o que delimitaríamos como *ajustamentos ao imprevisível*:

- a intervenção de um acontecimento e a ruptura de suas repetições;
- descontinuidade das transformações;
- o aleatório do criativo: se casualmente no caminho há o encontro de alguma coisa conhecida que reveste um caráter de novidade.

Imaginamos que a ignorância da mãe quanto à *decodificação empática* do infortúnio, da tristeza, da violência, da raiva do bebê lactente não facilite o reconhecimento pelo bebê, e mais tarde pela criança, do que pode ser um meio ambiente hostil no sentido amplo. Da mesma forma, imaginamos como deve ser difícil para a criança diferenciar uma situação terna, sensual, no limite até mesmo sexual, se a mãe não antecipa o perigo e não se sente envolvida pelas manifestações de medo do bebê. O desgaste das capacidades de empatia da mãe não favorece o desenvolvimento dos contrastes diferenciais das tonalidades emocionais; numerosas pesquisas assinalaram a relação entre as distorções da empatia nas mães que se despojam dos cuidados com os bebês lactentes e a potencialidade das crianças de ser vítimas de abusos (Batson, Fultz e Shoenrad, 1987; Kropp e Haynes, 1987); não só elas não decodificam os gritos do bebê lactente e seus gestos de alegria, como também identificam de forma equivocada o que o bebê sente. Isso será ainda mais inquietante se a mãe estiver isolada com sua criança; quando, ao contrário, existem irmãos, constatamos que os maiores têm qualidades empáticas com respeito ao caçula e suprem as da mãe (R. A. Thompson, 1987). Entrementes, o que é transmitido das distorções de informações referentes à proteção, ao medo, ao perigo?

Nessas situações de não-interpretação afetiva pela mãe, o bebê é, por conseguinte, menos receptivo para decodificar suas próprias emoções e, portanto, está menos apto a perceber o que é dor e o que é prazer. A realidade do território corporal é, assim, transmitida ao bebê lactente de maneira confusa, e o abandono de que é objeto nos cuidados maternos testemunha o abandono pessoal da mãe com relação ao próprio corpo, pois com muita freqüência ela mesma não tem mais um parâmetro interno de suas sensações. Essa relação da mãe com a previsibilidade das sensações é reveladora dos laços complexos de reconhecimento e apego que unem bebê e corpo materno em uma atmosfera de depreciação confusa.

A identificação dos suportes positivos

As modalidades relacionais mais desesperadas entre o bebê lactente e a mãe nem sempre refletem o que pode ter ocorrido com outros parceiros familiares, e a detecção no bebê lactente de uma competência para modular esses agenciamentos interativos deixa entrever a plasticidade de uma situação preocupante; essa detecção dos aportes relacionais repousa no interesse dedicado a cada parceiro da família; assim, percebemos o interesse da atividade de pesquisa preventiva. De fato, muitas vezes somos surpreendidos pelos eventos de uma situação de exposição da criança ao perigo, não levamos em consideração senão os fatores imediatamente perceptíveis do perigo; chegamos então a um efeito de redução binária dos elementos, por exemplo, o pai incestuoso e a criança, a mãe relapsa e o bebê carente, o alcoolismo e as sevícias.

Ora, essas modalidades agredido-agressor instauram-se em uma temporalidade, logo apresentam características de variabilidade, de repetição; a situação aparentemente binária refere-se a um ambiente no qual, para sobreviver, a criança ou bebê teve de extrair o máximo de aportes emocionais; além disso, o quadro traumático, que em geral nos leva a adotar uma estratégia de ação imediata, impede-nos de avaliar o impacto afetivo que só pode ser representado segundo determinado número de eixos.

O primeiro eixo é o da diferenciação dos acontecimentos, tanto no passado quanto no futuro da criança — isto é, no histórico e através das gerações —, do qual cada um que cuida dela torna-se testemunho. O segundo eixo é a implicação intersubjetiva da situação, que tem vários níveis: o do ator e seu ato, do bebê vítima e seu agressor, das interações familiares, das interações sociais, da influência da subjetividade dos que cuidam da criança, do *pool* legal. O terceiro eixo, nem por isso menos expressivo, é o do andamento dos fantasmas individuais e coletivos. O último eixo é aquele cujos efeitos de surpresa não podemos esquecer e aquele da trajetória do desconhecido. Não hesitamos em apontar que esse caráter binário é fictício e que um modelo interativo talvez também o seja, mas ele introduz uma representação simbólica mediadora por seu caráter dinâmico. Prevenir é interpretar uma situação, imaginar, antecipar sua resolução e, a partir da lembrança, considerar uma dimensão desconhecida que se participará ao outro.

Essa trajetória de criação, de tradução, de transformação repousa na capacidade humana materna e paterna que consiste em proteger seu bebê a fim de preservar a memória da vida e transmiti-la. A prevenção refere-se à idéia de vulnerabilidade, de precariedade da existência do bebê lactente, sugerindo o quanto é desejável a detecção precoce de fatores dinâmicos precursores de um desenvolvimento difícil, para que se ofereça à criança o acesso a uma vida social, cultural e amorosa. A noção de prevenção, especialmente quando se trata da dimensão psicopatológica do sujeito, exige do indivíduo uma flexibilidade de adaptação às variações. Podemos supor que são variações similares que submetem o bebê às experiências de modificação; mas quando o parceiro de cuidados experimenta a mudança, juntamente com a criança, ele ao mesmo tempo fornece uma informação suplementar que acarreta uma novidade para o bebê, em conexão direta com as modificações que a precederam. O elemento constante é definido pelas características dinâmicas da experiência comum da alteridade (J. Rosenfeld, 1990).

OS PRECURSORES PREVISÍVEIS E SUA DETECÇÃO PRECOCE

Podemos considerar como precursor, a um só tempo, o que é da ordem de fenômenos favorecedores, o que interessa sobretudo aos mecanismos criados por esses fatores de vulnerabilidade e suas interferências com uma situação desencadeadora que catalisa as vulnerabilidades, e, por fim, o que seria o efeito de determinantes, só acessíveis mediante a análise desse efeito.

Fatores de vulnerabilidade e sua detecção

As modalidades de prevenção precoce da psicopatologia infantil repousam na execução de pesquisas clínicas cujos objetivos são a detecção de fatores precursores, as novas vias de transformação e de ação, e a formação mútua dos interventores, para os quais a dinâmica afetiva deve ser levada em consideração. A experiência de prevenção do XIVe arrondissement de Paris (M. Soulé e J. Noël, 1985; M. Soulé e E. Michaut, 1988) orienta nossa compreensão da noção de prevenção quanto ao que os autores certamente definem como "sinalizadores" do sofrimento, por trás dos quais são tecidas "as demandas dissimuladas". Mas será que podemos considerar as mesmas perspectivas para uma investigação preventiva precoce dos abusos sexuais?

Parece-nos que a exploração desse campo ainda está por ser desbravada, igualmente no plano sociológico, antropológico e até mesmo econômico. Seria de supor que certas dinâmicas interativas do bebê e dos que o cercam são capazes de favorecer a vulnerabilidade de um bebê muito pequeno aos abusos sexuais? Podemos amalgamar as interações nas quais o bebê é arrastado numa dinâmica de carência afetiva grave e, portanto, está exposto ao alto risco de sevícias e fatores que fazem do bebê lactente uma potencial vítima sexual?

Como, no plano interativo, se transmite um erotismo harmonioso entre o bebê e seu meio, permitindo um acesso progressivo à sexualidade da criança? O que é direcionado pelos cuidados mãe-bebê, pai-bebê, avós-bebê, irmãos-bebê, estabelecendo a topografia psíquica da sensualidade, de suas fronteiras, de sua geografia anárquica? Como são sexualizados os cuidados com o bebê lactente, pelos gestos, pela linguagem, pelos fantasmas? O que é que para esse bebê vai induzir tal comportamento da mãe no decorrer da troca de roupa, do banho, do aleitamento?

O efeito afetivo como fator previsível

Surgem outras interrogações relativas à significação, não da origem da sedução e do abuso sexual, mas, antes, da influência entre o que pode ser observado, sentido, e o que pode ser deduzido para evitar que um traumatismo sexual ocorra. As modalidades de observação têm por objetivo a avaliação de uma situação dinâmica:

• olhar o bebê, os pais, suas interações;
• escutar o que eles se comunicam;
• identificar-se com o bebê lactente, com os pais, com a dinâmica interativa;
• detectar o que se desenvolve de maneira harmoniosa, nas trocas afetivas, corporais, visuais, mímicas, sonoras;
• transmiti-lo ao bebê lactente, aos pais, aos outros atendentes da equipe.

Numa sala de espera de PMI, grande número de bebês está nu ou seminu sem que qualquer um sinta mal-estar. O que significa então o mal-estar às vezes sentido por cada profissional, seja qual for sua história e sua função, diante de uma criança nua que brinca numa sala de espera? Durante uma consulta em um PMI de Seine-Saint-Denis, uma menininha de catorze meses sobre a mesa de exame pediátrico, na presença dos atendentes e dos pais, masturbava-se de maneira compulsiva; os enfermeiros, extremamente constrangidos, perguntavam aos pais se a menina se masturbava o dia inteiro dessa maneira. Será que eles pensavam que a situação do exame provocava ansiedade? Que reações isso suscitava neles? O pai não estava incomodado pela excitação compulsiva e imoderada do bebê que, aliás, tinha modalidades relacionais aparentemente bem adaptadas; a mãe estava perturbada e olhava os gestos da filhinha. Depois de discutir a questão em equipe, observava-se que na sala de espera, enquanto a criança brincava sozinha, nua sobre um tobogã, idêntico mal-estar acometia os auxiliares de puericultura: essa reação associava-se, por um lado, ao exibicionismo da criança, por outro, à ausência de sensualidade que a criança manifestava, à emergência, enfim, de fantasmas eróticos dos adultos em relação a esse bebê, o que nenhum outro bebê lactente sugere; coletivamente, imaginava-se que essa criança era ou acabaria sendo vítima de toques.

Na realidade, durante uma consulta, comunicamos nossa inquietação à mãe da menina, que, pouco depois, numa situação mais propícia, confiou ao pediatra que ela própria, quando criança, fora vítima de sevícias e de toques sexuais por parte do pai. A observação opera uma capacidade elaboradora e mutante do prazer de ver, também, quando se trata de analisar por essa atividade o campo interativo que diz respeito a uma sexualidade traumática. A intensidade emocional desperta uma sexualização direta do prazer "epistemofílico"; a atividade de pensar não domina mais, entre os atendentes, a angústia ligada a uma cena primitiva, a um evento sádico cujo joguete do prazer seria uma criança, incluída para completar a cena. Talvez ali se inscreva a dificuldade de ultrapassar o silêncio, de pensar e providenciar um conhecimento pela observação de uma situação que se torna fonte de culpa, pois o que antes estava sublimado, isto é, um prazer escotofílico",* retoma sua natureza sexual: a saber, ver e agredir o corpo. O atendente sente-se implicado em fantasmas eróticos.

As hipóteses seguintes podem oferecer um esclarecimento predizível pelos sinais afetivos sentidos pelos profissionais da prevenção:

- Uma dinâmica interativa entre um bebê e as pessoas encarregadas de cuidar dele, que não pode ser observada sem que suscite no observador um estado afetivo desagradável associado à sua atividade de ver e não mais de observar, essa dinâmica implica que o conteúdo emocional entre o bebê e os que cuidam dele é qualitativamente doloroso para o bebê e seus parceiros interativos.

- Se, após certa elaboração desse mal-estar afetivo a situação sugerir ao observador, por um lado, fantasmas sexuais adultos, ao passo que se trata de uma criança, e se por outro lado vários atendentes, observando em diferentes quadros de cuidados essas modalidades de interações, partilham essa mesma natureza de fantasmas, podemos então nos interrogar sobre a natureza das contra-atitudes, o que isso vai induzir nos atendentes em relação ao bebê e seus pais; podemos, sobretudo, nos perguntar ao que corresponde, nos fantasmas que circulam entre os pais e o bebê, o que os atendentes partilham. Aliás, trata-se sempre de *fantasmas* reatualizados?

- A partir dessa última hipótese, podemos nos orientar para a idéia de que os fantasmas de sedução escondem bem, às vezes, atos de sedução. A dificuldade maior é o risco de se deixar cair numa armadilha urdida pelos próprios fantasmas, enquanto que a criança que se tem diante de si, em interação com seus pais, é objeto de ações sexuais e não sujeito de fantasmas sexuais.

Quais os laços entre experimentos dolorosos e eróticos dos profissionais e o que a criança vive no seu corpo?

Um confronto das intersubjetividades permite reconhecer o que sentimos, partilhá-lo e defini-lo. Se considerarmos as balizas de proteção que nos outorgamos para escapar ao infortúnio da criança, ao dos parceiros de cuidados cúmplices e atores, constatamos que empregamos a mesma técnica — o silêncio. Esse é um ponto essencial que, em si, é predizível. O atendente antecipa e imagina, também ele, como uma mãe e um pai, animado pela dinâmica fantasmática das interações (B. Cremar, 1979; S. Lebovici, 1983; L. Kreisler, e B. Cramer, 1985), e nisso ele é capaz de inovar. Todavia, o desconhecido persiste nas con-

---

* Do grego *Skotos* (escuridão) e *Philos* (amigo, que gasta). Ex.: escotofobia: medo mórbido de escuridão; pedofilia (amor pelas crianças); Dic.Caldas Aulete, 2ª edição, 1968. (N. do T.)

clusões que devemos tirar das hipóteses imaginadas. Elas servem apenas de painel indicador de uma situação de perigo, e essa incerteza também deve alimentar a detecção de indícios precoces. A partir das *disfunções interativas* observadas, a colaboração dos membros de uma equipe de PMI permite uma vigilância acentuada para prevenir o estabelecimento posterior de sintomas num bebê.

Engajamento do pai nos cuidados precoces

As particularidades das interações pai-criança lactente vêm sendo estudadas há aproximadamente uma década, e esse mérito deve-se aos pesquisadores anglo-saxões. A observação das atividades de jogo (M. W. Yogman, 1981) mostra-nos estatisticamente que se a mãe concorda com a criança no plano interativo, o pai introduz uma diferença de gênero nessa concordância. Ele introduz nas interações uma atividade lúdica, motora (R. Parker, 1979). J. Herzog constata que o pai que tem primeiro uma filha, depois um menino, entrará em melhor sintonia com o filho; ele tenta decifrar as informações emocionais do bebê e lhes dá uma significação. A filha ensinou ao pai essa leitura (J. Herzog, 1990). Freqüentemente, o pai está pouco disponível para os cuidados corporais do bebê, dispõe de menos tempo e se sente menos implicado nesses cuidados. Quando está em interação com o bebê, ele brinca corporalmente, solicitando a atividade motora, ao passo que a mãe cuida, serve de referência mímica e corporal em relação ao perigo. O pai acaricia muito o bebê e pouco se expressa vocalmente; a mãe dá privilégio à linguagem. As interações do pai com o bebê diferem segundo o sexo da criança e a satisfação do pai diante do sexo dela. Quanto aos bebês, têm mais trocas vocais com o adulto do mesmo sexo.‑

Só recentemente as interações entre o bebê e o pai mostraram que o desenvolvimento cognitivo, social e afetivo depende do elo real estabelecido entre ambos: o pai não é importante apenas enquanto presença nos fantasmas da mãe, ele é importante por sua presença física, por seus fantasmas, por suas emoções e antecipações. O pai, desde a gravidez da mulher, está engajado afetivamente com seu bebê (M. W. Yogman, 1984). Da mesma maneira que foi possível descrever uma depressão materna após o nascimento, alguns autores descreveram um período de depressão no pai, que acarretava modificações na implicação do pai ao nível das trocas visuais e táteis com o bebê (Zaslow, Pedersen, Cain et col., 1984). A investigação da prevenção tem o mérito de levar em conta essa dimensão paterna. Durante um congresso em Mônaco sobre "A abordagem psicanalítica da função paterna", Pedersen discorreu a respeito da evolução psicológica, "o pai na família" (1990); ele lembra que as pesquisas sobre os pais insistiram no aspecto quantitativo da relação com o bebê, no que se refere à atividade de jogo; ao contrário, os estudos das interações mãe-bebê referiram-se à sua natureza qualitativa, a saber, a capacidade materna de responder afetivamente e de modo eficaz aos sinais do bebê. Pedersen levanta a hipótese de que a sensibilidade do pai e suas aptidões para cuidados estão ligadas à qualidade relacional harmoniosa que o une à sua parceira. Sustenta a importância da condição parental partilhada nos cuidados com as crianças, o que na criança consolida a sua capacidade de identificação com o pai e os laços precoces de apego, além de favorecer a capacidade de autonomia; o pai enriquece o sentimento de paternidade e desenvolve capacidade de empatia.

O pai intervém na construção do papel sexual do bebê. É de supor que uma prevenção dos abusos sexuais deva levar em conta interações precoces e cuidados prodigalizados pela mãe, mas também pelo pai. De fato, uma divisão de tarefas solicita o pai na atividade de troca, de banho, de aquisição da propriedade, isto é, numa aproximação corporal com o bebê que implica gestos de ternura, de sensualidade, de eficiência, sem que isso suscite nele desejos sexuais em que o parceiro de ação seria o bebê, mesmo que este lhe desperte fantasmas eróticos. Por outro lado, devemos assinalar a importância das relações do casal e de suas distorções; a criança torna-se, então, aquilo que está em jogo nas tensões conjugais e o joguete da sexualidade dos adultos, quando por exemplo o pai não é reconhecido pela mãe, abandona o domicílio conjugal e é substituído por um padrasto ou por amantes fugazes, que não participaram dos cuidados precoces do bebê (D. Finkelhor, 1984; H. Parker e S. Parker, 1986; M. Gordon, 1989).

A ação preventiva promove uma sensibilização nas escolas, junto das crianças, de pais e profissionais da infância; vemos o interesse de uma reflexão coletiva em torno de um apoio fílmico; a informação didática parece, portanto, adquirir crescente interesse ante o olhar social que ela obriga a dirigir-se para uma área até então proibida e secreta. Porém, ao que tudo indica, a ação preventiva ganha sentido se ela concerne à criança e aos que cuidam dela no decorrer do período mais precoce da vida; quanto mais a reflexão interessa às carências das interações precoces entre o bebê e seu ambiente, mais isso parece favorável à observação de indícios de vulnerabilidade de valor predizível, em particular no que se refere ao engajamento do pai na função dos cuidados cotidianos da criança. Assim, a transformação das práticas de prevenção repousa nos seguintes pontos:

- pessoas especializadas que cuidem do bebê a cada momento do seu desenvolvimento: da gestação à sua individuação social;
- a imaginação para inventar e inovar na busca dos meios adaptados à diversidade das situações de infortúnio do bebê, de seus pais e das equipes de prevenção e de cuidados;
- uma disposição das equipes de *explorar a emergência da novidade*, reconhecê-la, em particular definir uma prevenção, que interesse tanto ao bebê quanto a seus irmãos. A aceitação de se levar em consideração o que

pode transmitir, pela dinâmica interativa, a mãe, o pai e os que estão ligados ao bebê, e até mesmo outros familiares que, em certos casos, revivem através do bebê uma situação traumática sexual que eles jamais abordaram. Entrevemos a novidade quando fazemos uma pergunta simples, que diz respeito diretamente à infância do pai, da mãe magoada por uma sexualidade infligida por um adulto, que ela como criança não estava pronta para viver;

• a facilidade de transmitir informações entre os protagonistas em jogo, seja no interior de uma mesma equipe de cuidados, seja para o exterior, isto é, para outros profissionais, quando a situação o exige, sobretudo os que são representativos da lei;

• uma adaptação da intervenção em função das variações das situações encontradas, o que causa um novo questionamento constante de sua prática; isso é incômodo porque abriga conflito, evidentemente, em razão da movimentação dos laços relacionais dos membros de uma equipe e da individualidade de cada pessoa implicada.

O questionamento e a transformação das práticas de cuidados são suscitados pelos bebês, mesmo os mais desfavorecidos, que estão em atividade de mudança, sempre prontos a apreender a eventualidade que lhes é oferecida. Por essa razão, a evolução de cada um deve ser respeitada, seguindo o seu próprio ritmo de reflexão, o que é uma exigência difícil, mas, de alguma forma, uma passagem obrigatória, se quisermos que se crie um processo de inovação coletiva; essa aclimatação afetiva recíproca dos profissionais entre si é o que se constata entre um bebê e seu meio ambiente humano, para que ele se desenvolva harmoniosamente. Vemos que se abre um campo rico de exploração, pois o silêncio foi dissipado no que se refere à criança pequena, objeto de brutalização sexual.O mutismo relativo aos lactentes talvez seja suscitado pela ausência de linguagem do bebê, o que torna a suspensão do silêncio mais penosa e o alcance da palavra mais decisivo.

II

PROBLEMAS EXEMPLARES
PARA A PSIQUIATRIA
DA CRIANÇA E DO ADOLESCENTE

PHILIPPE MAZET

Na prática diária os principais psiquiatras e equipes que lidam com crianças e adolescentes às vezes se vêem diante de situações de abusos sexuais em crianças. Tais situações são bem diversas e não raro têm várias dimensões, nas quais os aspectos médico, psicológico, social e judicial estão mais ou menos associados. A propósito, são levantadas numerosas questões que, encaradas de um certo ângulo, podem se qualificar como exemplares no campo da psiquiatria da criança e do adolescente, a tal ponto elas se encontram no cerne dos problemas com os quais esse campo se depara. Trata-se de questões que simultaneamente se situam:

- no plano da prática clínica: por exemplo, reconhecimento das situações de abuso sexual, de suas conseqüências sobre o desenvolvimento da criança e da evolução psíquica posterior; e também as modalidades específicas da ajuda a ser dada à criança e à família;
- no plano da compreensão teórica: notadamente com a questão central da natureza do traumatismo, do respectivo lugar da realidade e do fantasma no cerne deste; ou, ainda, a questão da sedução precoce na gênese de desordens psicopatológicas posteriores;

• ainda no plano da pesquisa, com a questão essencial: existem trabalhos que atualmente trazem elementos que nos permitem compreender melhor como surgem os abusos sexuais — intrafamiliares, por exemplo —, com efeitos aos quais nos adiantamos no plano da prevenção.

O DOMÍNIO DA PRÁTICA CLÍNICA

Essa área nos confronta com problemas geralmente difíceis e particularmente complexos.

Começaremos por abordar aqueles que estão ligados à descoberta e ao reconhecimento dessas situações de abusos sexuais. Elas decerto são variáveis segundo o contexto no qual trabalham o psiquiatra e a equipe psiquiátrica, por exemplo, em hospital geral, num hospital pediátrico, num setor intermediário de psiquiatria da criança e do adolescente ou, ainda, na área da proteção judicial.

De maneira geral, não existe ainda grande dificuldade em reconhecer essas situações de abusos sexuais?

Quanto a isso, é interessante notar como, na literatura médica na França, o fenômeno parece ter sido apreendido. Foi Ambroise Tardieu, professor de medicina legal em Paris, que, em 1860, fez a primeira descrição clínica da criança brutalizada. Realizou também estudos médico-legais sobre os atentados aos bons costumes, escritos entre 1857 e 1879. Podemos observar que estes últimos praticamente jamais foram citados, enquanto que seus trabalhos sobre maus-tratos de crianças agora são bem conhecidos. Tardieu estudou 339 casos de tentativas de estupro e de estupros impingidos a crianças de menos de onze anos de idade. Aí observou que "os laços de sangue, longe de opor uma barreira a essas culpáveis seduções, em geral só as favorecem; os pais abusam das filhas, os irmãos abusam das irmãs".

Mas é também interessante notar (Ph. Mazet, 1987) que alguns anos depois, em 1903, Th. Bourniville, em *Le progrès médical* [O progresso médico], escreve um artigo no qual evoca sobretudo as falsas acusações de crianças, referentes a pretensas sevícias ou abusos sexuais cometidos pelos adultos. Aqui vemos as manifestações de um fenômeno geral que concerne a essa área dos abusos sexuais em relação a crianças: a forte resistência à conscientização, difícil quanto ao problema.

O que ocorre com a atual acolhida dos psiquiatras de crianças ou de adolescentes em semelhantes situações? Sem dúvida alguma, estamos mais sensibilizados, mais atentos a esses problemas. Entretanto, será que às vezes não podemos falar de um interesse relativamente limitado ou de certo mal-estar nessa área, por exemplo diante da recente campanha recente de sensibilização do Ministério da Solidariedade, da Saúde e da Proteção Social? É o que julgamos ter percebido no grupo de estudo de casos, que se reúne todas as primeiras terças-feiras do mês no Departamento de Psicopatologia da Criança e da Família da UFR de Bobigny. Trata-se de um grupo aberto a todos os profissionais envolvidos nesse tipo de problemas, que se realiza no departamento de Seine-Saint-Denis e há três anos acolhe numerosos membros das equipes de PMI, agentes sociais, psicólogos e professores; mas cabe dizer que entre esses profissionais praticamente não figuram psiquiatras, exceto aqueles que trabalham em equipes especializadas (proteção etc.). Esse é também o ponto de vista de A. M. Alléon (1989) que, em sua análise dos efeitos da campanha de prevenção do ministério, no departamento de Isère, faz algumas observações sobre a atitude dos psiquiatras: primeiro, participação muito fraca numa jornada organizada sobre o tema; em geral, prudência e até mesmo constrangimento quando é encarada a perspectiva de ação — antes, talvez certo mal-estar associado ao fato de que as situações de abusos sexuais colocam em pauta, de maneira particularmente conflitante, o lugar do psiquiatra perante a lei ou, ainda, o problema intricado dos planos individual e coletivo.

Evoquemos aqui, entre muitas outras abordagens deste livro, algumas condições de descoberta de abusos sexuais a partir de nossa própria prática. Há, por exemplo, o caso de duas crianças de seis e dois anos de idade que, em um contexto de grande carência familiar e maus-tratos, submetem-se a toques e sevícias sexuais por parte do pai; tentativas de suicídio de adolescentes que remetem a uma relação incestuosa ou a um estupro; o quadro de mutismo e baixo rendimento escolar de uma menina de dez anos, vítima de incesto com o padrasto; a manifestação de encopresia em uma criança de quatro anos, alvo das violências sexuais do pai.

Podemos, ainda, a partir de nossa prática, citar duas condições bastante peculiares de descoberta de abusos sexuais. A primeira diz respeito à senhora D., mãe de uma criança de doze anos, levada à consulta por apresentar fobia escolar. Depois de algumas consultas, paralelamente ao afastamento realizado a seu pedido, o caso evolui de modo favorável, com entrevistas da mãe que, após dezoito meses de tratamento psicoterápico, consegue enfim falar de sua relação incestuosa com o próprio pai. A segunda condição de confronto com uma situação de abuso sexual diz respeito a M. S. Ele é atendido em consulta, em caráter de emergência, devido a uma "crise de angústia" ocorrida após a revelação de suas atividades pedófilas. M. S. será levado a falar destas por duas vezes, e a seguir desaparecerá.

O segundo tipo de observações concerne à questão das conseqüências psicológicas desses abusos sexuais em crianças. Evidentemente, é bem difícil caracterizá-las de maneira precisa, considerando sua diversidade e as particularidades do clima familiar, institucional ou social na qual os abusos ocorreram. Igualmente, verifica-se que é extremamente aleatório, na grande maioria dos casos (Rouyer e Drouet, 1986; Rouyer, 1989), separar as conseqüências diretas de práticas sexuais na criança daquelas que são anteriores e relativas à vivência da criança (erro em sua educação, carência afetiva, outras formas de maus-tratos, afastamentos etc.). É também difícil diferenciar o que cabe aos fatos em si — com toda a dimensão de coação, de não-compreensão da criança diante do evento, de sentimentos de agressão, de ferimento narcísico e de culpa — daquilo que depende das atitudes do meio familiar perante as tentativas da criança de abordar o ocorrido. Quanto a isso, devemos mencionar, por exemplo, a relevância dos sentimentos de solidão e infortúnio de uma menina de oito anos; ela tenta falar à mãe de suas relações com o pai e tem de suportar a recusa da mãe em ouvi-la e até mesmo acusações. Evidentemente, conhecemos bem todos os dramáticos efeitos negativos dessas verdadeiras conspirações de silêncio que eventualmente ocorrem em certos casos. Da mesma forma, é lícito pensar que o clima no qual às vezes são feitas certas intervenções médicas, psicossociais e judiciais pode ser prejudicial à criança e à família.

Dito isto, frisemos, dentre os efeitos traumáticos da situação de abusos sexuais, os de um atentado narcísico grave (Ph. Mazet, 1989). A experiência vivida pela criança ao nível de seu corpo, em uma atmosfera de coação, violência ou, no mínimo, de manipulações que a colocam em posição de passividade obrigatória, acarreta um golpe duro na auto-estima, nos sentimentos de vergonha e até mesmo de humilhação. Existe aí alguma coisa que é vivida como um verdadeiro abuso de poder, e até como perda da posse de si mesmo e do próprio corpo, algo que é vivido como um entrave à indispensável necessidade de saber para onde vamos e de nos sentir ativos em todo movimento de exploração do novo.

Nossas ações terapêuticas devem, bem entendido, referir-se a essa vivência particularmente traumática da criança e das reações familiares. Mas, ao mesmo tempo, devemos reconhecer as dificuldades freqüentes do psiquiatra e dos membros de equipes psiquiátricas em ação, além da dificuldade de intervenção no plano da realidade e da lei: "Estamos aqui para tentar compreender [...] [freqüentemente subentendido], não estamos aqui para fazer uma atuação suplementar [...]". É lógico que, efetivamente, é imprescindível a concessão de um tempo de reflexão e de real abordagem psicológica da criança e dos que a cercam. Para tanto, não deveríamos levar em conta também a realidade externa e assumir nossa função de proteção à criança? Nosso trabalho, de fato, situa-se nesse duplo registro da realidade interna e da realidade externa. Sabemos que a criança vítima de abusos sexuais tem uma necessidade fundamental de receber crédito; se for ouvida de forma exageradamente dubitativa isso pode comprometer suas chances de restaurar essa identidade já maltratada e reforçar as conseqüências do trauma. Do mesmo modo, sabemos que o consentimento aparente da vítima é melhor compreendido se virmos na repetição do ato incestuoso, por exemplo, durante meses e às vezes anos, a tentativa desesperada da criança de compreender o que escapa à sua mentalização; como observa A. M. Alléon (1989), voltamos ao local do crime para captar seus móbiles. Igualmente, sabemos que não devemos, a todo custo, deixar a criança sozinha em face de sua situação. Nós mesmos não devemos ficar sozinhos, pois é na possibilidade de falar disso e de refletir com outros, no seio da própria equipe ou de um grupo de discussão aberto, como o que abordamos, que eventualmente encontraremos as melhores respostas às questões levantadas.

Mas, ao mesmo tempo, desvelar a situação de abusos sexuais, com toda a prudência necessária e o trabalho clínico paralelo indispensável, não é obrigatoriamente uma passagem ao ato e pode — deve — representar uma medida necessária de proteção da criança.

NO PLANO DA TEORIA

A questão do trauma psíquico, evidentemente, está no cerne da situação do abuso sexual em relação à criança. Que este seja um ato isolado ou inscrito em uma relação seguida, realizado por um adulto fora da família ou que dela faça parte, ele é por natureza traumático pelo fato de conjurar uma sexualidade de criança e uma sexualidade de adulto. A ausência de violência manifesta não implica, de forma alguma, a inocuidade psíquica desse ato (A. M. Alléon, 1987), pois, como sabemos, gera perturbação qualquer estímulo externo que não corresponda ao grau de evolução interna e às possibilidades de integração física e psíquica daquele que o vive. Talvez seja útil lembrar que, ao contrário do que se difunde, é o traumatismo que reativa o fantasma inconsciente correspondente e não o inverso, caso em que teríamos uma passagem ao ato, mas nenhum trauma. Ali, onde há *nonsense* para a criança, ali onde existe a não-possibilidade de integração da excitação sexual, ali onde há confrontação com "a confusão das línguas", como diz Ferenczi (1933), quando a criança é brutalmente confrontada com a linguagem da paixão, diferente da linguagem da ternura da qual ela se situa — ali há o trauma.

O que também nos parece essencial abordar aqui, em termos de compreensão psicodinâmica dos efeitos traumáticos das experiências sexuais vividas pela criança, é a noção de efeito retardado, a saber, o efeito traumático *a posteriori,* quando o evento adquire sentido. Aqui existe um dado de observação clínica muito freqüente em matéria de abusos sexuais vividos pela criança, que descobre posteriormente, por exemplo, na adolescência ou mesmo mais tarde, esta ou aquela dimensão que antes lhe havia escapado e que então investe-se de uma dimensão traumática retardada.

Outra questão é a importância da repetição de uma geração para outra dessa situação de abusos sexuais e, de maneira mais geral, de maus-tratos. Existe uma verdadeira transmissão de tais fatos através de gerações, sobre a qual devemos refletir numa perspectiva de prevenção.

A questão da realidade da sedução precoce da criança pelo adulto na origem de distúrbios psicopatológicos posteriores também merece ser abordada aqui. Talvez não deixe de ser interessante, como assinala por exemplo S. Lebovici (1987), observar que S. Freud provavelmente jamais renunciou totalmente à teoria da sedução, ao contrário do que se diz com muita freqüência. Freud soube modificar seu ponto de vista, ampliar o problema, integrando em um conjunto mais vasto essa primeira versão da existência na realidade de seduções precoces na gênese de distúrbios psicopatológicos posteriores. O primeiro tópico, assim, ampliou-se no segundo. Se ele soube reconhecer as flutuações de seu pensamento, isso não significa que suas primeiras constatações quanto aos efeitos patogênicos dos traumatismos precoces sejam invalidadas por suas generalizações posteriores — isto é, a impotência do desejo inconsciente da criança, notadamente o fantasma de seduzir os pais.

À medida que essa questão é amplamente abordada, no contexto contributivo desta obra, iremos agora nos referir a algumas das questões que surgem no plano da pesquisa.

NO PLANO DA PESQUISA

Nosso conhecimento das modalidades segundo as quais se organizam as primeiras relações entre a criança e os pais desenvolveu-se muito nesses últimos anos, em conseqüência de estudos referentes à observação das interações precoces. Esses estudos focalizam, por exemplo, o que se pode observar nas trocas entre o bebê e a mãe em certo número de situações ditas de alto risco e que provêm, seja do estado do bebê, seja de certas condições psicológicas, materiais e sociais do ambiente parental. Assim, aprendemos a detectar melhor as modalidades de expressão dos distúrbios da condição parental — quer se trate de maternidade ou de paternidade —, isto é, das perturbações que afetam os processos psicológicos que permitem aos pais assegurar sua função materna ou paterna.

Parece-nos muito interessante mencionar aqui um estudo que se refere precisamente à noção de apego recíproco entre os pais e o filho e, mais precisamente, entre o pai e a filha, com o objetivo de tentar evidenciar distúrbios precoces da paternidade que poderiam ser responsáveis por um incesto posterior pai-filha.

Assim, Seymour e Hilda Parker (1986) fizeram uma série de entrevistas em profundidade com 54 pais incestuosos e 56 pais testemunhas. Esses autores descobriram que a diferença mais importante entre os dois grupos residia no fato de que os pais incestuosos haviam passado um tempo mínimo com a filha, quando esta tinha menos de três anos de idade, nesse período também participaram muito pouco dos cuidados físicos da criança. Já os pais testemunhas faziam o contrário. Cientes de quanto é problemática a extrapolação do animal para a espécie humana, esses autores fazem uma aproximação dos resultados de seus trabalhos com os dados auferidos em vários experimentos sistemáticos realizados com chimpanzés e mamíferos; tais experimentos mostraram elevada taxa de comportamentos incestuosos entre pais que foram separados do filhote fêmea desde seu nascimento e voltaram a se reunir com a cria no final da primeira infância desta.

Dito isso, os resultados dos trabalhos dos Parker são muito importantes do ponto de vista teórico, pois explicam, entre outras coisas, os índices, extremamente baixos de incesto mãe-filho. Com efeito, a mãe habitualmente é que se ocupa dos cuidados físicos do bebê e, portanto, está em contato muito freqüente com este no decorrer dos primeiros meses e anos de vida. Como assinala J. F. Saucier (1988), podemos dizer que o conjunto dos cuidados prodigalizados bem no início da vida imprimiria de modo indelével no genitor sua função de adulto protetor e preveniria a subseqüente percepção da criança como objeto de desejo sexual. Essa série de fatos explica, também, por que ocorre de pais incestuosos serem tão freqüentemente padrastos, isto é, homens que, devido às circunstâncias, não conheceram a filha como bebê e, conseqüentemente, participaram ainda menos de seus cuidados.

Esses resultados são ainda mais importantes do ponto de vista prático, pois indicam claramente um direcionamento de intervenção; isto é tanto mais interessante porque já existe em nossa sociedade, por outras razões, um movimento importante que favorece o envolvimento precoce dos pais. Os trabalhos dos Parker acrescentam, assim, uma razão muito séria para incitar todos os interventores que trabalham nos períodos imediatamente anteriores e posteriores ao parto a favorecer ao máximo o envolvimento dos pais (particularmente os que foram maltratados sexualmente durante sua infância) no decorrer da gravidez, nos encontros pré-natais, no momento do trabalho de parto, em todos os primeiros dias no hospital e nos meses seguintes, no domicílio. Da mesma forma, vale dizer que esses trabalhos acrescentam uma razão ainda mais séria para incitar o Estado e os empregadores a favorecerem ao máximo as licenças de paternidade.

É importante também citar os trabalhos de J. Ajuriaguerra e col. sobre a organização dos primeiros comportamentos de ternura do bebê em relação aos pais. Esses trabalhos mereceriam ser retomados numa perspectiva de maior interação, visando observar como tais comportamentos se estabelecem nas primeiras trocas entre o bebê e os pais. Existe também toda uma dimensão que atualmente não é estudada nesses trabalhos sobre as interações precoces: o lugar normal do erotismo, do prazer erótico nas primeiras interações entre o bebê e os pais, e da sedução normal. Sem dúvida, existem aí pistas de pesquisas (Ph. Mazet, 1989) que poderiam nos trazer dados importantes quanto aos agentes perturbadores precoces da condição parental que se manifestam posteriormente sob a forma de abusos sexuais em relação à criança.

NO PLANO DA PREVENÇÃO

Encarar a possibilidade de estabelecer ações visando prevenir a ocorrência inesperada de abusos sexuais com crianças é um objetivo não só necessário como particularmente indispensável, levando-se em conta as conseqüências dramáticas que eles engendram nessas crianças. Esse objetivo, bem entendido, não pode deixar indiferentes psiquiatras e equipes psiquiátricas. Contudo, surgem dificuldades e, entre elas, aquela associada ao fato de que não se trata aqui de uma afecção — conforme designamos, em nossa área, um tipo de perturbação psicopatológica definida por seus sintomas e sua evolução, a partir da qual poderíamos apreender cada vez melhor suas condições de aparecimento (fatores de risco externo e fatores de vulnerabilidade interna) —, mas de uma grande diversidade de situações, de um evento que é o encontro traumático entre a sexualidade de um adulto e a de uma criança. Dito isso, essa prevenção pode se basear em determinado número de dados, certamente de ordem epidemiológica, mas também de ordem clínica. Já discorremos amplamente sobre a carga traumática do silêncio infligido à criança, a noção de repetição de uma geração a outra e as pistas dadas pelos trabalhos dos Parker no domínio dos períodos imediatamente anteriores e posteriores ao parto.

Como as questões da prevenção são abordadas em outros capítulos, evocaremos aqui simplesmente quatro pontos:

- O interesse nesse tipo de situação de não ficar sozinho e de poder refletir e discutir em grupo, com sua própria equipe, mas também com outros grupos, como, por exemplo o grupo aberto e pluridisciplinar já citado. Este ofereceu a certo número de pessoas confrontadas com situações de abusos sexuais a oportunidade de falar sobre o assunto, de refletir com outros e, certamente, de enxergar a situação de outro ângulo e de se sentir menos sozinhas em circunstâncias que, em geral, são particularmente difíceis de vivenciar. Claro, houve debates acalorados e pontos de vista contraditórios. Mas não poderia ser diferente, em se tratando da área da sexualidade.

- Modificações nas práticas podem ser preparadas por uma sensibilização e uma formação nessa área. A indispensável perspectiva psicopatológica pode contribuir especificamente com a consideração da realidade interna da criança, que, conforme pudemos constatar em algumas ocasiões, era esquecida pelos profissionais, em razão do impacto dos eventos e do horror que eles suscitam. Nessa área das modificações das práticas, parece-nos útil uma observação quanto a um fato que pudemos observar recentemente: ao inteirar-se da relativa freqüência das relações incestuosas na família de uma jovem paciente, uma ginecologista pergunta-lhe — de forma quase sistemática, sem precauções ou elementos suficientes de orientação — sobre a eventualidade de tais relações para ela! Não poderíamos falar aqui de um efeito perverso real, de uma sensibilização malcompreendida e mal-integrada?

• O problema da informação da mídia é particularmente complexo. A suspensão do segredo não pode ser feita sem a ativa colaboração das mídias. Mas a articulação dos registros individual e coletivo não é automática. Uma informação demasiado inábil pode ser mal vivida e invasiva. No decorrer de um filme realizado por conta do ministério nessa campanha de informações, vemos o pai de uma criança que foi vítima de um abuso sexual transformar-se em verdadeiro psicoterapeuta, em condições que nos parecem bastante problemáticas no plano da manutenção de uma relação natural e autêntica entre ambos.

• O último ponto é, no plano da informação geral, situar novamente essa sensibilização às situações de abuso sexual da criança *no* seio da educação sexual em geral. De fato, não seria absolutamente necessário poupar a criança de um confronto com o mundo da sexualidade nesse único registro do abuso, mas mesmo em tudo o que ele pode, bem entendido, trazer de diferente?

Apêndice
À Edição Brasileira

Esse Apêndice tem por objetivo apresentar e comentar, em linhas gerais, a legislação brasileira atual referente à violência sexual cometida contra crianças e adolescentes; as respostas institucionais para o enfrentamento do fenômeno; um texto sobre a RECRIA; o texto "Violência intrafamiliar e as respostas institucionais para o enfrentamento do fenômeno — um estudo preliminar" e uma relação das principais instituições de atendimento, prevenção, defesa e estudo do problema. Para tanto contamos com o auxílio valioso do CECRIA — Centro de Referência, Estudos e Ações sobre Crianças e Adolescentes, na pessoa da dra. Maria Lúcia Pinto Leal e sua equipe, que nos enviou generosamente grande parte do material de que necessitávamos.

Desejamos agradecer também ao grupo Oficina de Idéias, especialmente a Yara Sayão e Maria Cristina Vicentim, e à Fundação Abrinq pelos Direitos da Criança, na pessoa de Caio Magri, pelo material de apoio que nos enviaram e por terem nos ajudado a traçar as diretrizes desse Apêndice.

CECRIA
Av. W/3 Norte Q. 506 B1. C Mezzanino, Lojas 21 e 25
CEP 70740-530 Brasília/DF
Fonefax: (061) 274.6632 e (061) 340.8708
E-mail: cecria@brnet.com.br
Homepage: www.cecria.org.br

Fundação ABRINQ — Oficina de Idéias
Rua Lisboa, 224 — Jardim América
CEP 05419-001 — São Paulo/SP
Fonefax: (011) 881-0699
e-mail: info@fundabrinq.org.br

SOBRE OS CONSELHOS DE DIREITOS DA CRIANÇA E DO ADOLESCENTE

Extraído do livro Dez Medidas Básicas para a Infância Brasileira, publicado por iniciativa da Companhia Brasileira de Metalurgia e Mineração - CBMM — e da fundação ABRINQ pelos Direitos da Criança, com apoio do Fundo das Nações Unidas para a Infância - UNICEF, e realizado pela Oficina de Idéias.

Desde 1990, o Brasil tem o Estatuto da Criança e do Adolescente. A lei nº 8069 estabelece que a Política de Atendimento aos Direitos da Criança e do Adolescente deve ser feita "por um conjunto articulado de ações governamentais e não-governamentais, da União, dos estados, do Distrito Federal e dos municípios".

A Constituição Federal ampliou de forma considerável a competência e as responsabilidades das cidades e da comunidade, restringindo o papel da União. Os municípios passaram a ser responsáveis pela organização e manutenção dos serviços básicos nas áreas de saúde, educação, assistência social. A municipalização é uma forma de ampliar a democratização da sociedade brasileira porque descentraliza as decisões e permite a participação ativa da comunidade nos planos e gastos locais.

Decorre daí o entendimento do ECA de que cabe aos municípios a coordenação local e a execução direta das políticas e programas destinados à infância e adolescência, em parceria com as entidades não-governamentais. E para isto, estabelece o Conselho de Direitos como o fórum de discussão e formulação da política social da criança e do adolescente numa co-responsabilidade dos poderes públicos e da sociedade civil. Para cumprir suas diretrizes, o Conselho de Direitos deve ser paritário, autônomo e apartidário.

Com isso, crianças e adolescentes passaram a ser um desafio para a comunidade. Trata-se de um grande passo. No entanto, quatro anos depois, muita coisa ainda está por fazer. O processo de implantação do Estatuto varia bastante no país. O Conselho de Direitos e o Conselho Tutelar, base de seu funcionamento, foram regulamentados em muitas cidades e estão em pleno funcionamento. Porém, outros municípios têm tido dificuldades para definir os Conselhos locais e até mesmo de passar da lei para a ação. Este manual visa contribuir com informações e sugestões para os Conselhos municipais efetivarem seu papel na formulação de políticas públicas e planos de ação para garantir os direitos dos mais jovens.

MUDANDO MENTALIDADES

Estimular e assessorar a criação dos Conselhos passou a ser meta prioritária de organizações como o Centro Brasileiro para a Infância e a Adolescência – CBIA, o Fundo das Nações Unidas para a Infância – UNICEF, a Pastoral do Menor, o Movimento Nacional de Meninos e Meninas de Rua. Muitos Conselhos recém-criados estão aprendendo a formular políticas, fiscalizar o poder público, trabalhar pela mudança de mentalidade de suas comunidades e garantir, enfim, que crianças e adolescentes sejam a preocupação primordial. Temos então uma oportunidade muito especial de aprender. Toda a história política do Brasil está marcada pelo oposto do que o Estatuto propõe. As decisões sempre foram centralizadas, autoritárias, sem participação popular, e a maioria das pessoas não eram consideradas nem tratadas como sujeitos de direitos. A aplicação das verbas e dos convênios era, na maioria das vezes, resolvida nos gabinetes fechados, sem qualquer controle da sociedade civil.

Além de criar os Conselhos de Direitos, os Conselhos Tutelares e os Fundos, o Estatuto propõe um reordenamento de todas as instituições relacionadas à infância: o Poder Judiciário, o Poder Executivo, as organizações não-governamentais (ONGs) e a comunidade. As novas instituições e as antigas deverão trabalhar de modo integrado segundo as particularidades de cada uma. Esta articulação mostra-se indispensável tendo em vista que muitos problemas das crianças e jovens decorrem da miséria de suas famílias e do fracasso das políticas públicas de educação, saúde, trabalho, moradia, saneamento e agricultura.

UMA NOVA ORDENAÇÃO

Neste panorama de reorganização, foi promulgada a Lei Orgânica da Assistência Social (LOAS). Graças a ela, a proteção às pessoas ameaçadas em sua sobrevivência se liberta do campo da caridade e do clientelismo. Assim que a LOAS for regulamentada, passa a ser direito do cidadão e dever do Estado o atendimento das necessidades básicas.

A descentralização e a transparência devem marcar este atendimento, o que implica concentrar as ações nos municípios. Em conjunto com o governo estadual (responsável pelo apoio técnico e financeiro), as prefeituras ficam incumbidas de atender crianças, adolescentes, famílias, idosos e portadores de deficiências, desde que comprovadamente em situação de pobreza, nos limites fixados pela lei. Isto pode significar o fim de instituições como a Legião Brasileira de Assistência-LBA assim como outras áreas do Ministério do Bem-

213

Estar Social. Dentro do papel restrito que a LOAS prevê para a União, as estruturas de atendimento direto devem ser desmontadas.

A atuação da União está bem delimitada pela LOAS : garantir os benefícios destinados aos portadores de deficiência e aos idosos com mais de 70 anos, desprovidos de recursos e de apoio familiar; dar suporte técnico e financeiro às iniciativas (serviços, programas e projetos) de combate à pobreza em âmbito nacional; atender ações de emergência em conjunto com os estados, o Distrito Federal e os municípios.

Caberá ao poder central o papel de coordenador da Política Nacional de Assistência Social, cujas normas serão definidas pelo Conselho Nacional de Assistência Social, composto igualmente por representantes da sociedade civil e do governo. A cada dois anos, o Conselho Nacional deverá convocar a Conferência Nacional de Assistência Social, tanto para avaliar a situação da área quanto para aperfeiçoar o sistema criando novas diretrizes.

O PAPEL DE CADA UM

As famílias, crianças e adolescentes em situação de risco pessoal e social já contavam com auxílio e proteção previstos no Estatuto. Agora, o campo da assistência social deverá responder a estas pessoas de modo igualmente descentralizado e com políticas definidas. A presença da sociedade civil nos Conselhos precisa ser representativa. Devemos lutar também para que os usuários participem de sua composição.

Este cuidado deve orientar também os Conselhos de Direitos. É fundamental incentivar a participação dos próprios usuários (família e jovens) no processo de formulação das prioridades e controle das ações. Quanto mais as pessoas estiverem envolvidas no cuidado direto dos próprios interesses e projetos existenciais, mais chance haverá de um programa ou serviço funcionar de verdade.

Os Conselhos de Assistência Social precisam trabalhar em sintonia com o Conselho dos Direitos da Criança e do Adolescente-CDCA. Não pode ser esquecido que este define e delibera sobre todos os aspectos que envolvem a infância. O Conselho de Assistência tem um universo de atuação mais restrito, visto que existem crianças que não precisam deste apoio. Se a ação em conjunto levar a impasses não previstos na lei, pode ser necessário o aprimoramento da legislação no que diz respeito à definição de competências. Como o Conselho de Direitos tem acesso a todas as áreas ligadas à infância, inclusive a da assistência social, pode estar mais apto a tomar a decisão final. De qualquer modo, os direitos estabelecidos pelo Estatuto devem nortear todos os Conselhos.

Estamos falando de uma conquista relativamente recente em nosso país — a possibilidade de plena participação da sociedade civil na gestão das políticas públicas. E isto se dá principalmente através dos Conselhos, fóruns democráticos de discussão e formulação de políticas. Vivemos o momento da criação concreta desses instrumentos de controle social. Momento em que as atribuições nem sempre estão muito claras e no qual é fundamental a articulação, o debate e a quebra de sectarismos. O Conselho de Direitos deve buscar trabalhar de forma articulada com os Conselhos (já constituídos ou em constituição) de Saúde, Educação, Assistência Social e com todos os movimentos sociais empenhados na defesa da cidadania.

POLÍTICA PÚBLICA PARA A INFÂNCIA

O bom desempenho dos Conselhos está relacionado à observação de alguns procedimentos.

- **Planejar.** Uma política de atenção à infância/adolescência não pode se restringir aos problemas imediatos. Além das ações emergenciais, necessita de planejamento para médio e longo prazo, procurando antecipar as necessidades que possam surgir.
- **Articular.** É fundamental estabelecer conexões entre as políticas tradicionalmente setorizadas e fragmentadas (como saúde, educação, saneamento), entre os órgãos estaduais e federais que atuam na área da infância e entre todos os órgãos públicos e entidades não-governamentais que atuam no município.
- **Avaliar.** Os Conselhos devem desenvolver formas permanentes de avaliação de sua atuação e dispor de indicadores que mensurem a situação da infância no município.
- **Informar.** Partindo do conhecimento das necessidades da infância e adolescência no município, construir e divulgar dados confiáveis da realidade. Iniciativas com esse propósito devem ser estimuladas e subsidiadas. O trabalho de diagnóstico é uma ação política – a precariedade de informações contribui para ocultar graves omissões. São parceiros importantes nesta tarefa as universidades e institutos de pesquisa.
- **Formar.** O trabalho com a infância e adolescência baseia-se essencialmente na intermediação de um adulto. Portanto, a formação e a valorização dos recursos humanos deve ser priorizada.

A observação desses procedimentos deve levar em conta, acima de tudo, a total consonância com as diretrizes e as linhas de ação propostas no estatuto da Criança e do Adolescente-ECA.

LINHAS DE AÇÃO DA POLÍTICA DE ATENDIMENTO DO ECA

As ações destinadas à criança e adolescente são organizadas em quatro níveis no Estatuto e obedecem à seguinte hierarquia:

- **Políticas sociais** básicas, consideradas direitos de todos e dever do Estado, como saúde, educação, esporte, lazer.
- **Políticas assistenciais**, voltadas às pessoas necessitadas, como complementação alimentar e abrigo.
- **Política de proteção especial**, dirigida a pessoas e grupos que se encontram em situação de risco social e pessoal. Por exemplo, criança vítima de maus-tratos.
- **Garantia de direitos**, ações que visam garantir o cumprimento de direitos assegurados na Constituição e no ECA. Por exemplo, a implantação de Centros de Defesa dos Direitos da Criança.

De acordo com a filosofia do ECA, as políticas assistenciais e de proteção especial devem ser sempre pensadas sob a óptica da transitoriedade e ter um caráter emancipador. A meta é garantir, com prioridade absoluta, os direitos de todas as crianças. Como bem define o ex-secretário de seguridade social da prefeitura de Parma (Itália), Mario Tommasini, "quanto mais a pessoa necessita de proteção, tanto mais deve ser posta em condição de recuperar sua autonomia e liberdade".

A implantação do ECA encontra respaldo em compromissos nacionais e internacionais assumidos pelo governo brasileiro. O Brasil é signatário da Declaração Mundial Sobre a Sobrevivência, a Proteção e o Desenvolvimento da Criança (resultado do Encontro Mundial de Cúpula pela Criança, realizado em Nova York em 1990). Neste encontro, os chefes de Estado comprometeram-se a viabilizar um futuro melhor para as crianças e estabeleceram metas até o ano 2000.

No plano interno, os governadores assinaram, em Brasília, em 1992, o Pacto pela Infância, comprometendo-se a elaborar o Plano Estadual de Apoio à Criança, em conjunto com as prefeituras. As metas do pacto e os relatórios de sua implementação são importante material para os Conselhos acompanharem e controlarem a execução das ações ali pactuadas, bem como para desenvolvê-las a nível municipal.

DIRETRIZES DO CONSELHO DE DIREITOS

- **Controlar.** De acordo com o ECA, o não-cumprimento das funções a cargo do Estado deve ser objeto de intervenção dos Conselhos de Direitos e Tutelares. Entre as faltas, estão a não-oferta e a oferta irregular de serviços públicos dirigidos à família e à infância/adolescência. Os Conselhos possuem autoridade para analisar a situação e propor medidas necessárias ao pleno atendimento das diretrizes do Estatuto.
- **Decidir.** Cabe aos Conselhos deliberar e formular a política de proteção integral à infância. Eles podem tomar decisões sobre a adequação dos

programas e serviços às exigências da realidade municipal no âmbito da maternidade, família, infância e juventude. Embora não sejam órgãos executores (não substituem o dever do governo na execução das políticas), os Conselhos não são apenas consultivos (que só opinam). Eles têm poder de decisão na priorização das ações e metas.

• **Coordenar.** É atribuição dos Conselhos articular os órgãos públicos e iniciativas particulares, criando canais permanentes de comunicação entre Estado e Sociedade, para a concretização da política de proteção e desenvolvimento das crianças e adolescentes.

DIFICULDADES E SOLUÇÕES

A implantação e funcionamento dos Conselhos de Direitos estão sujeitos a obstáculos e incompreensões. É natural em se tratando de uma experiência inovadora. Antecipamos algumas dificuldades e possíveis soluções.

Urgência para agir
O início de atividades do Conselho de Direitos pode ser marcado por uma avalanche de denúncias, sugestões, urgências que desnorteiam o grupo de trabalho que se está constituindo. Este atropelo costuma produzir a impressão de incompetência e impotência civil. No entanto, a situação pode ser enfrentada com a criação de subgrupos e comissões que trabalhem temas específicos. Ampliar, sempre que possível, os grupos convidando outros cidadãos. Compor os grupos de trabalho com representantes dos diversos setores que lidam com a infância.

Sem constrangimentos
A formação do Conselho geralmente se caracteriza pela natureza suprapartidária. O Conselho reúne pessoas com experiências muito diferentes. Isto gera a necessidade de garantir que os cidadãos se conheçam e discutam com liberdade, expondo seu entendimento sobre a lei e sobre o que fazer.

Por onde começar
Uma das dificuldades dos Conselhos é não saber por onde começar. Realizar junto com a comunidade um trabalho de diagnóstico, seguido de debate público dos problemas e das propostas visando produzir o plano municipal de ação. Algumas deliberações tomadas pelo Conselho podem ser contempladas através da LDO (Lei de Diretrizes Orçamentárias). Outras podem exigir legislação específica. Daí a necessidade do trabalho articulado junto ao Legislativo. Importante lembrar que a dotação do orçamento é feita em geral no primeiro semestre e que os Conselhos devem estar com as prioridades definidas antes da votação.

Superando diferenças

É fundamental que sejam garantidas as regras democráticas na convivência cotidiana. É sobretudo que o grupo valorize as diferenças e as transformações que podem acontecer a partir destes encontros de "desiguais". Os conflitos devem ser expostos e as soluções buscadas através da conversa e do entendimento. Será de grande ajuda estabelecer um regimento interno no qual estejam garantidos o direito de voz, de voto e as regras de participação. Convém evitar que as decisões recaiam sobre o presidente ou sobre minorias.

Neutralizando a má-vontade

Alguns governos apresentam mecanismos explícitos ou dissimulados que paralisam o Conselho, tais como: ausência nas reuniões, representantes sem capacidade ou poder de garantir as decisões do Conselho e mudança freqüente dos representantes. Estas são particularmente danosas, pois a cada nova designação o grupo é obrigado a relatar o trabalho já realizado. Para resolver o problema, o regimento interno deve prever o número de ausências toleráveis e estimular a organização de fóruns comunitários que acompanhem o trabalho do Conselho. Isto tornará públicas as faltas, garantindo o controle social do funcionamento do Conselho.

Solucionar é a meta

A sociedade civil representada pode estar habituada à posição de militante crítico, de oposição e não entender o papel construtivo que o Conselho exige. O papel ativo de formulador de políticas pressupõe a indicação concreta de caminhos para vencer os problemas. O Conselho não deve ser paralisado pelas denúncias.

Corporativismo atrapalha

Algumas entidades filantrópicas confundem o seu papel com o de defensor de convênios e verbas, e tentam aplacar a ação fiscalizadora do Conselho. Este tipo de participação corporativa será minoritária se os usuários e/ou representantes dos movimentos populares e sindicais participarem da composição do Conselho ou dos grupos de trabalho. Qualquer atitude corporativa é um empecilho para mudanças profundas. O campo da fiscalização e registro dos equipamentos costuma ser o mais problemático, exigindo acompanhamento técnico, critérios explícitos e instrumentos de avaliação padronizados.

Diferenças pessoais

A desconfiança entre representantes do governo e da sociedade civil pode ser desorganizadora, desestimulante para o trabalho grupal e geradora de problemas de ordem afetiva. A composição dos subgrupos deve prever sempre a paridade. É aconselhável evitar a cisão entre o poder executivo e a sociedade civil – basta lembrar que o poder executivo é também representante da sociedade que o elegeu.

Falta de respeito

Sempre que tiverem suas deliberações não efetivadas ou transgredidas, os Conselhos de Direitos devem documentar o episódio e ingressar com uma ação civil pública junto ao juiz. Na sua função de zelar pelo cumprimento dos direitos da criança e do adolescente, os Conselhos de Direitos e Tutelares dispõem e devem usar dos mecanismos de exigibilidade previstos no ECA e na Constituição, sempre que houver violação destes direitos. A Constituição assegura a todos "o direito de petição aos Poderes Públicos em defesa dos direitos ou contra ilegalidade e abuso do poder". Os crimes contra criança ou adolescente são considerados de ação pública incondicionada, isto é, as autoridades têm o dever de apurar e julgar, independentemente de pedido. Mas é sempre bom utilizar também a petição nesses casos para assegurar a apuração e julgamento.

A Legislação Vigente

A base internacional de toda a legislação específica tem como referência os seguintes documentos: Declaração sobre os Direitos da Criança ratificada em 26/9/1923 em Genebra, Declaração Universal dos Direitos Humanos, promulgada pela ONU em 1948, Segunda Declaração Universal dos Direitos da Criança, aprovada em 1959, Convenção sobre os Direitos da Criança de 1989, Declaração de Viena de 1993.

A Constituição Federal de 1988 estabeleceu as plenas garantias do Estado de Direito, definindo a proteção à família e estabeleceu que as crianças e adolescentes são sujeitos de direito (artigos 226 e 227). O ECA (Lei 8069 de 13 de julho de 1990) detalha os direitos da criança e do adolescente como sujeitos de direitos estabelecendo todo um sistema de garantia de direitos e da proteção integral e integrada da criança e adolescente.

A Lei 8022 de 25/7/90, dos crimes hediondos, alterou o artigo 263 do ECA no caso das penas impostas aos crimes de estupro e atentado violento ao pudor, conforme mostra o quadro na p. 220, elaborado pela Secretaria dos Direitos da Cidadania, trazendo a legislação relativa à exploração, abuso sexual e maus-tratos de crianças e adolescentes.

USUÁRIO		
TIPO PENAL	CAPITULAÇÃO	PENA
Estupro	CP — art. 213, Lei 8072/90, art. 9º	reclusão de 10 a 14 anos
Atentado violento ao pudor	CP — art. 214, c.c. Lei 8072/90, art. 9º	reclusão de 10 a 14 anos
Posse sexual mediante fraude	CP — art. 215, § único	reclusão de 2 a 6 anos
Sedução	CP — art. 217	reclusão de 2 a 4 anos
Corrupção de menores	CP — art. 218	reclusão de 2 a 4 anos
Rapto consensual	CP — art. 220	reclusão de 1 a 3 anos
Formas qualificadas aplicadas aos arts. 213 e 214	CP — art. 223 e § único	reclusão de 8 a 12 anos (resultando lesão corporal grave) e 12 a 25 anos (resultando morte)
Presunção de violência	CP — art. 224, "a"	presume-se a violência quando a vítima não é maior de 14 anos
Atentado ao pudor mediante fraude	CP — art. 216, § único	reclusão de 2 a 4 anos

EXPLORADOR		
TIPO PENAL	CAPITULAÇÃO	PENA
Mediação para servir à lascívia de outrem	CP — art. 227, 1	reclusão de 2 a 5 anos
Favorecimento da prostituição	CP — art. 228, 1	reclusão de 3 a 8 anos
Casa de Prostituição	CP — art. 229	reclusão de 2 a 5 anos
Rufianismo	CP — art. 230, 1	reclusão de 3 a 6 anos, além da multa
Tráfico de mulheres	CP — art. 231, 1	reclusão de 4 a 10 anos
Produção de representação por-nográfica, utilizando criança ou adolescente	ECA, art. 240	reclusão de 1 a 4 anos e multa
Fotografar ou publicar cena de sexo envolvendo criança ou adolescente	ECA, art. 241	reclusão de 1 a 4 anos

PAIS OU RESPONSÁVEL		
TIPO PENAL	CAPITULAÇÃO	PENA
Maus-tratos, opressão ou abuso sexual	ECA, art. 130	afastamento do agressor da moradia comum

No Seminário das Américas, realizado pelo CECRIA em abril de 1996, a dra. Kathleen Mahoney, da Universidade de Calgary, Canadá, afirma em sua fala:

Leis e programas, supostamente destinados a atacar o problema da prostituição, muitas vezes, ao invés de proteger meninas e mulheres forçadas ou fraudulentamente induzidas à prostituição, protegem os homens das "más prostitutas", enquanto são ignoradas organizações criminais que traficam meninas e mulheres e agências turísticas que promovem e exploram o sexo. Na prática da supressão da prostituição as mulheres prostituídas é que são presas e penalizadas, ao invés dos homens que as exploram. Na verdade, a relutância das crianças prostituídas em colaborar com a investigação policial, por medo de retaliação do submundo ou de perseguição, é um obstáculo maior para o cumprimento das leis que poderiam ser usadas para protegê-las.

O que foi dito sobre a aplicação discricionária da lei, a sedução do dólar do turista, a baixa remuneração dos oficiais de aplicações e os poucos recursos da forças policiais são poderosos incentivos para desvirtuar a administração da Justiça. A corrupção policial é conhecida por estar envolvida em operações de tráfico e na proteção aos proprietários de bordéis. Outra causa é a ineficácia das sentenças quando dos julgamentos ou acusações. Em muitos países anfitriões de turistas, a sentença mais severa para um abusador condenado é a deportação. Às vezes isto resulta na mudança do abusador para outro país anfitrião e na continuação do comportamento abusivo. Por todas essas razões os intentos de abuso sexual de crianças, por parte dos turistas sexuais, podem ser encobertos, de tal forma que os mesmos conseguem evitar a punição ou a detecção de comportamento que em seu país poderia ser punido muito mais severamente.

Há uma clara evidência de correlação entre formas de tráfico com a falta de normas para a proteção de crianças no comércio da pornografia infantil. Eu estou trabalhando com Laura Lederer, do *Center for Equality, Speech and Harm* da Faculdade de Direito da Universidade de Minnesota, para fazer uma extensa análise comparativa da pornografia infantil e das leis relativas à pornografia, país por país, e para preparar um mapa que mostre onde são produzidas formas violentas ou degradantes de pornografia infantil ou outras. É evidente uma clara correlação entre a ausência de leis ou de cumprimento das leis existentes, regras de pouca idade para o consentimento e a produção e exportação de pornografia infantil, violenta e degradante.

Na Europa Ocidental três dos quatro países envolvidos na produção de pornografia infantil, violenta ou degradante — Holanda, Dinamarca e Suécia — não possuem leis proibindo a posse de pornografia infantil, a produção e distribuição de pornografia e a transmissão de pornografia por rádio, cabo ou satélite. Similarmente, nenhum deles tinha leis com respeito à pornografia transmitida por computador. A idade de consentimento nesses países varia de 12 anos na Holanda a 15 na Suécia e 16 na Dinamarca. Pode-se verificar no mapa que esses mesmos países são os exportadores de pornografia violenta e infantil para os mercados da Europa Ocidental e dos Estados Unidos. É digno de nota que os países do Sudeste asiático, conhecidos por sua frouxa aplicação da lei, são exportadores de pornografia infantil para a Europa. A idade de consentimento nas Filipinas é de 12 anos e até recentemente era de 13 anos na Tailândia. É óbvio que os comerciantes e de pornografia para fazer o seu comércio gravitam em torno de áreas do mundo que representam o elo mais débil desta cadeia. Embora a idade de consentimento tenha sido elevada para 16 anos na Tailândia e outras emendas progressistas, como aumento das penas para os aliciadores e a coibição ao engodo e à violência, tenham sido aprovadas, há ainda um longo caminho a percorrer até que uma proteção significativa seja extensível às mulheres e jovens no comércio da prostituição.

Vitit Muntarbhorn, relator especial da ONU sobre a Venda de crianças, Prostituição infantil e Pornografia infantil, advoga uma visão multilateral e multidisciplinar, incluindo troca de informações sobre os abusadores e programas melhor dirigidos. Alguns recentes avanços nos países de origem dos abusadores incluem legislação para permitir a acusação dos que exploram sexualmente crianças fora de seu país. Em 1993, o Parlamento da Alemanha promulgou uma emenda no Código Penal para criminalizar certos atos sexuais de alemães com crianças de outros países com idade inferior a 14 anos.

A Austrália aprovou legislação que define agressões sexuais contra crianças entre 12 e 16 anos de idade. As sentenças vão de 10 a 17 anos. O lucro com o abuso sexual de crianças, buscado por organizadores de excursões sexuais, agentes de viagem, redes de pedofilia, anunciantes, foi tratado na legislação, acarretando uma penalidade máxima de 10 anos de prisão. Os abusadores estão sujeitos à apreensão de bens que permitem às autoridades confiscar qualquer propriedade usada no cometimento ou procedimento da agressão.

O Canadá anunciou que introduzirá uma legislação que habilitará a acusação criminal no Canadá de canadenses que fora de seu país se envolverem na prostituição de crianças. Atualmente Suécia, Noruega, Dinamarca, Finlândia, Islândia, Bélgica, França, Nova Zelândia e Estados Unidos promulgaram medidas legislativas similares.

Esta longa citação mostra a necessidade da discussão do problema em âmbito nacional e internacional, devendo ser colocada na agenda dos governos.

O ministro da Justiça do Brasil apresentou projeto de lei que altera os artigos 225, 229 e 230 do Código Penal, a fim de estabelecer penalidades mais severas no casos de condutas abusivas violentas ou de exploração sexual de crianças e adolescentes. Define que ação deve ser pública incondicionada sempre que a vítima de crimes contra os costumes for menor de 14 anos. Estende a aplicação das formas qualificadas e da presunção de violência, quando em casas de prostituição.

VIOLÊNCIA INTRAFAMILIAR E AS RESPOSTAS INSTITUCIONAIS PARA O ENFRENTAMENTO DO FENÔMENO – UM ESTUDO PRELIMINAR

MARIA LÚCIA PINTO LEAL[1]

Farei uma breve análise sobre a violência intrafamiliar e os seus impactos na construção do sujeito criança, a partir das relações intra e extrafamiliar, e das respostas institucionais para o enfrentamento do fenômeno. A violência no contexto familiar não é uma questão nova; atravessa os tempos e se constitui em uma relação historicamente construída a partir das relações de poder, gênero, etnia e classe social.

Em outras palavras, a violência intrafamiliar é uma expressão extrema de distribuição desigual de poder entre homens e mulheres, de distribuição desigual de renda, de discriminação, de raça e de religião.

Como a violência intrafamiliar é um fenômeno que perpassa todas as classes sociais, é importante usar o conceito de classe social para identificar as diferenças e particularidades que existem no trato da questão. Por exemplo, citando Brandão (1997), nas famílias de classes trabalhadoras urbanas, a violência física é predominantemente masculina e o enfrentamento dessa questão pelas mulheres, isto é, a resolução do conflito no âmbito familiar, se dá via notificação no juizado, a partir do pedido de ajuda à polícia. Entretanto, somente uma minoria manifesta concordância com a possibilidade de prisão do acusado.

A denúncia do parceiro à polícia parece significar, para as vítimas, um certo rompimento, de sua parte, com a reciprocidade familiar. Quando as

---

1. Professora de serviço social da UnB, mestre em comunicação e doutoranda em serviço social/PUC-SP. Coordenadora de Pesquisa do Centro de Referência, Estudos e Ações sobre Crianças e Adolescentes — CECRIA.

mulheres procuram ajuda da polícia não buscam uma proteção específica àquele delito denunciado, mas a restauração de toda uma ordem que confere sentido, não só àquela relação, mas à sua existência social.

Em decorrência do conflito familiar provocado pela violência masculina e pela violência construída no âmbito das relações socioinstitucionais, emerge na família um conjunto de práticas violentas com novos atores, isto é, o pai/padrasto, que desencadeou o processo, agora não é o único a cometer atos de violência, mas outros elementos da família, exemplo: mãe, filhos e outros, criando-se um clima de violência.

A repercussão dos conflitos conjugais "ganha relevo nas narrativas femininas: a reprodução doméstica ameaçada, filhos traumatizados, revoltados ou com dificuldades no desempenho escolar, dificuldades no exercício das atividades profissionais ou na obtenção de empregos" (Brandão, 1997).

Baseada nessa análise, a violência intrafamiliar constitui-se historicamente em fator desencadeador de outros tipos de violência, tais como: física, psicológica, sexual etc., a qual tem sido corroborada por estudos apresentados na literatura médica, pela pediatria e psicanálise, quando identificavam o abuso sexual e maus-tratos de crianças e adolescentes na família.

De acordo com Donzelot, no século XVIII, os médicos já identificavam a violência intrafamiliar por sua intervenção junto às crianças de famílias burguesas, orientando as mães sobre os casos de epidemiologia e maus-tratos.

Essa relação médico/mãe, nas famílias burguesas, transformou a hegemonia da medicina popular das comadres e das nutrizes, em uma intervenção clínico/comportamental o que propiciou o fortalecimento da relação mãe/filho.

A violência contra crianças no âmbito familiar amplia-se para a esfera pública no final do século XIX e início do século XX, pela institucionalização da "disciplina" na educação, sendo o conceito de disciplina entendido como repressão, controle e punição das crianças. Dessa forma, a violência perpassa as relações familiares e socioinstitucionais.

Nessa perspectiva, a política de educação, assistência, saúde pública (higienista) e segurança torna-se instrumento de controle, punição e disciplina, favorecendo o desenvolvimento de práticas violentas ou fortalecendo a violência já existente no âmbito familiar e/ou institucional.

A cultura do silêncio é uma estratégia empregada para manter o clima de violência intra e extrafamiliar, a qual é fortalecida pelas práticas coercitivas, por pressões psicológicas, físicas, morais e religiosas.

Foi o discurso médico/social/legal que apontou a quebra do silêncio como estratégia fundamental para desmobilizar as práticas de violência cometidas contra crianças e adolescentes, ao fazer uma releitura do conceito de maus-tratos (a proteção e a criminalização).

De acordo com Marceline Gabel, a questão fundamental abordada pela psiquiatria foi a descoberta de que a ocorrência do abuso sexual na família estava relacionada com a questão da sedução, da culpa e do segredo.

A psicanálise investiu no estudo da sedução, pela teoria edipiana, em que a vítima de incesto e de abuso sexual, em algumas circunstâncias, se identifica com o pai criminoso e não ousa denunciar o que ela mesma não sabe que é crime. Ela é também condenada ao silêncio pela mulher do pai incestuoso, uma mulher que na maioria das vezes é cúmplice. Isso fez com que os autores relacionassem o segredo e a culpa que giram em torno da violência sexual, e, sobretudo da violência intrafamiliar, com a dificuldade de revelação e de retratação.

Do ponto de vista clínico/comportamental, quando a criança abusada sexualmente rompe o silêncio e transforma sua fala íntima em fala social/médica/jurídica, muita vezes sua fala é vista como fantasia ou mentira.

Por outro lado, quando é ouvida, o processo de intervenção é dificultado, por causa das relações adultocêntricas, questões burocráticas, cultura conservadora das instituições e de suas práticas preconceituosas, discriminatórias e de controle em relação à sexualidade, gênero, facilitando a retratação da figura materna em relação à denúncia feita contra o agente violador.

Como a retratação é fortalecida dentro e fora da família, por tratar-se de uma questão de foro íntimo e privado, prevalece a mentalidade conservadora na qual a criança é punida duplamente.

Dessa forma, apesar de a intervenção ser feita de forma interdisciplinar, ela se reduz a uma ação assistencialista, particularizada no indivíduo e no máximo na família, em contraposição com a noção de direitos. Torna-se necessário, portanto, ampliar essa visão a partir dos aspectos culturais e estruturais, para melhor compreender o fenômeno e viabilizar novas formas de intervenção.

Isso permitirá repensar o conceito de maus-tratos e ampliá-lo, considerando-se a criança sujeito de direitos, garantindo não apenas o direito individual, mas o direito coletivo, no qual se constrói uma concepção de proteção e defesa, em que o sujeito, a sociedade, a família e as instituições são co-partícipes do processo de transformação das relações que geram a violência.

A partir da metade do século XX as considerações sobre a violência contra mulheres, crianças e adolescentes sofreram substanciais modificações em virtude das transformações que ocorreram nas relações da família com a sociedade, no que diz respeito às questões econômicas, culturais, sociais, políticas, do papel da mulher na sociedade contemporânea, especialmente na organização das mulheres por meio dos movimentos feministas, na luta pela igualdade com os homens, na questão da sexualidade, nas relações de traba-. lho e na luta contra a violência.

Essas transformações se refletiram na reorganização das funções, dos papéis e dos valores na família, a partir das questões de poder, gênero, etnia, sexualidade e direitos, o que contribuiu para o redimensionamento dos conceitos sobre abuso, exploração e maus-tratos de crianças e adolescentes.

Nesse contexto, a violência doméstica de natureza física e sexual contra crianças e adolescentes passou a ser contemplada a partir da Constituição Federal de 1988 — e no ECA — 1990. Art. 227 da Constituição Paulista de 1989 e Art. 5 — ECA nos Artigos 3 e 5 da Declaração Universal dos Direitos Humanos (1988) e reproduz em frente do 9º Princípio da II Declaração Universal dos Direitos da Criança (1989) a qual contempla explicitamente" todas as formas de violência física ou mental, abuso ou tratamento negligente, maus-tratos ou exploração, inclusive abuso sexual [...] (Art. 19. 1) como práticas que podem ocorrer no próprio lar e contra as quais a criança deve ser protegida (Azevedo, 1996).

ECA: A vitimização doméstica (física, sexual, psicológica) é uma forma de negligência [...] exploração, violência, crueldade e opressão contra crianças e adolescentes.

Para uma melhor compreensão da violência intrafamiliar é necessário um estudo aprofundado do tema, a partir das questões a seguir relacionadas a fim de permitir a construção de indicadores.

Estruturais: pobreza, desemprego, exclusão, novas formas de pobreza, globalização e diversidade, dentre outros e outros;
Culturais: gênero, sexualidade, etnia, ordem/desordem, controle e poder;
Psicossociais: aspectos comportamentais: alcoolismo, drogadição e outros;
Valores: morais, religiosos e éticos;
Legais: proteção — políticas públicas; defesa — mecanismos legais.

O conjunto de indicadores que tem sido utilizado para diagnóstico ou para a investigação da violência cometida contra criança (abuso/violência física etc.) foi elaborado a partir de notificações clínicas e comportamentais, fornecidas pelas instituições médicas, de assistência e pela justiça.

Nessa direção, os indicadores devem ser construídos com base na relação sujeito/família/sociedade, considerando-se as questões estruturais, culturais, psicossociais, legais e de valores, estabelecendo uma relação entre os macro e microindicadores, para ampliar a compreensão do fenômeno da violência, visando à prevenção, intervenção e defesa, a partir das experiências, das pesquisas dos instrumentais e da bibliografia existentes.

Para construir os indicadores de violência intrafamiliar faz-se necessária uma reflexão sobre algumas dificuldades encontradas na prática da intervenção, proteção e defesa, por exemplo:

* como identificar crianças que são abusadas sexualmente bem como aquelas que apenas presenciam o abuso?
* como estabelecer uma relação entre a violência que ocorre dentro de casa e fora dela?
* o conceito de violência intrafamiliar permite entender a relação existente entre a violência doméstica e a socioinstitucional?
* como identificar as várias formas de violência que ocorrem no âmbito intra e extrafamiliar?
* como trabalhar com os diferentes tipos de agressores na família? (ex.: Coriac)
* identificar o perfil da família (quem são os agressores).
* identificar o território em que a família está situada e os fatores socioinstitucionais que legitimam a violência;
* quais as estratégias que devemos usar para facilitar a denúncia e proteger as vítimas?

Na tentativa de responder a essas questões, sugerimos a construção de alguns macroindicadores, os quais relacionamos a seguir, para compreensão, explicação e enfrentamento da violência intrafamiliar e socioinstitucional.

* análise de situação (violência)
* perfil da criança violada, do violador, da família e do território
* políticas sociais
* capacitação
* avaliação
* mobilização.

ENFRENTAMENTO DA VIOLÊNCIA INTRAFAMILIAR PELAS REDES DE SERVIÇOS PÚBLICOS E PRIVADOS

A violência intrafamiliar constitui-se em uma temática que exige qualificação especializada das redes de serviços e prioridade no contexto da gestão das políticas públicas para seu processo de desconstrução. No contexto institucional o primeiro passo para descontruir a violência é dar visibilidade ao fenômeno. Esse momento exige, por um lado, programas de recepção das denúncias (SOS-Criança, Conselhos Tutelares, ONGs) e, por outro, um sistema de "retaguarda" articulado, via as políticas públicas, existentes na sua localidade (segurança, assistência, saúde, educação, trabalho e esporte e lazer).

Articular o sistema de denúncias com o sistema de retaguarda exige uma organização em redes do sistema de atendimento, prevenção e responsabilização. Estrategicamente, faz-se necessário ter um mapeamento de programas e projetos existentes na gestão local para o enfrentamento do problema nos níveis público (governo) e privado (ONGs), como capacitá-los para dar respostas concretas diante do fenômeno.

No Brasil, o sistema de denúncias ainda se encontra muito fragilizado por causa da ausência de processo de informatização adequado para sistematizar os dados, possibilitando o rigor necessário à visibilidade do fenômeno. Além disso, ainda está em processo de construção uma cultura de participação da sociedade no enfrentamento da violência que ocorre no espaço privado. Dessa forma, o segredo, a culpa e a omissão ainda são comportamentos usuais no âmbito da família, do vizinho e da população local, traduzindo na prática uma dificuldade destes em materializar a denúncia e dar prosseguimento à desmobilização da ação do agressor e proteção ao sujeito, vítima da violência.

Nesse sentido, o processo de mobilização das organizações não-governamentais e setores governamentais, expressam um caminho de construção ética e de nova concepção, em que o direito e a cidadania são processos que devem ser garantidos pela participação da sociedade organizada para tornar viável o efetivo exercício da democracia e permitir estratégias de enfrentamento do fenômeno, tendo como referência as questões de gênero, etnia, classe social e pobreza.

ABORDAGEM INTERDISCIPLINAR PARA O ENFRENTAMENTO DA VIOLÊNCIA INTRAFAMILIAR

1) Fortalecimento da auto-estima, da identidade e do projeto de vida de crianças e adolescentes violados em seus direitos.

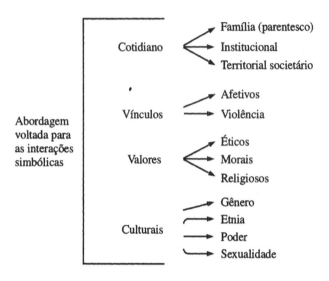

2) Fortalecimento da cidadania

GARANTIA DE DIREITOS	— Prevenção	— Dar visibilidade ao fenômeno por meio de denúncias/mobilização/eventos/capacitação, campanhas e sensibilização da sociedade, família e instituições.
	— Atendimento	— Inclusão da criança ou do adolescente nas redes públicas/privadas. — Dar atendimento à criança e ao adolescente para sua promoção
	— Defesa (Repressão/Responsabilização)	— Notificação Abertura de inquérito/processos Repressão Responsabilização
	— Cidadania	— Fortalecimento da sociedade organizada para construir novos valores fundados nos aspectos éticos e civilizatórios e para ampliar o poder de pressão social da sociedade civil (fóruns, movimentos sociais, ONGs associações, fundações etc.).

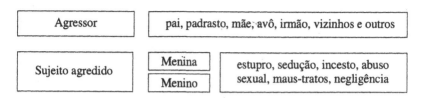

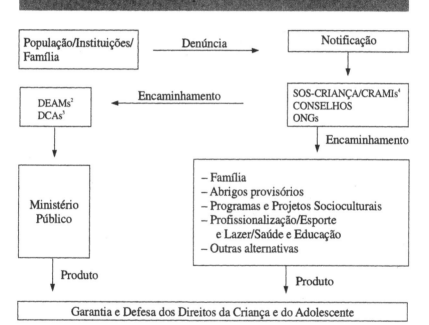

---

1. DEAMs — Delegacias Especializadas de Apoio à Mulher.
2. DCAs — Departamentos da Criança e do Adolescente.
3. CRAMIs — Centros Regionais de Atenção aos Maus-tratos na Infância.

BIBLIOGRAFIA

ARIÈS, Philippe. *História social de criança e do adolescente*. Rio de Janeiro, Guanabara, 1978.

BARSTED, LEILA DE ANDRADE LINHARES. *Uma vida sem violência é um direito nosso*. Brasília, Nações Unidas/MJ/SNDH, 1998.

BICE. *Explotación sexual de niñas, niños y adolescentes en America Latina*. Uruguai, 1990.

BOFF, Leonardo. "A violência contra os oprimidos: Seis tipos de análise". In: *Discursos sediciosos: crime, direito e sociedade*. Rio de Janeiro, Relume Dumará, s.d.

BRANDÃO, ELIANE REIŞ. *Subjetividade feminina e contexto conjugal violento*. ANPOCS, Caxambu, Minas Gerais, 1997.

CECRIA. *Anais do seminário contra exploração sexual de crianças e adolescentes nas Américas*. Brasília, MJ/CECRIA/OIT, 1996.

COSTA, ALBERTINA DE & BRUSCHINI, CRISTINA (org). *Uma questão de gênero*. São Paulo, Fundação Carlos Chagas, 1992.

DONZELOT, JAQUES. *A polícia das famílias*. Rio de Janeiro, Graal, 1986.

GABEL, MARCELINE. *Crianças vítimas de abuso sexual*. São Paulo, Summus, 1997.

GUERRA, VIVIANE N. DE AZEVEDO. *Violência contra filhos*: Procuram-se vítimas. São Paulo, Cortez, 1985.

MADEIRA, FELÍCIA REWICHER (org.) *Quem mandou nascer mulher?* Estudos sobre crianças e adolescentes pobres no Brasil. Rio de Janeiro, Rosa Mulher, 1997.

PINHEIRO, SÉRGIO PAULO. "Violência, crime e sistemas policiais". *Revista de Sociologia da USP*, Tempo Social, v. 9, nº 1, São Paulo, USP, FFLCH, 1989.

RAMIREZ, R. ZORAIDA E. *Prostituición y subdesarrolo*. Una Aproximación Teórico-Feminista. Caracas, Ceflein, 1994.

SAFFIOTI, HELEITH I. B. & ALMEIDA, SUELY S. de. *Violência de gênero*: poder e impotência. Rio de Janeiro, Revinter, 1995.

SEGATO, RITA LAURA. *A natureza do gênero na psicanálise e na antropologia*. Brasília, Série Antropológica, Deptº de Antropologia, UnB, 1992.

SUAREZ, MIREYA et al. *Reflexões sobre a noção de crime sexual*. Brasília, Deptº de Antropologia, Série Antropológica, 1995.

_____. *Desconstrução das categorias "Mulher" e "Negro"*. Brasília, Série Antropológica, Deptº de Antropologia, 1991.

VIOLANTE, MARIA LÚCIA. *"A criança mal-amada"*. Estudo sobre a potencialidade melancólica, São Paulo, Vozes, 1995.

_____. *Violência contra a Criança e o Adolescente: Proposta Preliminar de Prevenção e Assistência à Violência Doméstica*. Brasília, MS, SASA, 1997.

WIEVIOKA, MICHEL. *"O novo paradigma da violência"*. *Revista de Sociologia da USP*, Tempo Social, v. 9, nº 1, São Paulo, USP, FFLCH, 1989.

ZIMBALIST, MICHELE et al. (org.) *A mulher, a cultura e a sociedade*. Rio de Janeiro, Paz e Terra, 1979.

RECRIA[1] – REDE DE INFORMAÇÕES SOBRE VIOLÊNCIA, EXPLORAÇÃO E ABUSO SEXUAL CONTRA CRIANÇAS E ADOLESCENTES

(MJ/CECRIA/Unicef)[2]

A RECRIA fundamenta-se na Constituição de 1988, principalmente em seu artigo 227, que dispõe sobre os direitos da criança e do adolescente afinado com a Convenção das Nações Unidas sobre os Direitos da Criança e regulamentado pelo Estatuto da Criança e do Adolescente (Lei 8.069/90). O artigo 70 do Estatuto reza que "é dever de todos prevenir a ocorrência de ameaça ou violação dos direitos da criança e do adolescente", ao mesmo tempo que determina que "nenhuma criança ou adolescente será objeto de qualquer forma de negligência, discriminação, exploração, violência, crueldade e opressão, punido, na forma da lei qualquer atentado, por ação ou omissão, a seus direitos fundamentais" (art. 4º).

A implantação da RECRIA se inscreve, portanto, no processo de defesa dos direitos da criança e do adolescente, no bojo da luta pela sua efetivação e como um dispositivo concreto para a formulação de denúncias, articulação de pesquisadores, ação comunicativa entre organismos governamentais e não-governamentais, discussão e implementação de políticas voltadas para área, crítica das condições de produção dessa problemática e denúncia de situações.

---

1. Trata-se de uma rede articulada pela Secretaria Nacional dos Direitos Humanos, do Ministério da Justiça/DCA, em parceria com o CECRIA — Centro de Referência, Estudos e Ações sobre Crianças e Adolescentes, o Unicef, com o apoio da Embratur, para prevenção e combate à violência, exploração e abuso sexual de crianças e adolescentes.
2. Resumo do texto "Recria e Cidadania" – Professor Vicente de Paula Faleiros – Coordenador Geral do CECRIA.

É importante ressaltar aqui que esta rede só tem sentido num processo de luta contra a violência, de crítica da própria sociedade e da falência ou ausência de políticas públicas frente à questão.

Ela é também propositiva ao dar visibilidade aos esforços que, ao mesmo tempo, os poderes públicos e as ONGs têm realizado, nos níveis federal, estadual e municipal na busca de promover ações de prevenção, atendimento e defesa dos vitimizados e responsabilização do agressor. Estas ações não têm sido socializadas por meio da informação e da difusão. Esta rede de informação certamente contribuirá para que a questão seja conhecida e aprofundada, assim como as formas de intervenção para torná-las mais eficientes.

A construção da rede é um processo dinâmico, sendo as adesões, nas condições pactuadas, que vão possibilitar sua ampliação e sua eficácia. Dentre as condições fundamentais está a definição do seu público-alvo, pois o acesso à rede é publicizado pela Internet. As organizações privadas que venham a integrar devem ter um fim público, voltado para o cidadão usuário. Esta finalidade se inscreve na defesa dos direitos humanos das crianças e adolescentes e na melhoria das condições em que vivem, para realização de um padrão civilizatório sem violência, abuso e exploração. Esse padrão civilizatório, em construção, implica mudanças culturais, políticas, econômicas e das relações sociais. Implica não culpabilizar a criança e o adolescente pela própria violência nem revitimizá-los nas constantes passagens, muitas sem resolutividade, pelos serviços a eles destinados.

Nessa perspectiva, o CECRIA em parceria com o Ministério da Justiça e o Unicef, implantou em 1997, com o apoio da Embratur, um Banco de Dados sobre Exploração e Abuso Sexual de Crianças e Adolescentes no Brasil, na tentativa de subsidiar as políticas sociais, a capacitação e a pesquisa.

O Banco de Dados atualmente tem coletado, organizado e sistematizado dados (secundários) sobre pessoas físicas, organizações, publicações, campanhas, relatórios de pesquisas, SOS's, projetos e programas significativos na área, além de um levantamento sobre os conceitos de violência, exploração e abuso sexual de crianças e adolescentes.

Este Banco de Dados faz parte da RECRIA — Rede de informações sobre Violência, Exploração e Abuso Sexual de Crianças e Adolescentes, constituindo-se em um instrumento estratégico para a descentralização político-administrativa e participação da sociedade, consagradas pela Constituição Federal e pelo Estatuto da Criança e do Adolescente (ECA).

Além do CECRIA fazem parte da RECRIA organizações como a Associação Brasileira Multiprofissional de Proteção à Infância e Adolescência — Abrapia; o Centro de Defesa da Criança e Adolescente, Cedeca-BA; o Sistema de Informação sobre a Infância e Adolescência, Sipia; e a Rede Brasileira de Informação e Documentação sobre a Infância e Adolescência, Rebibia.

Constitui-se, ainda, em um dispositivo a disposição do ECPAT-Brasil — End Child Prostitution Asian Tourism; dos conselhos de defesa dos direitos da criança e do adolescente, nos níveis federal, estadual e municipal, e das campanhas contra a exploração e abuso sexual.

A RECRIA está disponível para todos os órgãos públicos, entidades sociais, pesquisadores e organismos internacionais que atuam na prevenção, atendimento e defesa de crianças e adolescentes, vítimas de abusos, explorações e violências sexuais. (Homepage: *www.cecria.org.br*).

LISTA DE INSTITUIÇÕES

Principais Organizações Não-governamentais e Conselhos que atuam na área do Abuso e da Exploração Sexual Comercial de Crianças e Adolescentes. Para mais informações sobre endereço e telefone dessas instituições, acessar o Banco de Dados RECRIA/CECRIA, pelo site *www.cecria.org.br*.

REGIÃO SUL

1. AJURIS — Associação dos Juizes do Rio Grande do Sul.
2. AMENCAR — Amparo ao Menor Carente
3. CEDECA BERTHOLDO WEBER — PROAME — Centro de Defesa da Criança e Adolescente Bertholdo Weber — Programa de Apoio a Meninos e Meninas.
4. Pastoral da Criança — Organismo de Ação Social da CNBB.

REGIÃO SUDESTE

1. CRAMI /ABCD/São Paulo.
2. ABRAPIA — Associação Brasileira Multiprofissional de Proteção à Infância e à Adolescência.
3. ABRINQ — Fundação ABRINQ pelos Direitos da Criança — SP.
4. AMAS — Associação Municipal de Assistência Social/BHZ/MG.
5. Amencar/BHZ — Amparo ao Menor Carente — Regional II.

6. AMEPPE — Associação Movimento de Educação Popular Integral Paulo Englert Vinculada à Fundação Fé e Alegria do Brasil.
7. CCPO — Centro Colaborativo de Pesquisa Odontológica.
8. CDDCA — Centro de Defesa Dom Luciano Mendes.
9. Cearas — Centro de Estudo e Atendimento Relativos ao Abuso Sexual.
10. Cedeca/MG — Conselho Estadual dos Direitos da Criança e do Adolescente.
11. Cedeca-Rio Preto/SP — Centro Regional de Defesa dos Direitos da Criança e Adolescente.
12. Ceprev — Centro de Estudos de Prevenção da Violência.
13. CRAMI-Campinas/SP — Centro Regional de Atenção aos Maus-tratos na Infância. Creche Ninho.
14. ECOS — Estudos e Comunicação em Sexualidade e Reprodução Humana.
15. Ex-Cola — Centro de Estudos e Ações em Atenção à Infância e às Drogas.
16. Fundação Fé e Alegria do Brasil — Regional São Paulo.
17. Projeto Travessia/SP.

REGIÃO NORTE

1. Casa Mamãe Margarida.
2. CDM — Centro de Defesa do Menor — Movimento República de Emaús/Belém.
3. Casa Rosa Mulher/AC.
4. Estação Direito Assessoria de Consultoria.
5. Moprom — Movimento de Promoção da Mulher.

REGIÃO NORDESTE

1. AMCU — Associação dos Moradores do Campo.
2. AMMV — Associação Maria Mãe da Vida.
3. Associação Curumins.
4. Casa Renascer.
5. CCLF — Centro de Cultura Luiz Freire.
6. CDMP — Centro de Defesa dos Direitos da Criança e do Adolescente Pe. Marcos Passarini.
7. CEDECA — Centro de Defesa dos Direitos da Criança e do Adolescente — Zumbi dos Palmares.
8. CEDECA/BA — Centro de Defesa da Criança e do Adolescente da Bahia.
9. CENDHEC — Centro Dom Helder Câmara de Estudos e Ação Social.

10. Centro Projeto Axé de Defesa e Proteção à Criança e ao Adolescente.
11. CHAME — Centro Humanitário de Apoio à Mulher.
12. CM8 — Centro da Mulher 8 de Março.
13. Casa de Passagem.
14. CMM — Casa Menina Mulher.
15. CMV — Coletivo Mulher Vida.
16. GAJOP — Gabinete de Assessoria Jurídica às Organizações Populares.
17. GAPA-BA — Grupo de Apoio à Prevenção à AIDS.
18. Instituto Bom Pastor.
19. MDF/PE — Movimento de Defesa dos Favelados e Áreas Carentes de Pernambuco.

REGIÃO CENTRO-OESTE

1. ANDI — Agência de Notícias dos Direitos da Infância.
2. CDDH — Centro de Defesa da Cidadania e dos Direitos Humanos Marçal de Souza Tupã I.
3. CECRIA — Centro de Referência, Estudos e Ações sobre Crianças e Adolescentes.
4. Centro de Defesa da Criança e do Adolescente do Tocantins.
5. CFÊMEA — Centro Feminista de Estudos e Assessoria.
6. CIFICA — Centro de Integração e Formação Integral da Criança e Adolescente.
7. C.O.D.C.A. MT — Centro de Organização e Defesa das Crianças e Adolescentes.
8. IBISS — Instituto Brasileiro de Inovações em Saúde Social.
9. INESC — Instituto de Estudos Sócio-Econômicos.
10. MNMMR — Movimento Nacional de Meninos e Meninas de Rua.
11. M.N.M.M.R. — MT — Movimento Nacional de Meninos e Meninas de Rua.
12. NATEX — Núcleo de Estudos e Atenção à Exclusão Social.
13. Fórum DCA — Nível Nacional.

BIBLIOGRAFIA GERAL

"Abus sexuesl à l'égard des enfants (Les)". *La revue de pédiatrie, 23*, 7 (número especial), 1987.

"Abus sexuesl à l'égard des enfants (Les)". *Perspectives psychiatriques, 27*, 4 (número especial), 1988.

Abus sexuesl à l'égard des enfants. Comment en parler (Les). Dossiê técnico do Ministério da Solidariedade, da Saúde e da Proteção Social, dir. M. Gabel, 1989.

Abus sexuesl à l'égard des mineurs (Les). Jornada de estudos, 18-20 de outubro de 1989. Centro de formação e de estudos da proteção judiciária da juventude, Vaucresson (CFEPJJ), 1990, p. 230.

AFIREM, DAS, MIRE. *Recherche sur l'enfance maltraitée*, t. 1. *Recensement des recherches et des pratiques professionnelles*. Paris, Ministério da Solidariedade, da Saúde e da Proteção Social, Secretaria de Estado Encarregada da Família, 1990.

AGOSTINI. D. *L'enfant, les Erinnyes, les méduses. Etude des imbrications interactives parents maltraitants — enfants maltraités — intervenants médico-sociaux*. Paris, CTNERHI ("Cahiers du CTNERHI"), *40*, 1987, pp. 1-22.

_____. "Lorsque l'enfant disparaît: vampirisation du corps et des affects de l'enfant de la réalité par l'enfant imaginaire des parents dans la maltraitance". In: *Perspectives psychiatriques, 20*, 1989, pp. 341-5.

_____. "L'intervention blanche". In: *Informations sociales. 1*, 1990, pp. 76-84.

_____. "Du délit d'initié à l'internalisation de la contrainte par corps: inceste". In: *Adolescence, VIII*, 1990, pp. 51-9.

_____. "La fin du corps: l'anorexique et ses affameurs internes". In: *Adolescence, VIII*, 2, 1990, pp. 261-75.

AINSWORTH, M. D. & BELL, S. M. "Attachment, exploration and separation: illustrated by the behaviour of one-years-old in a strange situation". In: *Child Development, 41*, 1970, pp. 46-97.

AJURIAGUERRA, J. DE. *Manuel de psychiatrie de l'enfant*. Paris, Masson, 1980.

ALLÉON, A.-M. "Quelques remarques psychopathologiques sur la genèse et les conséquences psychiques d'un abus sexuel à l'égard des enfants". In: *La revue de pédiatrie, XXIII*, 7, 1987, pp. 311-2.

_____. "Analyse de l'espérimentation dasn l'Isère pour la campagne de prévention du ministère". In: *Les abus sexuels à l'égard des enfants*, 1989, pp. 94-101 (*Jornada técnica nacional para os profissionais da psiquiatria em 17 de abril de 1989*), Paris, Ministério da Solidariedade, da Saúde e da Proteção Social.

ALVIN, P. "Les jeunes victimes d'agressions sexuelles: une préoccupation d'actualité pour les médecins". In: *Adolescence*, 8, 1988, pp. 309-407.

_____. COURTECUISSE, V. "Médecine des adolescents et approche hospitalière". In: *Médecine et enfance*, 8, 2, 1988, pp. 71-6.

AUBIGNY, G. d'; BOUHET, B.; DENNI, B. & ZORMAN, M. "SIDA, comportement sexuel et attitudes sociales". In: *Revue française des Affaires sociales*.

_____. BERGUER, P., BOUHET, B., DENNI, B., DURIF, C., LAGRANGE, H., LHOUMOND, B., ROCHE, S. & ZORMAN, M. "Comportaments sexuels et précautions face au SIDA dans la région Rhône-Alpes, en 1989". In: *BEH, 6*, 1990.

AUBRÉE, G. & TAUFOUR, PH. "Des travailleurs sociaux sous ordonnances". In: *Thérapie familiale* (número especial: "Justice et famille"), IX, 4, 1988, pp. 331-47.

AULAGNIER, P. "Le droit au secret: condition pour pouvoir penser". In: *Nouvelle revue de psychanalyse* (número especial: "Du secret"), *14*, 1976, pp. 141-57.

_____. "Quelqu'un a tué quelque chose". In: *Voies d'entrée dans la psychose*, Paris, EPI, 1985, pp. 265-95.

AUSLOOS, G. *Secrets de famille*. VI Congresso Internacional: Famílias e Terapias de Família, 1979.

BAGLEY, C. & RAMSEY, R. "Sexual abuse in childhood: psychological outcomes and implication for social work practice". In: *J. Social Work Human Sexuality*, 1986, pp. 33-47.

BALIER, C. *Psychanalyse des comportements violents*. Paris, PUF ("Le fil rouge"), 1988.

BALLINT, M. *Le défaut fondamental. Aspects thèrapeutiques de la régression*. Paris, Payot ("PBP"), 1977.

BARANDE, I. & BARANDE, R. "Antinomies du concept de perversion et épigenèse de l'appetit d'excitation: notre duplicité d'être inachevé". In: *Revue française de Psychanlyse, XLVII, 1*, 1983, pp. 143-282.

BATAILLE, G. *La part maudite*. Paris, Minuit, 1967.

BATSON, C. D., FULTZ, J. & SCHOENRAD, P. A. "Adults emotional reactions at the distress of others". In: *Empathy and its development*. N. Eisenberg, J. Strayer, eds.) Cambridge, Cambridge University Press, 1987, pp. 163-84.

BEGOIN, J. "Névrose et traumatisme". In: *Revue française de Psychanalyse, II, 3*, 1987, pp. 999-1019.

_____. "La violence du désespoir ou le contresens d'une "pulsion de mort" en psychanalyse". In: *Revue française de Psychanalyse, LIII, 2*, 1989, pp. 619-41.

BENEDEK, E. P. & SCHETKY, D. H. "Problems in validating allegations of sexual abuse, 1: Factors affecting perception and recall of events". In: *J. Am. Acad. Child Psychiatry, 26*, 1987, pp. 912-5.

_____. SCHETKY, D. H. "Problems in validating allegations of sexual abuse, 2: Clinical evaluation". In: *J. Am. Acad. Child Pasychiatry, 26*, 1987, pp. 916-21.

BERGERET, J. *La dépression et les états limites*. Paris, Payot, 1975.

_____. *La violence fondamentale*. Paris, Dunod, 1984.

BIGRAS, J. "Le sens moral et le masochisme dans l'inceste père-fille". In: *Interprétation, 1*, 1, 1987, pp. 36-52.

_____. "Les effets à court terme et à long terme de l'inceste père-fille". *Perspectives psychiatriques, 14*, 1988, p. 266.

BINDER, R. L. & McNIEL, D. E. "Evaluation of a school-based sexual abuse prevention program: cognitive and emotional effects". In: *Child Abuse and Neglect, 4*, 1987, pp. 497-506.

BION, W. *Aux sources de l'expérience*. Paris, PUF, 1979.

BIZNAR, K. "Ruptures familiales et névroses traumatiques". In: *Nouvelle revue d'ethnopsychiatrie, 11* (Le temps interrompu, Pathologie de l'exil), 1988, pp. 43-52.

BONNET, C. *Geste d'amour. L'accouchement sous X*. Paris, Odile Jacob, 1990.

BOUCHET, B. & ZORMAN, M. "Abus sexuels et société". In: *Deuxième journée nationale sur les abus sexuels à l'égard des enfants*, 1989, pp. 46-52, Paris, Ministério da Solidariedade, da Saúde e da Proteção Social.

BOWLBY, J. *Attachement et perte*, vol. 2: *La séparation. Angoisse et colère*. Paris, PUF ("Le Fil rouge"), 1978.

BRAUNSCHWEIG, D. & FAIN, M. *La nuit, le jour. Essai psychanalytique sur le fonctionnement mental*. Paris, PUF, 1975.

BRIÈRE, J. & RUNTZ, M. "Symptomatology associated with childhood sexual victimization in a nonclinical adult sample". In: *Child Abuse and Neglect, 12*, 1988, pp. 51-9.

BUDIN, L. E. & JOHNSON, C. F. "Sex abuse and prevention programs offenders attitudes about their efficacy". In: *Child Abuse and Neglect, 13*, 1989, pp. 77-87.

BURGESS, A. W. & HOLSTROM, L. "Rape Trauma Syndrome". In: *Am. J. Psychiatry, 9*, 1974, pp. 981-6.

CASSIERS, L. "La dangerosité comme péril d'inexistence psychique. Refléxion psychanalytique". In: *Dangerosité et justice*, Debuyst, C., dir., Genebra, Masson, 1981, pp. 155-9.

CASTORIADIS-AULAGNIER. *La violence de l'interprétation. Du pictogramme à l'énoncé*. Paris, PUF ("Le Ril rouge"), 1986.

CHARTIER, J. P. "Les incasables". In: *Journal des psycholoques*, Marselha, 1989.

_____. & CHARTIER, L. *Les parents martyrs*. Toulouse, Privat, 1982.

_____. *Délinquants et psychanalystes*. Paris, Hommes et Groupes, 1986.

CLEMENT, R. "Maltraitance et abus sexuels". In: *Perspectives psychiatriques*, 1988, pp. 290-3.

COLE, P. M. & WOOLGER, C. "Incest Survivors: The relation of their perceptions of their parents and their own parenting attitudes". In: *Child Abuse and Neglect, 13*, 3, 1989, pp. 409-16.

CONSELHO DA EUROPA. Violence à l'égard des enfants, aspects juridiques (Colóquio sobre a violência no interior da família, nov. 1987), *CREAI Aquitaine*, 1988.

COURTECUISSE, V. "L'inceste aujourd'hui. A propos de 21 cas en 24 mois". In: *Gynécologie Obstétrique*, 1985, pp. 125-31.

CRAMER, B. "Sur quelques présupposés de l'observation directe de l'enfant". In: *Nouvelle Revue Française de Psychanalyse* ("L'enfant"), *19*, 1979, pp. 113-20.

CRIVILLÉ, A. "A corps et à cris". In: *Nouvelle Revue de Psychanalyse, 33*, Paris, 1986.

_____ (dir.) *Parents maltraitants, enfants meurtris. L'intervenant social face à la famille de l'enfant maltraité.* Paris, ESF, 1987.

CYRULNIK, B. "Culture et totem, nature du tabou". In: *Sexualité, mythes et culture* (A Durandeau, C. Vasseur-Fauconnet), Paris, L'Harmattan, 1990.

DEAL, D., CHARDAVOINE, A. & ALVIN, P. "Protocole d'accueil et d'examen des victimes d'agressions sexuelles". In: *Urgences*, Bicêtre, 1989.

DELTAGLIA, L. "Etude psychosociale de 44 dossiers d'expertise d'enfants victimes d'abus sexuels". In: *Enfants maltraités. Droits de l'enfant, inceste, séparation. AFIREM.* Paris, Médecine et Enfance, 1986, pp. 244-59.

_____. "Les abus sexuels envers les enfants. Etude de 90 sujets auteurs ou victimes ayant fait l'objet d'une expertise psychologique". In: *Cahiers du Centre de Recherche interdisciplinaire de Vaucresson*, 8, 1990.

DEPUTTE, B. "L'évitement de l'inceste chez les primates non-humains". In: *Nouvelle revue d'Ethnopsychiatrie, 3* ("L'inceste"), 1985, pp. 41-73.

DEVEREUX, G. *Mohave Ethnopsychiatry.* Washington, Smithsonian Institution Press, 1969.

_____. *Essais d'ethnopsychiatrie générale.* Paris, Gallimard, 1970.

_____. *De l'angoisse à la méthode dans les sciences du comportement.* Paris, Flammarion, 1980.

_____. *Femme et mythe.* Paris, Flammarion, 1982.

_____. "L'image de l'enfant dans deux tribus, Mohave et Sedang". In: *Nouvelle Revue d'Ethnopsychiatrie, 4*, 1985, pp. 109-20.

DIATKINE, G. "Psychopathie chez l'enfant et chez l'adolescent". In: *Traité de psychiatrie de l'enfant et de l'adolescent* (Lebovici, S., Diatkine, R. & Soulé, M., dir.) Paris, PUF, 1985, pp. 226-65.

DOREY, R. *Le désir de savoir, nature et destins de la curiosité en psychanalyse.* Paris, Denoël, 1988.

DUPUY, J. P. "'Common Knowledge' et sens commun" In: *Psychanalyse et approche familiale systémique.* 7ª Jornada do CEFA, Paris, 1986.

EIGUER, A. *Le pervers et son complice.* Paris, Dunod, 1989.

EISENBERG, B., OWENS, R. G. & DERVEY, M. E. "Attitudes of health professionals to child sexual abuse". In: *Chil Abuse and Neglect, 11*, 1, 1987, pp. 109-16.

FAIN, M. & BEGOIN-GUIGNARD, F. "Identification hystérique et identification projective". In: *Revue française de Psychanalyse, XLVIII*, 2, 1984, pp. 515-27.

FERENCZI, S. "Confusion de langue entre les adultes et l'enfant: le langage de la tendresse et de la passion". In: *Psychanalyse (Oeuvres complètes), Psychanalyse IV.* Paris, Payot, 1983.

FINKELHOR, D. "Risk factors in sexual victimisation of children". In: *Child Abuse and Neglect, 4*, 1980, p. 4.

_____. "Sexual abuse: A sociological perspective". In: *Child Abuse and Neglect, 6*, 1982, pp. 95-102.

_____. *Child sexual abuse. New theory and research.* Nova York, Free Press, 1984.

_____. "Sexual abuse in the national incidence study of child abuse and neglect: an appraisal". In: *Chil Abuse and Neglect, 8*, 1984, pp. 22-33.

_____. "Assessing the long-term impact of child sexual abuse: review and conceptualisation". In: *Sexual abuse a children (Walker).* Nova York, Springer Publishing Company, 1989.

HOTALING, R. G. "Sexual abuse in the national incidence study of child abuse and neglect: an appraisal". In: *Child Abuse and Neglect*, 8, 1984, pp. 22-23.

FOUCAULT, M. *Histoire de la sexualité. La volonté de savoir* (t. 1). Paris, Gallimard ("NRF"), 1976.

FREUD, A. *Le moi et les mécanismes de défense*. Paris, PUF, 1985, 1936.

_____. & BREUER, J. *Etudes sur l'hystérie*. Paris, PUF ("Bibliothèque de Psychanalyse"), 1985.

_____. "Les fantasmes hystériques et la bisexualité". In: *Névrose, psychose et perversion*. Paris, PUF ("Bibliothèque de Psychanalyse"), 1984, 1986.

_____. *L'interprétacion des rêves*. Paris, PUF, 1987, 1901.

_____. *Trois essais sur la théorie de la sexualité*. Paris, Gallimard, 1988, 1905.

_____. *Les théories sexuelles infantiles. La vie sexuelle*. Paris, PUF, 1969, 1908.

_____. "Formulations sur les deux principes du cours des événements psychiques". In: *Résultats, idées, problèmes I: 1890-1920*. Paris, PUF ("Bibliothèque de Psychanalyse"), 1911.

_____. *Totem et tabou. Interprétation par la psychanalyse de la vie sociale des peuples primitifs*. Paris, Payot, 1973, 1912.

_____. *Métapsychologie*. Paris, Gallimard, 1968, 1915.

_____. "Un enfant est battu. Contribution à la connaissance de la genèse des perversions sexuelles". In: *Névrose, psychose et perversion*. Paris, PUF ("Bibliothèque de Psychanalyse"), pp. 219-43, 1984, 1919.

_____. "Au-delà du principe de plaisir". In: *Essais de psychanalyse*. Paris, Payot, 1981, 1920.

_____. *Résultats, idées, problèmes, II: 1921-1938*. Paris, PUF ("Bibliothèque de Psychanalyse"), 1987, 1921.

_____. *Analyse terminée et analyse interminable*. RFP, 1938-1939, *10-11*, 1937, pp. 3-38.

FROMUTH, M. E. "The relationship of childhood sexual abuse with later psychological and sexual adjustment in a sample of college women". In: *Child Abuse and Neglect, 10*, 1986, pp. 5-15.

FURNISS, T. H. "Mutual influence and interlocking professional-family process in the treatment of child sexual abuse and incest". In: *Child Abuse and Neglect, 7*, 1983, pp. 207-23.

_____. "Conflict-avoiding and conflict-regulating patterns". In: Incest and Child Sexual Abuse. *Acta Paedopsychiatrica, 50*, 1984, pp. 290-313.

_____. "L'incest et l'abus sexuel dans la famille. Un modèle de traitement intégré". In: *Nouvelles approches de la santé mentale de la naissance à l'adolescence pour l'enfant et as famille*, (CHAILAND, C. & YOUNG, J. C., eds.). Paris, PUF, 1990, pp. 559-75.

GADDINI, R. "Incest as a developmental failure". In: *Child Abuse and Neglect, 7*, 3, 1983, pp. 357-8.

GALE, J., THOMPSON R. J. & MORAN, T. "Sexual abuse in young children: its clinical presentation and characteristic patterns". In: *Child Abuse and Neglect, 12*, 2, 1988, pp. 163-70.

GARDNER, A. R. & GARDNER, B. T. "L'enseignement du langage des sourds-muets à Washoe". In: *L'unité de l'homme* (t. 1): *Le primate et l'homme* (MORIN, E. & PIATELLI-PALMARINI, M., eds.) Paris, Le Seuil, 1974.

GAUTHIER HAMON, C. & TEBOUL, R. *Entre pére et fils. La prostitution homosexuelle des garçons*. Pris, PUF ("Le Fil rouge"), 1988.

GODELIER, M. "Sexualité, parenté et pouvoir". In: *La recherche, 213*, 1989, pp. 1140-55.

GORDON, M. "The Family environment of sexual abuse: a comparison of Natal and stepfather abuse". In: *Child Abuse and Neglect, 13*, 1, 1989, pp. 121-30.

GRUBER, K. J. & JONES, R. J. "Identifying determinantes of risk of sexual victimization of youth: a multivariate approach". In: *Child Abuse and Neglect, 7*, 1, 1983, pp. 17-24.

GRUNBERGER, B. *Le narcisisme*. Paris, Payot, 1973.

_____. *Narcisse et Anubis. Essais psychanalytiques (1954-1956)*. Paris, Des femmes (Antoinett Fouque), 1989.

GRYER, F., SABOURIN, P. & FADIER-NISSE, M. *La violence impensable. Inceste et maltraitance*. Paris, Nathan, 1991.

GUTTON, PH. *Le bébé du psychanalyste. Perspectives cliniques*. Paris, Le Centurion ("Paidos"), 1983.

HADJIISKY, E., AGOSTINI D., DARDEL, F. & THOUVENIN, C. *Du cri au silence. Contribution à l'étude des attitudes des intervenants médico-sociaux face à l'enfant victime de mauvais traitements*. Vanves, CTNERHI, 136 ("Flash informations", número fora de série), 1986.

HAMON, H. *Violence à l'egard des enfants. Aspects juridiques*. Conselho da Europa, Colóquio sobre a violência no interior da família, novembro de 1987, CREAI AQUITAINE, 1988.

_____. "Le système judiciaire français et la parole de l'enfant victime d'abus sexuels à l'égard des mineurs". In: *Sur les risques de réification de la victime*. Jornada de estudos, Vaucresson, 18-20 de agosto de 1989.

HERMANN, J. Recognition and treatment of incestuous familie. *Int. J. Fam. Therapy*, 5, 1983, p. 2.

_____. *Father Daughter Incest*. Londres, Harvard University Press, 1981.

HERZOG, J. "Un psychanalyste devant les identifications précoces au père". In: *Approche psychanalytique de la fonction paternelle*. Comunicação no IV Colóquio Internacional de Mônaco, 17-9 de maio de 1990.

JACOBSON, E. *Le soi et le monde objectal*. Paris, PUF ("Le Fil rouge"), 1975.

JARDIN, F. & LAMOUR, M. "Du signalement à la demande. Expérience d'une unité de soins pour très jeunes enfants et leurs familles". In: *Revue française de Service social, 143*, 1984, pp. 1-9.

KAES, R. *L'idéologie. Etudes psychanalytiques*. Paris, Dunod, 1981.

KEMPE, C. H. & HELFER, R. E. *L'enfant battu et sa famille. Comment leur venir en aide?* Paris, Fleurus, 1977.

KERNBERG, O. *Les troubles graves de la personnalité: stratégies thérapeutiques*. Paris, PUF ("Le Fil rouge"), 1989.

KLEIN, M. *Essais de psychanalyse (1921-1945)*. Paris, Payot ("Science de l'Homme"), 1967.

_____. *La psychanalyse des enfants*. Paris, PUF ("Bibliothèque de Psychanalyse"), 1986.

KREISLER, L. & CRAMER, B. "Les bases cliniques de la psychiatrie du nourrisson". In: *Traité de psychiatrie de l'enfant et de l'adolescent*. LEBOVICI, S., DIATKINE, R. e SOULÉ, M. (eds.) Paris, PUF, t. 2, 1985, pp. 649-78.

KROPP, J. P. & HAYNES, O. M. "Abusive and nonabusive mothers' Ability to Identify General and Specific Emotion Signal of Infants". In: *Child Development*, 58, 1, 1987, pp. 187-90.

KRÜLL, M. *Sigmund, fils de Jacob. Un lien non denoué*. Paris, Gallimard ("NRF"), 1983, 1978.

LAMOUR, M. & LEBOVICI, S. "Les interactions du nourisson avec ses partenaires". In: *Encyclopédie médico-chirurgicale, Psychiatrie, 37190 B 60*, 1019-89, 1989, p. 22.

_____. & KUKUCKA, N. "Contingence de la mère et contingence du nourrisson". In: *L'évaluation des interactions précoces entre le bébé et ses partenaires*. LEBOVICI, S., MAZET, Ph & VISIER, J. P. (eds.) Paris, Eshel, 1989, pp. 237-54.

LAMPO A. & MICHIELS, M. "Le rôle du médecin confident face aux problèmes des sévices sexuels". In: *Droits de l'enfant: inceste, séparation, enfants maltraités*, (AFIREM; Congresso de Angers, 1986). Paris, Ediçăo e comunicaçŏes médicas ("Médecine et enfance"), 1987, pp. 188-95.

LAPLANCHE, J. & PONTALIS, J. B. *Vocabulaire de la psychanalyse*. Paris, PUF, 1984.

_____. *Nouveaux fondements pour la psychanalyse*. Paris, PUF, 1990.

LAZARTIGUES, A., PERARD, D., LISANDRE H. & PAILLEUX, T. "Les abus sexuels. Etude sur une population de 1 000 étudiants". In: *Neuropsychiatrie de l'enfance*, 37, 5-6, 1989, pp. 223-9.

LEBOVICI, S. "A propos des thérapeutiques de la famille". In: *Psychiatrie de l'enfant*, XXIV, 2, 1981, pp. 541-83.

_____. *Le nourrisson, lá mère et le psychanalyste. Les interactions précoces*. Paris, Le Centurion ("Paidos"), 1983.

_____. "L'inceste". In: *Traité de psychiatrie de l'enfant et de l'adolescent*, t. 3. Paris, PUF, 1985, pp. 391-7.

_____. "A propos de la théorie de la séduction". In: *La Revue de Pédiatrie*, XXIII, 7, 1987, pp. 313-25.

_____. & DIATKINE, R. "Etude des fantasmes chez l'enfant". In: *Revue française de Psychanalyse*, XVIII, 1, 1954, pp. 108-59.

_____. & SOULÉ, M. (1970). *La connaissance de l'enfant par la psychanalyse*. Paris, PUF, 1985.

LEVINAS, E. *Difficile liberté. Essais sur le judaïsme*. Paris, Albin-Michel, 1988, 1963.

LÉVI-STRAUSS, C. *Les structures élémentaires de la parenté*. Paris, PUF, 1949.

LINDEN, E. *Ces signes qui parlent*. Paris, Le Seuil, 1974.

LYNCH, M. A., ROBERTS, J. & GORDON, M. "Early warning of child abuse in the maternity hospital". In: *Dev. Med. Child, Neurol., 18*, 1976, pp. 759-62.

MALHER, M. *Symbiose humaine et individuation*, t. 1: *Psychose infantile*. Paris, Payot, 1973.

MANN, E. M. "Self reported stresses of adolescent rape victims". In: *J. Adol. Health Care, 2*, 1981, pp. 29-33.

MANSEAU, H. "L'inceste en tant que phénomène sexologique". In: *Psychothérapies*, 1, 1986, pp. 59-64.

MASSON, J. M. *The Assault against the truth*. Londres, Faber & Faber, 1984.

MAUSS, M. "Essai sur le don. Forme et raixon de l'échange dans les sociétés archaïques (1923-1924)". In: *Sociologie et anthropologie* (MAUSS, M.), Paris, PUF, 1973.

MAZET, PH. "Les abus sexuels à l'égard des enfants: le devoir d'entendre, lá nécessité de comprendre, le courage de parler". In: *La Revue de Pediatrie, XXIII*, 7, 1987, pp. 273-5.

_____. "Prévention des abus sexuels: des pistes de recherches". In: *Les abus sexuels à l'égard des enfants, 45-53 (Journée technique nationale à l'attention des professionels de la psychiatrie*, Paris, 17 de abril). Paris, Ministério da Solidariedade, da Saúde e da Proteção Social, 1989.

MIAN, M., WEHRSPANN, W. *et al.* "Review of 125 children 6 years of age and under who were sexually abused". In: *Child Abuse and Neglect, 10*, 2, 1986, pp. 223-9.

MONFOUGA-NICOLAS, J. *Ambivalence et culte de possession*. Paris, Anthropos, 1972.

MONTES DE OCA, M., YDRAUT, C. & MARKOWITZ, A. (1990). *Les abus sexuels à l'égard des enfants*. Vanves, CTNERHI.

MONTRELAY, M. "L'inceste, une tentative de réparation". In: *Patio, 7*, 1987, pp. 39-48.

MORO, M.-R. & NATHAN, T. "Ethnopsychiatrie de l'enfant". In: *Psychiatrie de l'enfant et de l'adolescent*. DIATKINE, R., SOULÉ, M. & LEBOVICI, S. (eds.), Paris, PUF.

MRAZEK, P. J., LYNCH, M. A. & BENTOVIM, A. "Sexual abuse of children in the United Kingdom". In: *Child Abuse and Neglect, 7*, 1983, pp. 147-53.

MYNARD, J. "Perversité/Perversion et de l'avantage de les différencier". In: *Revue française de Psychanalyse, XLVII*, 1, 1983, pp. 383-90.

NAKOV, A. & POUSSIN, G. "Le destin tragique de la bonne conscience". In: *Neuropsychiatrie de l'enfant et de l'adolescent, 37*, 4, 1989, pp. 167-77.

NATHAN, T. "La folie des autres". In: *Traité d'ethnopsychiatrie clinique*. Paris, Dunod, 1986.

_____. *Le sperme du diable. Eléments d'ethnopsycothérapie*. Paris, PUF, 1988.

_____. "Ma soeur, mon épouse. La double articulation de la prohibition de l'inceste. Quel corps? Une galaxie anthropologique". In: *Hommage à Louis Vincent Thomas, 38-39*, 1989, pp. 179-90.

_____. "Le tabou de la sauvagerie ou l'obligation d'humanité. Vers une théorie etnopsychanalytique de l'autisme infantile". In: *Nouvelle Revue d'Ethnopsychiatrie, 14*, 1990, pp. 15-33.

NEUBURGUER, M. "Le juge, le secret et le Common Knowledge". In: *Thérapie familiale, IX*, 4, 1988, pp. 301-8.

_____. *L'irrationnel dans le couple et la famille. A propos de petits groupes et de ceux qui les inventent*. Paris, ESF, 1988.

NOËL, J., BOUCHARD, F., WOLF, A. & SOULÉ, M. "Les adolescents très difficiles". In: *Psychiatrie de l'enfant, VII*, 2, 1988, pp. 303-90.

ODY, M. "Carence paternelle. Importance du père et de la fonction paternelle dans le développement du fonctionnement mental". In: *Traité de psychiatrie de l'enfant et de l'adolescent*. LEBOVICI, S., DIATKINE, R. & SOULÉ, M. (eds.), Paris, PUF, t. 3, 1985, pp. 269-86.

PARKER, R. "Perspectives on father-infant interaction". In: *Handbook of infancy.* OSOFSKY, J. D. (eds.), Nova York, John Wiley, 1979.

PARKER, S. & PARKER, H. "Father-daughter sexual child abuses: na emerging perspective". In: *American Journal of Orthopsychiatry, 56,* 4, 1986, pp. 532-49.

Parole de l'enfant (La). *Bulletin de l'Afirem* (número especial, fora de série), 1987.

PEDERSEN, A. F. "Le père dans la famille". In: *Approche psychanalytique de la fonction paternelle,* comunicação ao IV Colóquio Internacional de Mônaco, 17-19 de maio de 1990.

PÉRARD, D., LAZARTIGUES, A., LISANDRE, H. & PAILLEUX, T. "Les jeunes et le Sida: quelle prévention"? In: *Neuropsychiatrie de l'enfance, 37* (5-6), 1989, pp. 197-222.

PICHOT, F. & ALVIN, P. "L'inceste père-fille. Expérience clinique à partir de vingt cas dans une unité de médecins pour adolescents". In: *Neuropsychiatrie de l'enfance et de l'adolescence, 33,* 6, 1985, pp. 235-40.

_____. LÉVY-LEBLOND, E. & COURTECUISSE, V. "Sévices à l'adolescence. L'inceste. A propos de vingt-et-une observations". In: *Archives françaises de Pédiatrie, 43,* 1986, pp. 427-31.

PINOL-DOURIEZ, M. *Bébé agi, bébé actif.* Paris, PUF, 1984.

POUILLON, J. "Malade et médecin: le même et/ou l'autre (Remarques ethnologiques)". In: *Nouvelle Revue de Psychanalyse, 1.* 1970, pp. 77-98.

_____. "Manières de table, manières de lit, manières de langage". In: *Nouvelle Revue de Psychanalyse, 3,* 1972.

_____. *Fétiches sans fétichisme.* Paris, Maspero, 1975.

PREMACK, D. "Le langage et sa construction logique chez l'homme et chez le chimpanzé". In: *L'unité de l'homme. Le primate de l'homme.* MORIN, E. & PIATELLI-PALMARINI. (eds.), Paris, Le Seuil, t. 1, 1974.

RACAMIER, P.-C. "De la perversion narcissique". In: *GRUPPO, 3,* 1987, pp. 11-28.

REINHART, M. A. "Sexually abused boys". In: *Child Abuse and Neglect, 11,* 2, 1987, pp. 229-35.

ROIPHE, H. & GALENSON, E. *La naisance de l'identité sexuelle.* Paris, PUF ("Le Fil rouge"), 1987, 1981.

RONG, L., OATES, K. & McDOWELL, M. "Personnality development following sexual abuse". In: *Child Abuse and Neglect, 10,* 3, 1986, pp. 371-84.

ROSENFELD, J. "Bien évaluer pour sauvegarder". In: *Informations sociales, 2,* 1990, pp. 26-31.

ROUYER, M. "Les conséquences à court et à long termes des abus sexuels à l'égard des enfants". In: *Les abus sexuels à l'égard des enfants. (Journée technique nationale à l'intention des professionnels de la psychiatrie,* Paris, 17 de abril), Paris, Ministério da Solidariedade, da Saúde e da Proteção Social, 1989, pp. 25-39.

ROUYER, M. & DROUET, M. *L'enfant violenté. Des mauvais traitements à l'inceste.* Paris, Le Centurion ("Paidos"), 1986.

RUSSEL, D. E. H. "The incidence and prevalence of intrafamilial and extrafamilial sexual abuse of female children". In: *Child Abuse and Neglect, 7,* 1983, pp. 133-46.

_____. *The secret trauma: incest in the lives of girls and women.* Nova York, Basic Books, 1986.

SABOURIN, P. "Psychanalyste, à quoi pensez-vous?". In: *Perspectives psychiatriques*, 27, 14, 1988, pp. 263-5.

SANSONNET-HAYDEN, H., HALEY, G., MARRIAGE, K. & FINE, S. "Sexual abuse and psycopathology in hospitalized adolescents". In: *J. A. Acad. Child Adolesc. Psychiatry, 26*, 5, 1987, pp. 753-7.

SAUCIER, J.-F. "Prévention de l'inceste: enfin des moyens". In: *Perspectives psychiatriques, 27*, 14, 1988, pp. 278-80.

SCHERRER, P. "L'inceste dans la famille". In: *Nouvelle Revue d'Ethnopsychiatrie, 3* (número especial sobre incesto), 1985, pp. 21-34.

SEARLES, H. *Le contre-transfert.* Paris, Gallimard, 1981.

SGROI, S. M. *L'agression sexuelle et l'enfant. Approche et thérapies.* Saint Laurent, Quebec (Canadá), Trécarré, 1986.

SHENGOLD, L. L. "Child Abuse and Deprivation: Soul Murder". In: *Journal of the American Psychoanalytical Association, 27*, 1977, pp. 553-9.

SOULÉ, M. & MICHAUT, E. "Une politique globale et coordennée de prévention très précoce". In: *Psychiatrie du bébé, Nouvelles frontières.* CRAMER, B. (ed.), Paris, Eschel, Médecine et Hygiène, 1988, pp. 241-55.

_____. & NOËL, J. "La prévention médico-psycho-sociale précoce". In: *Traité de psichiatrie de l'enfant* (t. 3). LEBOVICI, S., DIATKINE, R. & SOULÉ, M. (eds.), Paris, PUF, 1985, pp. 475-504.

SPTIZ, R.-A. "Vers une réévaluation de l'auto-érotisme. Le rôle des modes de conduite sexuelle précoce dans la formation de la personnalité". In: *Psichiatrie de l'enfant, VII*, 1, 1964, pp. 269-97.

STELLER, M., RASKIN, D. C. & YUILLE, E. P. W. *Sexually abused children: Interview and Assessment techiques.* Nova York, Springer Verlag.

STENGERS, I. "Boîtes noires scientifiques, boîtes noires professionnelles". In: *La psychanalyse, une science? (VII rencontres psychanalytiques d'Aix-en-Provence).* Paris, Les Belles Lettres, 1988.

STERN, D. *Le monde interpersonnel du nourrisson.* Paris, PUF, 1989, 1985.

_____. Les interactions affectives. In: *Psycopathologie du bébé.* LEBOVICI, S. & WEIL-HALPERN, F. (eds.), Paris, PUF-INSERM, 1989, pp. 199-214.

STRAUSS, P. "Données épidémiologiques sur l'inceste". In: *Nouvelle Revue d'Ethnopsychiatrie, 3*, 1985, pp. 35-40.

SUMMIT, R. C. "The Child Sexual Abuse Accomodation Syndrom". In: *Child Abuse and Neglect, 7*, 1983, pp. 177-93.

SUTTER, J.-M. *Le mensonge chez l'enfant.* Paris, PUF, 1972.

SWANSON, M. S. & BIAGGIO, M. K. "Therapeutic perspectives on father-daughter incest". In: *Am. J. Psychiatry, 142*, p. 6, 1985.

TUSTIN, F. *Le trou noir de la psyché.* Paris, Le Seuil, 1989.

THOMPSON, R. A. "Empathy and amotional understanding, the early development of empathy". In: *Empathy and its development.* EISENBERG, N. & STRAYER, J. (eds.), Cambridge, Cambridge University Press, 1987, pp. 119-45.

THOUVENIN, C. "Analyse de l'article Summit, R. C., The child abuse accomodation". In: *Child Abuse and Neglect, 7*, 1983, pp. 177-93, *Bulletin Afirem*, 16, 1987, pp. 3-10.

_____. "Attitudes des intervenants devant les cas d'abus sexuels intrafamiliaux: une méconnaissance surprenante". *Perspectives psychiatriques, 27*, 1988, pp. 273-7.

_____. *Abus sexuels intra-familiaux: Le syndrome d'adaptation* (Journée d'étude, Vaucresson), 1989.

VAN GIJSEGHEN, H. "Autre regard sur les conséquences de l'inceste père-fille". In: *Revue canadienne de Psycho-Education*, 14, 2, 1985, pp. 138-145.

_____. *Aspects psychologiques du témoignage de l'enfant. Conférence-Contentieux du Cssm*, Montreal (não-publicado), 1988.

VANDER MEY, B. J. "The sexual victimization of male children: a review of previous research". In: *Child Abuse and Neglect, 12*, 1, 1988, pp. 61-72.

VANOYEKE, V. *La prostitution en Grèce et à Rome*. Paris, Les Belles-Lettres ("Realia"), 1990.

VIDAL, J. M. "Explications biologiques et anthropologiques de l'interdit". In: *Nouvelle revue d'Ethnopsychiatrie, 3*, 1985, pp. 75-107.

VIRILIO, P. *Esthétique de la disparition*. Paris, Galilée, 1989.

WIDLÖCHER, D. "Fonction paternelle. Complexe d'Edipe et formation de la personnalité". In: *Revue de Neuropsychiatrie infantile, 13*, 10-11, 1965, pp. 777-81.

WINNICOTT, D. W. *De la pédiatrie à la psychanalyse*. Paris, Payot, 1969.

_____. *Jeu et Réalité. L'espace potentiel*. Paris, Gallimard, 1975.

_____. "La crainte de l'effondrement". In: *Nouvelle Revue de Psychanalyse, 11*, 1975, pp. 35-44.

WURTELA, S. K. "Scholl-bsed sexual abuse prevention programs: a review". In: *Child Abuse and Neglect, 11*, 4, 1987, pp. 483-96.

WYATT, G. E. & PETERS, S. D. "Issues in definition of child sexual abuse in prevalence research". In: *Child Abuse and Neglect, 10*, 2, 1986, pp. 231-40.

YOGMAN, M. W. "Games father and mothers play with their infants". In: *Infant Mental Health Journal, 2*, 4, 1981, pp. 241-8.

_____. "The father's role with preterm and fullterm infants". In: *Frontiers of infant child psychiatry*, vol. II. CALL, J. D., GLENSON, E. & TYSON, R. (eds.), Nova York, Basic Books, 1984, pp. 363-74.

YOUNG, M. DE. "Self injurious behavior in incest victims: a research note". In: *Child Welfare, 61*, 8, 1982, pp. 577-84.

YUILLE, J. C., KING, M. A. & MACDOUGALL, D. *Enfants victimes et témoins*. Ministério da Justiça do Canadá, 1988.

ZASLOW, M. J., PEDERSEN, A. F., CAIN, L. R. *et al.* "Depressed Mood in New Fathers: Associations with parent infant interaction". In: *Genetic Social and General Psychology Monographs, 111*, 2, 1984, pp. 133-50.

LISTA DE AUTORES

PATRICK ALVIN — Pediatra, médico do Serviço de Medicina para Adolescentes, do Departamento de Pediatria, do Centro Hospitalar de Bicêtre (78, rue de Général-Leclerc, 94270 Le Kremlin-Bicêtre, França).

DOMINIQUE AGOSTINI — Psicólogo-psicoterapeuta (8, passage Lisa, 75011 Paris).

CLAUDE BALIER — Psicanalista, chefe do Serviço Médico-Psicológico da Casa de Detenção de Varces (38764 Varces, França).

BERNARD BOUHET — Cientista político, CIDSP (BP 45, 38402 Saint-Martin-d'Hères Cedex, França).

JEAN-PIERRE CHARTIER E LAETITIA CHARTIER — Psicanalistas, membros titulares do IV Grupo (22, boulevard Kellermann, 75013 Paris).

ALBERT CRIVILLE — Psicanalista, atuando no Serviço Social da Infância (9, cour des Petites-Écuries, 75010 Paris).

MARCELINE GABEL — Departamento de Psicopatologia Clínica, Biológica e Social da Criança e da Família da UFR Santé, Médecine, Biologie Humaine de Bobigny (74, rue Marcel-Cachin, 93012 Bobigny, França).

HERVÉ HAMON — Principal juiz de menores do Tribunal de Grande Instância de Nanterre (119, avenue Joliot-Curie, 92000 Nanterre, França).

MARTINE LAMOUR — Psiquiatra da Unidade de Cuidados Especializados em domicílio para crianças, Fundação de Rothschild (76, avenue édison, 75013, Paris); e do Departamento de Psicopatologia, UFR Médicale de Bobigny (74, rue Marcel-Cachin, 93012 Bobigny, França).

PHILIPPE MAZET — Professor de psiquiatria infantil e de adolescente na Universidade Paris-Nord; diretor do Departamento de Psicopatologia Clínica, Biológica e Social da Criança e da Família da UFR Santé, Médecine, Biologie Humaine de Bobigny (74, rue Marcel-Cachin, 93012 Bobigny, França), chefe do serviço de psicopatologia da criança e do adolescente (Hospital Avicenne, 93012 Bobigny, França).

TOBIE NATHAN — Professor de psicopatologia clínica e patológica na Universidade de Paris VIII (7, rue Bidel, 92600 Asnières, França).

MIREILLE NATHANSON — Médica do Serviço de Pediatria do Hospital Jean-Verdier (avenue du 14 Juillet, 93143 Bondy Cedex, França).

DOMINIQUE PÉRARD — Professor-assistente na Universidade, 34, rue Dieu-Lafoy 75013, Paris).

JOËLLE ROSENFELD — Psiquiatra e pesquisadora do Departamento de Psicopatologia, UFR Médicale (74, rue Marcel-Cachin, 93012 Bobigny, França).

MICHÈLE ROUYER — Psiquiatra do Internamento Familiar Terapêutico Alésia Paris (39, rue de Grenelle, 75015 Paris).

PIERRE SABOURIN — Psiquiatra, diretor-médico do Centre des Buttes-Chaumont (4, villa des Boërs, 75019 Paris).

CHRISTIANE THOUVENIN — Psicóloga-psicoterapeuta (40, rue du Rendez-Vous, 75012 Paris).

STASNISLAW TOMKIEWICZ — Psiquiatra, INSERM, U 69 (1, rue du 11-Novembre, 92120 Montrouge, França).

JEAN-LUC VIAUX — Psicólogo, especialista do tribunal de Rouen, professor na Universidade de Rouen, CHS de Rouvray (BP 45, 76301 Sotteville-lès-Rouen, França).

MICHEL ZORMAN — Médico-conselheiro, reitor de Grenoble (7, place Bir-Hakeim, 38000 Grenoble Cedex, França).

LISTA DE AUTORES

PATRICK ALVIN — Pediatra, médico do Serviço de Medicina para Adolescentes, do Departamento de Pediatria, do Centro Hospitalar de Bicêtre (78, rue de Général-Leclerc, 94270 Le Kremlin-Bicêtre, França).

DOMINIQUE AGOSTINI — Psicólogo-psicoterapeuta (8, passage Lisa, 75011 Paris).

CLAUDE BALIER — Psicanalista, chefe do Serviço Médico-Psicológico da Casa de Detenção de Varces (38764 Varces, França).

BERNARD BOUHET — Cientista político, CIDSP (BP 45, 38402 Saint-Martin-d'Hères Cedex, França).

JEAN-PIERRE CHARTIER E LAETITIA CHARTIER — Psicanalistas, membros titulares do IV Grupo (22, boulevard Kellermann, 75013 Paris).

ALBERT CRIVILLE — Psicanalista, atuando no Serviço Social da Infância (9, cour des Petites-Écuries, 75010 Paris).

MARCELINE GABEL — Departamento de Psicopatologia Clínica, Biológica e Social da Criança e da Família da UFR Santé, Médecine, Biologie Humaine de Bobigny (74, rue Marcel-Cachin, 93012 Bobigny, França).

HERVÉ HAMON — Principal juiz de menores do Tribunal de Grande Instância de Nanterre (119, avenue Joliot-Curie, 92000 Nanterre, França).

MARTINE LAMOUR — Psiquiatra da Unidade de Cuidados Especializados em domicílio para crianças, Fundação de Rothschild (76, avenue édison, 75013, Paris); e do Departamento de Psicopatologia, UFR Médicale de Bobigny (74, rue Marcel-Cachin, 93012 Bobigny, França).

PHILIPPE MAZET — Professor de psiquiatria infantil e de adolescente na Universidade Paris-Nord; diretor do Departamento de Psicopatologia Clínica, Biológica e Social da Criança e da Família da UFR Santé, Médecine, Biologie Humaine de Bobigny (74, rue Marcel-Cachin, 93012 Bobigny, França), chefe do serviço de psicopatologia da criança e do adolescente (Hospital Avicenne, 93012 Bobigny, França).

TOBIE NATHAN — Professor de psicopatologia clínica e patológica na Universidade de Paris VIII (7, rue Bidel, 92600 Asnières, França).

MIREILLE NATHANSON — Médica do Serviço de Pediatria do Hospital Jean-Verdier (avenue du 14 Juillet, 93143 Bondy Cedex, França).

DOMINIQUE PÉRARD — Professor-assistente na Universidade, 34, rue Dieu-Lafoy 75013, Paris).

JOËLLE ROSENFELD — Psiquiatra e pesquisadora do Departamento de Psicopatologia, UFR Médicale (74, rue Marcel-Cachin, 93012 Bobigny, França).

MICHÈLE ROUYER — Psiquiatra do Internamento Familiar Terapêutico Alésia Paris (39, rue de Grenelle, 75015 Paris).

PIERRE SABOURIN — Psiquiatra, diretor-médico do Centre des Buttes-Chaumont (4, villa des Boërs, 75019 Paris).

CHRISTIANE THOUVENIN — Psicóloga-psicoterapeuta (40, rue du Rendez-Vous, 75012 Paris).

STASNISLAW TOMKIEWICZ — Psiquiatra, INSERM, U 69 (1, rue du 11-Novembre, 92120 Montrouge, França).

JEAN-LUC VIAUX — Psicólogo, especialista do tribunal de Rouen, professor na Universidade de Rouen, CHS de Rouvray (BP 45, 76301 Sotteville-lès-Rouen, França).

MICHEL ZORMAN — Médico-conselheiro, reitor de Grenoble (7, place Bir-Hakeim, 38000 Grenoble Cedex, França).

leia também

ADOLESCENTES PERGUNTAM
Christian Spitz

Livro que constitui um canal aberto para responder às angústias e dúvidas de adolescentes sobre sexo, amor, família e vida social, entre outros. Baseia-se num programa de rádio em que os jovens perguntam e o doutor Spitz responde às cartas e às questões, elaborando assim um guia para adolescentes, pais, orientadores escolares e psicólogos.

REF. 10486　　　　　　　　　　　　　　ISBN 85-323-0486-9

O DRAMA DA CRIANÇA BEM DOTADA
COMO OS PAIS PODEM FORMAR (E DEFORMAR) A VIDA EMOCIONAL DOS FILHOS
Alice Miller

Todos nós nascemos bem dotados, com sensibilidade e possibilidade de uma vida emocional equilibrada. Alice Miller mostra como somos desviados dessa natureza humana e obrigados a satisfazer exigências explícitas e dissimuladas de nossos pais para nos sentirmos merecedores do seu amor. Edição revista e atualizada.

REF. 10275　　　　　　　　　　　　　　ISBN 85-323-0275-0

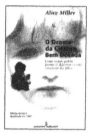

OS JOGOS PSICÓTICOS NA FAMÍLIA
M. S. Palazzoli, S. Cirillo, M. Selvini, A. M. Sorrentino

Trabalho realizado no Centro de Estudos da Família, em Milão, integra pesquisa e terapia, lançando as bases para a compreensão das psicoses a partir dos mecanismos dramáticos da interação familiar, denominados jogos. O método está em constante evolução, permitindo a avaliação de resultados, bem como a correção de rumos na terapia quando se faz necessário.

REF. 10554　　　　　　　　　　　　　　ISBN 85-323-0554-7

SEXUALIDADE NA ESCOLA
ALTERNATIVAS TEÓRICAS E PRÁTICAS
Julio Groppa Aquino (org.), Paulo Albertini, Rosely Sayão e outros

Nesta coletânea, o tema da sexualidade é desdobrado de diversas maneiras por teóricos de diferentes áreas e orientações. Trata-se de um livro sobre as múltiplas possibilidades de tangenciamento teórico e prático das manifestações da sexualidade no cotidiano escolar, ultrapassando os limites dos conhecidos guias de orientação sexual.

REF. 10593　　　　　　　　　　　　　　ISBN 85-323-0593-8

www.gruposummus.com.br